中央高校基本科研业
Fundamental Research Fun

U0632938

生产性服务业集聚
与空间结构演变

——以北京市为例

Producer Services Agglomeration and
Its Spatial Structure Evolution

-A Case Study of Beijing

张晓涛　著

中国财经出版传媒集团

经济科学出版社
Economic Science Press

图书在版编目（CIP）数据

生产性服务业集聚与空间结构演变：以北京市为例/
张晓涛著．—北京：经济科学出版社，2016.8
ISBN 978 - 7 - 5141 - 7250 - 8

Ⅰ.①生…　Ⅱ.①张…　Ⅲ.①服务业 - 产业发展 -
研究 - 北京　Ⅳ.①F719

中国版本图书馆 CIP 数据核字（2016）第 216906 号

责任编辑：王　娟
责任校对：王苗苗
责任印制：李　鹏

生产性服务业集聚与空间结构演变
——以北京市为例
张晓涛　著

经济科学出版社出版、发行　新华书店经销
社址：北京市海淀区阜成路甲 28 号　邮编：100142
总编部电话：010 - 88191217　发行部电话：010 - 88191522
网址：www. esp. com. cn
电子邮件：esp@ esp. com. cn
天猫网店：经济科学出版社旗舰店
网址：http：//jjkxcbs. tmall. com
北京季蜂印刷有限公司印装
710 × 1000　16 开　16 印张　270000 字
2016 年 10 月第 1 版　2016 年 10 月第 1 次印刷
ISBN 978 - 7 - 5141 - 7250 - 8　定价：49. 00 元
（图书出现印装问题，本社负责调换。电话：010 - 88191502）
（版权所有　侵权必究　举报电话：010 - 88191586
电子邮箱：dbts@ esp. com. cn）

前　言

在京津冀协同发展战略背景下，本书立足于北京生产性服务业各行业的不同特性、产业转移和变迁的动因以及大都市产业演变的规律，分析北京市在生产性服务业发展过程中的集聚动因与机制，为北京高端服务业发展和城市规划布局提供政策参考依据。本书理论意义在于探寻资源禀赋约束条件下我国大城市生产性服务业集聚的规律，从而合理规划、引导生产性服务业空间分布，优化城市产业布局，更好地实现城市功能，提高城市竞争力。

本书力求实现以下目标：（1）构建生产性服务业城市内部集聚机理的统一分析框架；（2）探究北京市生产性服务业各行业空间集聚及演变的内在规律；（3）对北京生产性服务业集聚发展的产业优先序与空间布局提出对策建议；（4）探索生产性服务业集群对城市经济、城市功能发展产生影响的一般规律。

本书基于"具体到城市、细分到行业、深化到机制"原则对北京市生产性服务业集聚展开研究。为了使研究具有全面性、整体性与针对性，研究内容由三类具有逻辑关系的部分构成：（1）以行业为导向的研究，主要遵循"行业集聚机理—空间集聚演变特征—演变原因"的思路，探索北京市服务业空间分布、发展和变化的规律，为空间布局决策提供依据。具体而言，从要素禀赋、外部经济、产业价值链和技术创新等角度分析北京生产性服务业集群形成和发展的内生机制，选取北京市2003年和2012年两个时间点的六大生产性服务业典型行业（金融业、物流业、软件业、科研业、广告业、咨询业）进行实证研究，总结北京市生产性服务业的发展历程，描绘各行业集群十年变迁的规律与趋势，深入探究地理分布、空间结构背后的原因。由于研究涉及行业多，每个行业的发展规律存在很大的差异性，加之所涉及行业城市层面集聚方面资料较为缺乏，因此，这部分研究既是本书的重点，也是难点。（2）以政策为导向的研究，在行业研究的基础上，总结北京市生产性服务业集聚的总体发展规律，从承接国际服务业转移、政府适度管理、城市功能分区、发展主导产业和培育集聚区市场化导向等方面探究面向国际化大都市发展定位的北京市生产性服务业的规划布局，并基于北京市各生产性服务业行业的国内、国际定位，提出典型行业的空间布局思路。（3）以专题为导向的研究，为了做到"点面结合"，弥补行业维度研究中不能对一些重要问题展开讨论的缺陷，课题组还就若干重要问题展开专题研究，这些问题是整个研究的有机组成部分，包括"生产性服务业与制造业之间的互动关系"、"北京市生产性服务业对经济增长的推动作用"和"北京市生产性服务业的集聚适度分析"等专题。

本书通过分行业研究，主要结论如下：

北京市物流企业集群十年演变的主要特征：（1）以大红门和百子湾为典型代表，丰台区和朝阳区两大传统优势集聚区的区位优势被沿袭和保留，物流业的集聚程度有所强化；（2）以五大物流基地为典型代表，顺义区、大兴区、通州区、平谷区及房山区形成物流业新兴集聚区，交通通达度、产业环境、有效需求、政策支持及良好的基础设施是集聚区得以形成和发展不可或缺的外部条件；（3）由于昂贵的场地租金、拥堵的交通环境，东城区、海淀区、西城区的物流企业集聚逐渐弱化，并呈消逝态势；（4）依托物流基地、物流中心、配送中心等三级物流节点的"多层次—多中心"北京城市内部物流产业立体空间结构正在形成。

北京市软件和信息服务业集群十年演变的主要特征：（1）海淀区优势地位未变，以中关村海淀园为核心高度聚集，处于价值链高端，承担研发、营销及展示功能；（2）郊区化趋势明显，形成环城科技园，主要处于价值链低端，承担生产加工功能，部分北部郊区也逐渐承担研发功能；（3）传统中心城区整体集聚弱化，集聚功能主要转化为总部管理和销售展示；（4）商务中心以及科技园区（或开发区）是软件和信息服务业企业集聚的主要载体。总体来看，软件和信息服务业呈现出沿产业价值链高端到低端、从城市中心到郊区分布的格局。

北京市金融业集群十年演变的主要特征：（1）金融街独特的历史传统、顺市场导向的政府规划以及金融机构市场化的选址行为等因素促进了该区域产业功能特征的形成与集聚，金融街作为首都以至全国的金融产业集聚地，发挥着全国金融决策、管理、结算、信息中心的职能，其地位在继续巩固、强化。随着金融发展的需要，金融街不断提高自己的金融服务功能，打造金融服务高地，促进金融要素集聚，逐步形成"一核带多园区"的空间发展布局。（2）CBD是北京国际化程度最高的地区，国际资源相当丰富，已成为国际金融机构进入北京的首选办公地，成为在华国际金融机构总部中心，各产业之间相互联系，相互促进，从而产生较大的规模效应和集聚效应。（3）中关村西区金融产业集聚显著，在该区域科技创新产业集聚衍生的科技金融业集聚呈现与传统金融不同的业态和发展特点。（4）发展中的丽泽金融商务区作为新兴金融规划区位，集聚效应并不明显，对于规划建设中的金融集聚区，其优势与劣势是显而易见的，并且随着发展建设的进程不断推进，优势及劣势将呈现不同形态，不同时期政府与市场所发挥的作用也有所不同。

北京咨询企业集群十年演变的主要特征：（1）依托CBD的高端商务职能，朝阳区咨询业集聚优势显著增强，成为北京市最主要的咨询企业聚集区；（2）海淀区凭借优越的创新环境、充足的要素供给和相关服务产业的支持，形成了集聚优势稳定、集群范围扩大的发展态势；（3）中心城区集聚优势减弱，这主要是受商务成本、CBD区位优势和技术变革的影响；（4）得益于科技、政策和市场的发展以及成本优势，咨询业集群在郊区初步形成；（5）对典型企业选址的分析可以发现，较为知名的咨询服务业企业均位于朝阳区、海淀区、东城区和西城区这四个主要城区，其中，朝阳区的集聚程度最高。

北京广告业集群十年演变的主要特征：（1）朝阳区逐渐形成了以朝阳区CBD为代表的规模庞大、功能完善、门类齐全的服务业体系，也产生了较为成熟的广告业集聚区域，并初步形成国家广告产业园区这一集群形式；（2）由于广告投放形式的发展，海淀区（中关村区域）逐渐形成以新媒体产业为主导的广告业集群；（3）东城区、西城区由于大量客户的存在，仍然存在广告产业集群；（4）部分传统集聚区逐渐消逝；（5）远郊广告产业集群初步形成。

北京科研行业集群十年演变的主要特征：（1）传统优势区域集聚的强化，如海淀区；（2）新兴集聚区域的崛起，如朝阳的望京地区；（3）部分集聚区域逐渐消逝，如东城区。北京市科研行业现已形成集聚发展和较为合理的空间布局，并成为带动全市自主创新、经济增长、人才聚集、就业增加和相关服务业发展的重要力量。北京市科研行业集聚形成及演变主要是由历史原因与路径依赖、技术和资源、政府主导、规模经济四方面因素影响所导致。

在对策建议方面，基于面对世界经济调整和国家经济结构调整、"京津冀"区域经济一体化发展、"十三五"规划实施所带来的机遇，北京市生产性服务业在产业空间布局方面，应该立足城市发展空间战略调整和功能优化配置，着眼于引导产业集群化、集约化发展，做强现有高端产业功能区，培育高端产业新区，提升专业集聚区，实现城市功能、人口分布、资源环境与产业布局的协调发展。在产业发展路径方面，强调内涵式增长路径，并提出在更大区域范围内配置资源和拓展服务，着力缓解首都能源、资源及环境压力。

本书研究的创新主要体现在：（1）研究角度新颖。国内外关于生产性服务业集群的理论和实证研究成果比较丰富，但主要的研究还是侧重全球和国家层面，与具体城市或者城市内部的城区相结合的研究比较缺乏，本研究基于国际化大都市城市内部视角，分析生产性服务业各行业在主要城区的集聚问题。（2）研究行业的全面性。本研究几乎涵盖了一般意义上的最重要的生产性服务行业，选取六大典型行业进行针对性研究。（3）构建城市内部生产性服务业的分析框架。在一致分析框架基础上探讨不同生产性服务业城市内部空间布局的演变机理，由于生产性服务业各行业属性具有很大差异性，以往的研究更多从行业特点本身展开讨论，对本行业城市内部集聚的影响机理部分讨论较少，本研究为了保持分析逻辑的一致性，在分行业研究中，深入讨论其城市内部集聚形成及演变机理，分析一个城市内影响产业在不同区域集聚与基于城市间视角的研究存在较大的差异，理论研究及机理分析需要进行创新性探索①。（4）多学科交叉背景、逻辑脉络清晰。产业集聚问题涉及诸多学科，本研究除了综合运用城市经济学、地理经济学、产业经济学等各个学科理论与方法以外，还运用不同行业领域的知识，比如金融、物流、软件业等，研究涉及知识范围之广超过一般的课题研究，对研究人员的知识结构有更高的要求。课题组研究思路是"从集聚角度写产业"，而不是从"产业角度写集聚"。课题研究第一维度是空间结构，即地理分布有关特征。第二个维度是将行业特征融入集群分析，包括集聚企业特征、集群功能、集聚强化（或者弱化）机制等问题。（5）动态分析方法的运用。城市空间结构、产业集聚模式都在不断发展变化着，而这种变化更能体现产业集群的区位偏好，因此对两个时间点集聚状态的比较分析，能够更准确地观测北京市生产性服务业空间布局演

---

① 比如人口素质、受教育情况等是影响不同城市或省级的因素，但是在一个城市内部就不是主要分析因素，比如一个住在海淀的人，其工作单位可以在其他城区。

变的规律以及在这个过程中起主导作用的因素。（6）兼顾研究问题的"面"与"点"，在对整个行业（面）空间结构分析的基础上，对典型的集聚区（点）或知名企业（点）进行具体分析，可以从微观角度更加深入分析企业选址的影响因素及行业集聚的原因。另外，课题组除了分行业研究，还针对重点问题展开专题研究。

　　基于篇幅、逻辑及整体性的考虑，本书没有将其他国际大都市生产性服务业集群的演变规律和空间布局与北京市的具体比较进行列示。但在整个研究的过程中，已经对从工业型城市向服务业型城市成功转型的一些西方发达国家城市，如纽约、伦敦、东京等进行了详细分析，这些城市产业结构转型的一般规律及内在动力机制对北京以及其他国际大都市的成功转型有着重要的借鉴意义，这种借鉴意义在本研究中不仅体现在对北京市生产性服务业集聚动力机制的分析，更融入生产性服务业空间格局的整体规划思路和分行业空间布局思路中。

　　在对策研究部分，由于多学科交叉，提出基于整体城市功能的各产业布局规划非本书研究能力所及，主要对生产性服务业空间格局的整体规划思路和分行业空间布局思路提出方向性、框架性的建议。

目　　录

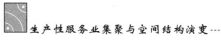

第一章

导　论

从国际经验看，生产性服务业呈明显的集群发展态势，这种态势在国际化大都市表现得尤为突出。从全球范围看，重要的国际化大城市都拥有高度发达的现代服务业体系，形成了各具特色的生产性服务业集聚区，发达的生产性服务业成为现代城市建设的坚实基础。随着我国"十三五"规划的实施，产业结构调整、制造业升级已经成为未来经济大趋势。在国民经济发展的"新常态"下，经济结构将发生较大调整，现代服务业尤其是生产性服务业在国民经济中的地位与作用将不断提升。北京、上海等国际性大都市已形成发达的生产性服务业集群，随着城市经济的发展、国际化大都市的建设，这些生产性服务业集群动态发展、演变，对城市其他产业发展有重要影响，对城市整体的经济、社会功能产生重要的影响，并推动着城市空间结构的完善和城市功能的升级。

第一节　研究背景、目的与意义

一、研究背景

经济的发展通常遵循先打造若干个经济增长中心，再依靠经济增长中心带动周边区域发展的路径，而这些经济增长中心又往往是某些产业的主要集聚地。众多事实表明，产业集聚多发生在城市内部。一个城市的产业形态不仅包括制造业，也包括服务业，但以往产业集聚的研究主要集中于制造业领域，对生产性服务业集聚的研究比较少，且缺乏系统性。从服务业演进的历史来看，20世纪30年代之前，服务业尚处于关于生产性劳动与非生产性劳动的争论期，经济学家对服务业是否可以作为一个完整的产业形态持怀疑态度；20世纪30～70年代期间，对服务业的研究主要集中在服务业在三次产业结构的演变方面，以制造业为主的工业化阶段很容易导致产业集聚理论与制造业结合，而不是服务业；到70年代之后，虽然服务业逐渐开始吸引学者关注，但服务业特别是生产性服务业更多的是作为制造业的中间投入出现，其产品是无形的，无法进行量化处理，这又使得产业集聚研究缺乏必要的技术前提。

制造业较之服务业更具有同质性和单一性，运用生产成本和运输成本以及规模经济理论就可以对企业的空间优化问题进行一般均衡分析，而服务业则要复杂得多（陶纪明，2009）。尽管存在上述种种制约因素，生产性服务业的增长和集聚现象仍然引起了学者的广泛关注，伴随着制造业空间集聚理论研究内容的不断丰富，对生产性服务业空间集聚的研究也在不断充实。现代研究者普遍认为，生产性服务业产生集聚的原因及模式与制造业并不完全相同，它也有着自身独特的集聚态势和原因，知识经济时代产业集聚的原因不再是简单运输成本节约等静态聚集效益，而是侧重追求技术创新等动态聚集效益，更加注重同类型企业或者相关联企业之间交流和互动以及行业技术信息获取等方面，生产性服务业集聚动因的研究展示出广阔的空间。目前国内外关于生产性服务业集群的理论和实证研究成果比较丰富，但与具体区域（尤其是城市层面）相结合的研究比较缺乏。

"十二五"期间，北京服务业占北京GDP比重已经超过70%，率先在全国建立了服务经济主导的产业结构，从发展布局上看，北京生产性服务业出现了明显的集聚趋势，一批特色鲜明的集聚区逐步形成并发展起来，形成了完整的产业链和产业集群。由于信息技术的广泛运用和制造业专业化分工发展，生产性服务业一些新业态也逐步发展起来并形成了产业集群。但在北京生产性服务业集聚快速发展过程中，一些问题逐渐暴露出来，主要表现在以下方面。

（一）近郊区聚集不足与中心城区聚集膨胀的矛盾限制了生产性服务业健康发展

从目前北京市重点规划的高端产业功能区发展看，位于中心城区和近郊区内沿的重点功能区，无一例外地面临用地紧张、交通拥挤、发展空间有限的困扰，如中关村科技园区核心区域发展空间已经趋于饱和，园区产业发展空间有待进一步拓展。

（二）生产性服务业集群布局引发的"大城市病"比较突出

北京市现有生产性服务业集聚比较突出地集中在城市中心区域，这种以"同心圆"逐步向外扩展的发展方式，虽然具有明显的产业集群和规模效应，但过度密集叠加于城市中心区产生了区域承载服务功能过多、交通拥堵、人口密度过大、环境质量下降等诸多问题。

（三）生产性服务业产业聚集发展影响了城市的整体运行效率

为了追求集群效应，各种核心区、开发区，如中央商务区（CBD）、金融街不断扩容，在已有的城市核心区域不断塞进各种功能，建起大体量的写字楼，再拼命招徕大公司入驻，最终的结果是，加剧城市中心区的交通恶化，降低城市的运行效率。

要解决上述问题，需要对北京市生产性服务业的集聚动态、空间分布形成规律、影响因素进行深入研究，基于研究结论探讨在北京市要素禀赋的约束下如何让生产性服务业各行业空间布局更加合理。

二、研究目的与意义

生产性服务业的集聚是当前发生在国际大都市内部最为重要的经济现象之一，纵观国内外产业集聚的研究，生产性服务业与制造业相比，具有更强的空间集聚效应，但是对生产性服务业集聚机理及模式的研究尚处于初步阶段，局部研究多于整体研究，而且对发展中国家城市的研究明显少于对发达国家典型城市的研究，缺乏行业和地区层面的整合分析，这导致对某一鲜明的个案城市生产性服务业集聚的认识并不全面。作为产业空间分布的重要表现形式，生产性服务业的集聚发展在不同的城市中有着不同的内在规律和演变路径，又通过各种方式对这一区域空间结构的形成、相互作用和演化产生持续的影响。分析生产性服务业集聚与区域空间结构的内在关系，是探究生产性服务业集聚对区域经济发展影响的有效途径。

本书在北京"国际化大都市"发展背景下，结合生产性服务业各行业的不同特性，产业转移和变迁的动因以及大都市产业演变的规律，探讨北京市在承接国际生产性服务业转移过程中的集聚动因、机制及合理布局，通过发展生产性服务业集聚区来增强对我国其他地区的辐射和带动作用，对其他服务业或者制造业的产业产生关联作用。同时分析在资源禀赋的约束下，北京生产性服务业如何通过合理的空间布局实现城市产业的科学布局，从而现实北京城市功能与特色，提高城市竞争力，为北京高端服务业发展和城市规划布局提供政策参考依据。本研究力求达到如下目的：

（一）探究北京市生产性服务业各行业空间集聚的形态及演变的内在规律

由于不同生产性服务业特性存在较大差异，并且这种差异性在不同地区、不同产业阶段会表现更为明显，因此，需要根据各生产性服务业行业特点进行研究，从行业维度解释其各自集聚的发展、演变机理与规律，审视各生产性服务业当前地理分布的缘由与问题，并为各行业的发展提供具有针对性的建议。

（二）构建生产性服务业城市内部集聚机理的统一分析框架

结合行业特征，分析北京市生产性服务业各行业产业集聚模式、内外部集聚条件和影响因素，依据现有的生产性服务业集聚理论对各类生产性服务业集聚的模式和机制进行深入剖析。

（三）对北京生产性服务业集聚发展的产业优先序与空间布局提出对策建议

基于现实研究的结论以及国际经验，以北京的资源禀赋及其动态变化为约束条件，基于产业与区域二维视角规划北京生产性服务业发展的合理行业布局与空间布局，为北京城市功能的塑造、竞争力的提高提供政策依据。

（四）探索生产性服务业集群对城市经济、城市功能发展一般规律

生产性服务业的空间集聚可以看作是城市功能演化的一个缩影，借此可以分析北京生产性服务业的发展是如何推动北京城市功能转型。

第二节 国内外相关研究综述

对生产性服务业集聚的研究，主要从两个方面展开：（1）生产性服务业集群的一般性研究，这类研究并不针对具体城市或区域生产性服务业，主要从一般性的角度研究生产性服务业集聚的原因、动力、集聚效应等。
（2）生产性服务业集群针对性研究，这类研究有的基于行业维度、有的基于区域维度，以分析范围的大小为依据，又可分为三个层面，一是全球层面，即对生产性服务业在全球城市的分布特征进行的研究；二是国家层面，即对生产性服务业在城市层面的分布和演变进行的研究；三是都市区层面，以某一个或某几个集聚区为典型的研究对象，分析该集聚区内生产性服务业企业集聚特征与规律。

一、生产性服务业集聚一般规律的研究

生产性服务业集聚在很大程度上遵循了产业集聚的一般规律。马歇尔（Marshall，1890）是最早对产业集聚的现象进行研究的经济学家之一，他用外部性来解释产业的空间集聚。米达尔（Myrdal，1944）用循环因果的积累解释了产业集聚现象，认为一旦某种新的产业在某一优势区域（政策倾斜）建立起来，就会发生连锁的回流效应和扩散效应，发生不平衡的区域增长，在经济发展初期，不发达的国家或地区的经济发展应该优先发展那些基础条件较好的地区，首先通过回流效应实现条件优越地区的发展，而后通过扩散效应带动其他地区的发展，这个过程的实现需要依靠政府的力量，政策导向便成了产业集聚形成的一大重要原因。新古典贸易理论认为，产业的区位选择在产业集聚的形成过程中，起到了一个基础性的作用，可以成为引发产业集聚的一个重要诱因（Ohlin，1957）。斯科特（Scott，1988）将交易费用的分析方法成功的运用到了区域产业集聚发展中，认为企业为了降低交易成本，将不相关的技术、部门转移出去，形成服务业外包，这样便形成了生产性服务业集聚的内在要求；克鲁格曼等（Krugman et al.，1991）认为产业集聚的形成原因是规模报酬递增，空间集聚是规模报酬递增的外在表现形式，是各种经济活动在空间集中后产生的经济效应以及吸引经济活动向这一区域靠近的向心力的结果，新经济地理学从此诞生。威廉姆森和温特尔（Williamson and Winter，1993）认为某些生产企业从生产的性质和内容来看构成一条完整的产业链，这样的生产体系通常对支持性服务业企业有着较高的要求，如金融支持、物流配送、信息传输等，源于成本最小化的要求，这些支持性服务业企业往往会考虑区位的选择而形成高度的集聚；纪博和纳奇（Keeble and Nacham，2001）认为生产性服务业是属于新经济的知识密集型行业，集聚中的生产

性服务企业可以通过集聚学习机制来获得优势，也是这种聚集学习的需求使得它们聚集。

除了上述产业集聚的一般原因之外，大量的文献还从生产性服务业自身独特的特性来研究其集聚原因，如海格（Haig，1926）曾指出，面对面效应是生产性服务业特有的，并且在企业区位选择上具有决定性作用的因素，面对面接触更容易培养服务提供方与客户之间的信任感，可以降低双方发生矛盾的可能（Coffey，2002；Pandit，2003）。罗尔夫斯丁（Rolf Stein，2002）从文化资本的视角对生产性服务业集聚的原因进行解释，生产性服务企业在空间上集聚会带来一种社会文化上的接近；信息技术对生产性服务业的影响是具有选择性的，它既可能使服务企业趋向集中，也有可能使得企业在地理上分散化，如 IT 行业对于信息的面对面交流要求并不强烈，为了避免产生"聚集不经济"，反而有可能会改变传统的空间集聚方式（申玉铭，2009；Esparza，1994；Gaspar and Glaeser，1998）。程大中和陈福炯（2005）在构造产业相对密集度指标的基础上讨论了中国服务业及其分部门相对密集度的地区与部门差异性，并且认为除房地产业外，相对密集度对其自身的劳动生产率产生显著的正面影响，从而趋向集聚；李文秀（2007）指出为了实现成本节约、知识获取与创新、社会资本提升和风险规避，服务企业必然趋向于集群化发展；刘辉煌和雷艳（2012）认为，制造业集聚、政府行为、金融发展程度与生产性服务业集聚有显著的正相关性，信息化水平、对外开放程度与城市规模对生产性服务业集聚促进作用显著等。

二、不同区域视角的生产性服务业集聚研究

（一）全球层面的研究

随着经济活动在全球范围内的分散，公司总部以一种特有的姿态行使着中心控制和管理功能，这些总部在城市中的云集，为城市服务的创造提供了主体。丹尼斯（Daniels，1993）用在群体中处于主导地位的服务企业的区位选择行为来解释整体服务企业的集聚；豪兰（Howland，1998）对美国的数据处理和银行业务的离岸化进行研究，表明成本的节约和管制的规避是其离岸的主要原因；泰勒（Taylor，2001）分析了主要城市在金融等高端生产性服务业部门的全球化程度；萨森（Sassen，2001）对纽约、

东京、伦敦等的生产性服务业集聚特征进行了实证分析，提出经济越是全球化，高等级生产性服务业的中心控制和管理职能在少数几个城市集聚的程度越高的假说性命题；霍尔和佩恩（Hall and Pain，2008）对欧洲八个"巨型城市区域"进行研究，表明大多数区域存在着潜在的多中心性，并且中心越来越多，表现为服务功能在主要城市的影响范围内，从主要城市向较小城市的扩散，从而形成高强度、网络化的城市区域。

（二）国家层面的研究

国家层面众多的研究表明，生产性服务业在城市体系的分布与城市规模和中心性显著相关，生产性服务业在一些国家中可表现为沿城市体系呈等级化扩散的趋势，在一些国家中亦可表现为急剧向顶端城市集中的趋势。拜尔斯（Beyers，1993）通过研究美国1985年生产性服务业的集聚现象，发现90%的生产性服务业集中在大都市区；汤普森（Thompson，2004）通过对美国大都市区和非大都市区的生产性服务业的集聚程度进行的实证分析，表明前者的集聚程度明显高于后者；夸德拉多和鲁拉（Cuadrado and Roura，1992）等对西班牙三个最大城市的生产性服务业的研究、伊列雷斯（Illeris，1995）等对北欧各国生产性服务业的研究、班尼特和格雷厄姆（Bennett and Grahaml，1999）等对英国商务服务业的研究、奥康娜和哈顿（O'Connor and Hutton，1998）等对亚太地区生产性服务业的研究等都说明生产性服务业高度集聚于大都市区，这个结论已被看作是一种程式化事实（Coffey，Drolet and Polese，1996）；中国学者黄雯（2006）认为我国北京和上海整体服务业和分行业的集聚趋势很明显；另外，在城市密集区，生产性服务业在不同城市之间也会形成相对专业化的分工格局，如某拉尔和加卢（Moulaer and Gallouj，1995）对法国里昂地区的高端生产性服务业集聚区——里昂、格勒诺布尔、安诺西进行的研究表明，三个城市各有专长：其中里昂侧重信息技术和组织咨询，格勒诺布尔侧重计算机，而安诺西的建设工程咨询业具有明显优势，可以发现，生产性服务业的快速发展并没有改变其向主要城市非均衡集中的趋势，生产性服务业在国家和区域范围内的分布更多地表现出高度不均衡的特征，哈顿和雷（Hutton and Ley，1987）对加拿大金融企业进行了研究，发现多伦多拥有全球100强企业中的37家公司总部和加拿大的46%的金融企业。

同时，还有一些研究表明了影响生产性服务业集聚的其他因素，如亚历山大（Alexander，1979）调查了伦敦等城市的事务所，发现这些企业经

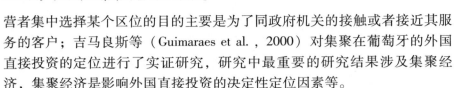

营者集中选择某个区位的目的主要是为了同政府机关的接触或者接近其服务的客户；吉马良斯等（Guimaraes et al.，2000）对集聚在葡萄牙的外国直接投资的定位进行了实证研究，研究中最重要的研究结果涉及集聚经济，集聚经济是影响外国直接投资的决定性定位因素等。

（三）大都市层面的研究

除了从全球、国家层面对生产性服务业集聚进行的研究之外，还有一些学者深入到城市内部，分析其典型集聚区生产性服务业行业的空间分布和演变特征，找出一些具有一般性的趋势和规律，如丹尼斯（1986）对悉尼、艾罗蒂等（Airoldiet al.，1997）对意大利米兰、博伊特尤克斯（Boiteux，2004）对巴黎、莫世娣（Morshidi，2000）对吉隆坡等的研究，在国内有赵群毅（2007）以"街区"为基本空间分析单元，研究北京市1996～2001年五年间生产性服务业空间变动的特征及结构模式；陶纪明（2009）以邮政编码为单位对上海市1995年和2005年两个时间点的金融、律师和会计师等的集聚和增长情况进行的比较分析等，这些研究都表明生产性服务业在都市区内的空间扩张基本都表现为集中和分散并存的趋势，一部分生产性服务业表现为在原有集聚区持续集中的态势，而也有一部分生产性服务业则向外围转移，呈现出"去中心化"、"分散化"趋势，其原因可能在于信息技术的变革使这些生产性服务业不再依赖于面对面接触，或者土地成本的提高使中心城区对这些企业不再具有吸引力等，但不同行业或部门的这种"去中心化"存在着很大的差异性；另外，还有很多对CBD生产性服务业集聚效应的研究，如张映红（2005）、方向阳等（2005）、蒋三庚（2006）、朱英明等（2006）分别对北京CBD商业集群、广州地铁站口零售商业集聚、香港中环CBD产业集聚和南京新街口商业集群进行的实证分析。

第三节 研究范畴界定

生产性服务业概念最早是由格林菲尔德（Greenfield，1966）提出来的，认为生产性服务业是指可用于商品和服务的市场化进一步生产，而非最终消费的服务；布朗宁和辛格尔曼（Browning and Singelman，1975）对格林菲尔德的观点进行了扩展及深化，将生产性服务业定义为直接或者间接向生产、经营活动等提供中间服务，而非直接向最终消费者提供服务的服务业，一般具有较高的知识含量，注重人力资本和知识资本的投入，包括金融、保险、法律工商服务等具有知识密集和为顾客提供专门服务的行业；丹尼斯（1985）认为产出物被生产部门所使用，然后再到消费者的服务业便可称之为生产性服务业，包括金融保险业、房地产业、信息咨询服务业、计算机、科研或者综合技术服务等，丹尼斯的分类比较接近于目前我国对生产性服务业分类的认定；科菲（2000）综合之前学者的研究，给出了一个更加广泛的定义，即任何被公司或者组织在其运作过程所消耗的服务职能。

在我国，20世纪90年代，现代服务业的概念首次被提出，对生产性服务业的研究也越来越多。闫小培（1999）对生产性服务业的定义与布朗宁和辛格尔曼类似，认为生产性服务业是为生产、商务活动和政府管理等（而非直接个体消费者）提供服务的服务业，包括房地产管理、咨询服务、综合技术服务、金融业、保险业及企业管理机关几类；程大中（2006）认为生产性服务业的定义应该包括内涵和外延两个方面，从内涵上来讲，如果服务能够像商品那样被区分为资本品和消费品，那生产性服务对应着作为资本品的服务，从外延上来讲，生产性服务业是指与生产相关的服务行业。虽然学者们对生产性服务业的具体概念和分类不同，但有一点是相同的，即生产性服务业起源于产品生产过程，是与制造业直接配套的相关产业，交易成本上升是生产性服务业与制造业分类的直接动因，而专业化分工则是促进生产性服务业不断增长的最重要因素（霍景东、夏杰长，2007）。

从实证研究角度看，学界一般以我国第三产业行业分类（统计年鉴中）为基础，将生产性服务业分为：交通、运输、仓储、邮政业，信息传输、计算机服务和软件业，金融服务业，房地产业，租赁和商务服务业，科学技术、技术服务和地质勘查业六大类。需要指出的是，虽然这六类服务部门的服务对象也会包括个体消费者，但大部分服务于企业单位，而且目前的统计数据难以将服务于企业单位或个人的数据分离开来。本书借鉴以上分类方法，选取物流业、软件与信息服务业、金融业、咨询业、广告业、科研业六大行业作为北京市生产性服务业行业的典型代表，六个行业主要包含的细分行业见表1-1，研究时间跨度是10年，所使用的企业地点分布数据来源于《中国电信2003年北京大黄页》及《中国电信2012年北京大黄页》。

表1-1　　　　　　研究范畴界定（生产性服务业典型行业）

金融业	金融、保险	金融管理、银行、财务公司、信托投资、证券交易、期货经纪、信用卡、保险、抵押物资管理、拍卖、典当、经济担保；
	投资	投资管理、投资开发、产权交易、产权经纪、连锁加盟
物流业	交通运输	航空（航空货运、航空公司、通用航空服务、机场）、铁路（铁路货运、铁路车站、小件寄存）、公路货运；
	物流	国际货运代理、储运、集装箱运输、装卸搬运、打包托运、仓储
软件与信息服务业	电信	通信运营商、增值服务；
	通讯和网络设备	通讯工程、通信设备及器材制造、通信设备及器材销售、通讯设备修理、网络设备、网络工程、电话设备及系统销售与维修、无线电通信设备及系统、对讲系统销售与维修、传真机销售与维修；
	电子计算机	计算机硬件、计算机软件、计算机外围设备、数码产品、卡证制作及其设备、计算机网络及系统集成、通信与计算机系统集成、计算机耗材、机房设备、计算机技术服务；
	互联网	网站、公共信息网、网络安全、域名查询及注册、网页制作
科研业	科学研究及技术	科研机构、设计（设计院、建筑设计、工业设计）、勘察、水文地质、测量绘图、节能；
	高新技术产业	高新技术产业、转基因技术、技术服务、技术开发、水族工程、防伪技术；
	技术监督检测	技术监督、技术检验、质量检测、质量认证、药品检验、计量检测
广告业	广告	广告代理、广告制作、霓虹灯、灯箱、气球模型广告；
	其他	广告材料、标牌、公共关系、形象设计、礼仪服务、广告展览
咨询业	律师事务所、会计事务所、税务师事务所、审计事务所、专利事务所、商标事务所、测量师事务所、登记注册代理事务所、文化经纪、体育经纪、评估、资产评估、价格评估、咨询服务（管理咨询等）、策划、市场调查、信息情报、经济开发交流、人力资源开发顾问、教育宣传交流、翻译	

第四节　本书研究思路与方法

一、主要研究思路

对北京市生产性服务业集聚的研究本着"具体到城市、细分到行业、深化到机制"原则展开。为了使研究具有全面性、整体性与针对性，除本章以外，其他章节属于三类具有逻辑关系的研究内容：行业导向研究（从

第二章至第七章）、政策导向研究（第八章），专题导向研究（第九章）。

（一）以行业为导向的研究

这部分研究主要遵循"行业集聚的机理—空间集聚演变特征—演变的原因"的思路，探索北京市服务业空间分布、发展和变化的规律，为空间布局决策提供依据。具体而言，从要素禀赋、外部经济、产业价值链和技术创新等角度分析北京生产性服务业集群形成和发展的内生机制，选取北京市2003年和2012年两个时间点的六大生产性服务业典型行业（金融业、物流业、软件业、科研业、广告业、咨询业）进行实证研究，总结北京市生产性服务业的发展历程，描绘各行业集群十年变迁的规律与趋势，深入探究地理分布变化所隐藏的原因。由于涉及行业多，每个行业的发展规律存在很大的差异性，另外关于所涉及行业城市层面集聚方面的分析有较为缺乏，因此这部分研究既是本课题的重点，也是本课题难点。

（二）以政策为导向的研究

在行业研究的基础上，总结北京市生产性服务业集聚的总体发展规律，从承接国际服务业转移、政府适度管理、城市功能分区、发展主导产业和培育集聚区市场化导向等方面探究面向国际化大都市发展定位的北京市生产性服务业的规划布局，并基于北京市各生产性服务业行业的国内国际定位，提出典型行业的空间布局思路。

（三）以专题为导向的研究

为了做到"点面结合"，弥补行业维度研究中不能对一些重要问题展开讨论的缺陷，本书还就若干重要问题展开专题研究，这些问题是整个研究的有机组成部分，包括"生产性服务业与制造业之间的互动关系"、"北京市生产性服务业对经济增长的推动作用"和"北京市生产性服务业的集聚适度分析"等专题。

二、研 究 方 法

本书涉及经济学、地理学、产业组织学、统计学等多学科的知识，理论与实证相结合，在遵循这些学科学术规范的基础上，综合运用多种研究方法。

（一）数据统计与 mapinfo 软件使用

在具体行业的实证分析过程中，根据《北京大黄页》统计各生产性服务业 2003～2012 年所有企业的邮编（其中没有给出地址的企业通过网络查询、电话查询等方式做了详细补充），把企业邮编利用 mapinfo 软件在北京市电子地图中找到相应位置，将每一个企业在地图中标记成点，通过企业在地图上的点分布，来分析生产性服务业 2003～2012 年空间布局的变化趋势和演变规律，研究涉及企业邮编数据三万余个。

（二）静态分析和动态分析相结合

生产性服务业的集聚作为一种不断发生动态变化的现象，其驱动因素、集聚机制及对某一区域的空间影响也不是一成不变的，城市空间结构、产业发展模式也在发展变化着，因此，本研究在一定程度上将动态分析和静态分析相结合，从发展变化中发现规律。

（三）宏观分析和微观分析相结合

在具体行业的实证分析过程中，不仅通过某一行业在北京市宏观整体的空间布局来分析生产性服务业集群的演变，而且具体到典型集聚区或微观企业来具体分析该集聚区形成、演变的机理。

（四）合理运用计量分析工具

在本书中，针对不同的问题，采用与研究问题匹配的实证分析方法和工具：在"北京市生产性服务业与制造业互动研究"专题中，采用注重动态分析的马尔科夫区制转移向量自回归模型；在"北京市生产性服务业对经济增长的作用"专题中，使用了扩展的 C – D 函数及混合面板模型；在"北京市生产性服务业集聚适度性研究"中，构建突变评价指标。

第五节　本书的创新点与不足

一、本书的创新点

北京市是生产性服务业发展的典型样本，对北京市生产性服务业集群规律的研究，对于面向国际化大都市定位的城市具有很大的借鉴意义，因此本书最大的创新之处在于利用实证分析和比较分析的方法对北京市生产性服务业2003年、2012年集聚状态和十年变迁的演变规律进行全面的分析，具体而言：

（一）研究角度新颖

国内外关于生产性服务业集群的理论和实证研究成果比较丰富，但主要的研究还是侧重全球和国家层面，与具体城市或者城市内部的城区相结合的研究比较缺乏，本书基于国际化大都市城市内部视角，分析生产性服务业各行业在主要城区的集聚问题。

（二）在一致分析框架基础上探讨不同生产性服务业行业城市内部空间演变机理

由于生产性服务业各行业属性、特点具有很大差异性，以往的研究更多从行业特点本身展开讨论，对影响本行业城市内部集聚机理部分讨论较少，本研究为了保持分析逻辑的一致性，分行业研究中，深入讨论了其城市内部集聚形成及空间演变机理，分析一个城市内影响产业在某一区域集聚的因素和基于城市间视角有较大的差异，理论研究及机理分析需要进行创新性探索[①]。本书几乎涵盖了一般意义上的最重要的生产性服务行业，并选取六大典型行业进行针对性研究。

（三）多学科交叉背景、逻辑脉络清晰

产业集聚问题涉及诸多学科，本书除了综合运用城市经济学、地理经济学、产业经济学等各个学科理论与方法以外，还运用不同行业专门的知识，比如金融、物流、软件业等。因此研究涉及知识范围之广，范围之大要超过一般的课题研究。

本书的研究思路是"从集聚角度写产业"，而不是从"产业角度写集聚"，本研究区别于一般搞物流、搞金融专业的研究，因此对研究知识结构有更高的要求，因为物流、金融等产业基本知识、规律等必须要掌握，然后是从集群角度来分析。课题研究第一层次的维度是集聚区，也就是地理分布、空间结构的有关特征。比如，如果某一产业地理分布上表现出某

---

① 比如人口素质、受教育情况等是影响不同城市或省级的因素，但是在一个城市内部就不是主要分析因素，因为一个人可以住在海淀区到朝阳区上班。

一区域加强，需要分析以下问题：这个集聚区承载什么功能，有什么样企业集聚？什么机制使集聚加强？在这一加强过程中哪些因素是影响一个城市该产业集聚的主要因素？

（四）动态分析方法的运用

城市空间结构、产业集聚模式都在不断发展变化着，而这种变化更能体现产业集群的区位偏好，因此对两个时间点集聚状态的比较分析，能够更准确地观测北京市生产性服务业空间布局演变的规律以及在这个过程中起主导作用的因素。

（五）兼顾研究问题的"面"与"点"

在对整个行业的宏观空间布局分析（面）的基础上，对典型的集聚区或知名企业（点）进行具体分析，可以从微观角度更加深入分析行业集聚的原因及企业选址的影响因素。同时研究中，除了分行业分析以外，对重点问题又展开了专题研究。

二、本书存在的不足及研究展望

（一）由于数据及研究方法选择带来的局限

本书对 2003 年和 2012 年两个时间点的各行业分布情况在电子地图上做出了细致的描绘，企业地址数据来源于《中国电信 2003 年北京大黄页》及《中国电信 2012 年北京大黄页》，根据其邮编考虑地理分布情况。电子地图中的集聚区描述不考虑各个集聚区在整个空间布局中所占的权重以及集聚区内的企业规模大小。但本书研究主要注重这种描述背后所蕴含的经济含义，并通过对典型集聚区和重点企业的具体分析来弥补研究方法自身的不足。

（二）报告中未单独列出国际经验借鉴部分研究

基于对研究报告篇幅、逻辑及整体性的考虑，本书没有将其他国际大都市生产性服务业集群的演变规律和空间布局与北京市的具体比较进行列示，但在整个研究的过程中，已经对从工业型城市向服务业型城市转型成功的一些西方发达国家城市，如纽约、伦敦、东京等进行了详细分析，这些城市产业结构转型的一般规律及内在动力机制对北京以及其他国际大都市的成功转型有着重要的借鉴意义，这种借鉴意义在本书中不仅体现在对北京市生产性服务业集聚动力机制的分析中，更体现在生产性服务业空间格局的整体规划思路和分行业空间布局思路中。

（三）对北京生产性服务业空间布局提出思路性、框架性建议

由于多学科交叉，提出基于整体城市功能各产业布局规划，非本书能力所及，本书该部分只能停留在生产性服务业空间格局的整体规划思路和分行业空间布局思路提出方向性的建议。但这个问题值得进一步研究。

上述不足既是作者能力所限，也反映了生产性服务业集群研究的复杂性，需要做长期持续的跟踪研究，这也将是笔者日后努力的方向。

北京市物流业集群的
空间结构及其演变

物流业是将交通运输、储存、装卸、搬运、包装、流通加工、配送、信息处理等基本功能根据实际需要进行有机结合的集合体，是生产性服务业的重要组成部分。物流业在城市内部发展，形成了城市经济体系中的一个重要产业，服务于城市生产、分配、交换及消费的各个环节，满足城市内部生产和消费的物流活动，以及城市与外界联系过程中所产生的物流活动。随着物流业分工的不断细化，大量专业化的企业或者组织在一定范围内开始集聚，不断形成物流基础设施节点，即城市物流园区、城市物流中心、城市配送中心和传统货运集散点等，城市在物流节点形成点状集聚，一些点状集聚不断发展连接成带状集聚，随着点状集聚和带状集聚的增多，在城市的一些区域就形成了大型物流集群区，以城市为载体的物流业集群构成了典型的城市物流空间结构。

对城市内部物流空间系统而言，物流需求、物流供给、物流政策等都是导致系统变化的因素，当某些因素发生变化打破了原有空间内物流需求和物流供给的平衡，原有的系统将失稳并自发地向一种更合理的空间结构转变，因此从时间和空间发展的两个维度来看，城市内部物流空间结构及集聚区域随着一个城市的社会经济活动发展而处于不断发展、变化之中。一个城市内部物流功能区空间结构演化具有哪些特征和规律？城市内部物流功能集群区形成需要具备哪些条件？哪些因素推动了城市内部物流业集群的迁徙和空间结构的变化？深入分析这些问题，对于更好地掌握城市物流产业的发展规律、促进城市物流运作效率提高、科学合理规划与引导城市物流业发展具有重要的现实意义。

第一节　相关文献综述

国内外学者对于城市物流集群空间布局的实证研究探索，目前主要集中在微观层面，即在物流网络中研究物流节点的布局问题，如康比和伊斯托米贺马丁（Kombe and Estomih Martin，1995）认为企业应该基于供应链的角度来考虑物流中心的布点问题；占英华和易虹（2000）以深圳平湖物流中心规划建设为例，通过其发展条件和功能定位的对比，提出了物流中心选址的原则；陈菊等（2005）在考虑物流规划部门及使用者的利益基础上，采用双层规划模型来描述物流节点最优选址与规模问题，并给出了该模型的求解算法；陶经辉（2006）以物流园区的布局与城市的布局结构相适应为约束条件，以物流园区建设成本、管理运营成本和配送成本三种成本构成的总成本最小化为目标函数，构建了物流园区数量确定和选址规划的约束非线性模型，并对模型进行了相应的算法研究；牛慧恩（2009）认为物流企业的选址应尽量布局在交通便利，且不会导致交通干扰和造成过大交通压力的地方。以上这些文献对于物流中心、物流园区选址规划进行的研究均属于物流节点微观层面的分析，缺乏对城市物流空间布局的整体把握和描述，这一方面成为之后学者关注的方向，如沈玉芳等（2011）以长三角为例，利用统计分析和基于 GIS 的区位基尼系数、区位熵、2000 年和 2008 年空间对比等方法剖析了长三角区域物流空间布局的演化过程和规律；曹卫东（2011）通过建立苏州市 1990～2007 年的物流企业空间与属性数据库，借助 GIS 空间分析模块，采用样方、空间自相关以及热点区分析方法，对城市物流企业空间分布及其演化进行了探究，得出其物流集聚区逐渐由单一向多极、由中心城区向次中心城镇扩展的结论；千庆兰等（2011）基于广州市 3771 家物流企业的调查资料，运用 GIS 空间分析方法，探究广州市物流企业的空间集聚特征，并揭示了影响其空间格局的主要因素，认为广州市物流企业空间分布具有显著的向心集聚性，且物流企业的空间格局是区位、交通、政策、地区经济实力和地价等因素综合作用的结果。

更多文献集中在单纯对物流业集群形成动因的研究上，藤田（Fujita，1996）发现许多国际化大都市都起源于港口城市，这为分析基础设施对物流业集群发展的影响奠定了基础；之后王非和冯耕中（2010）提出交通基础设施建设步伐加快是物流集聚区形成的重要技术驱动力；政府在物流业集群形成过程中起着关键性的作用，李伊松等（2007）利用钻石模型提出物流业集群形成的重要因素，即环境因素、市场因素、基础设施因素、企业因素以及政策因素，其中政策因素是集群形成的保障，主要包括政府政策及园区政策等；马丽（2008）采用层次分析法分析了影响武汉市物流产业集聚的因素，得出政府在集聚中起着最显著作用的结论；而钟祖昌（2011）则基于我国31个省市的面板数据，在空间经济学的视角下研究了物流业集群形成的因素，他认为政府干预程度在初期对物流业集聚有着显著的负效应，但随着时间的推移负效应逐渐减弱；李斌和陈长彬（2010）则认为现代消费和生产的特点是物流业集群形成的基本因素；谷口（Taniguchi，1999）还分析了高级信息系统的应用对城市物流需求的重要作用。除此之外，郑健翔（2009）基于天津市滨海新区的现实情况，提出了制造业企业的集聚所形成的强大的物流需求催生了现代物流业的集群。

纵观现有文献，目前对城市物流空间布局研究大部分集中于物流节点布局、选址或物流业集群形成的原因等方面，缺乏对物流集群所构成的城市物流空间结构的整体描述，而且在有限的典型城市物流空间布局的研究中，对城市具体物流集群区的集群态势、集群动力机制、功能定位等方面的深入细致分析也较为鲜见。不仅不同城市物流空间结构形成机制不同，且不同集群区得以形成的机制也不尽相同，因此深入分析典型城市内部物流业集聚发展具有重要意义。北京现代物流迅速发展，形成了四通八达的交通网络，北京物流业集群的空间结构与演变有其独特规律。本章以北京市物流业集群为研究对象，利用电子地图对全市所有的物流企业进行定位，分析其2003～2012年10年间物流业集群变迁的特征和规律，并深入具体物流集群区，分析其演变机理和功能定位，不仅从整体上把握北京市物流业集群的空间布局，而且从具体城市典型集群层面上做有针对性、深入的研究。

第二节　城市内部物流业集聚区　　　　　　　　　形成及空间演变机理

目前，现代物流作为一种先进的组织方式和管理技术，在区域经济发展中发挥着日益重要的作用，逐渐成为国民经济发展的基础产业。随着行业分工的不断细化，大量专业化的企业或者组织在一定范围内开始集聚，这引起了物流相关产业在空间上的集聚，逐步形成配送中心，进而演变为物流中心，最后形成集聚的最高形式——大型物流园区。

一、城市物流集聚的类型与影响因素

（一）城市物流研究范围及构成要素

最初提出城市物流含义的是谷口荣一教授①（1999），他认为城市物流是"在市场经济形势下，以城市为界限，在对企业的物流活动、运输效率、物流成本的优化过程中，必须综合考虑城市交通基础设施、道路动态交通情况、交通运输成本和资源浪费等因素"。谷口、汤普森和山田（Taniguchi，Thompson and Yamada，1999）对城市物流的概念进行延伸，将城市物流的范围由企业物流扩展成整个城市区域，城市物流被定义为"是企业运用先进的信息系统，在市场经济环境和一定的交通条件、能源消耗等因素限制情况下，对城市物流活动和运输活动进行优化的过程。"

本课题所研究的物流业范围即属于"城市物流"这一研究范畴，将其含义界定如下：城市物流就是城市经济体系中的一个产业，它服务于城市生产、分配、交换、消费各个环节，是城市社会再生产得以实现的基本条件；它包括满足城市内部生产和消费的物流活动，以及城市与外界联系过程中产生的物流活动。因此，研究的视角是以城市为载体的物流活动，而非企业内部的物流活动，是研究一个城市内部物流产业的空间结构与集聚，而非不同城市（或区域）之间的对比及相对关系。

城市物流系统包含的要素很多，可归纳为基础设施要素、信息平台要素和政策要素三类：

1. 基础设施要素。根据城市物流"运动—停顿—运动"的特点，基础设施包括物流节点和物流通道两部分，物流节点是由执行停顿命令的物流园区、物流中心、配送中心、货运站、码头、仓库等组成，而物流通道就是执行运动命令的货运通道。

2. 信息平台要素。物流信息平台是在计算机通信技术的基础上，整合、分享物流相关信息，为企业、政府等职能部门或个人提供车辆信息、交通状况信息、货物实时位置信息等基础信息服务。

3. 政策要素。物流政策是指国家或地方政府制定的引导城市物流发

---

① 谷口荣一教授（日本）于1999年7月在澳大利亚参加第一届城市物流国际会议时提出城市物流概念。

展、提高城市物流运行效率的政策，主要有物流产业政策、物流相关的法律法规等。

依据物流涉及的空间，城市物流包括城市内部的物流活动和城市与外部区域的货物交换。从物流的形式来看，城市物流有三种形式：第一种，称之为货物通过的形式，它是指这一城市外其他城市之间或地区之间货物移动时经过该城市的物流活动；第二种，称之为货物的集散，它是指城市本身对某些货物为发货点（本城市生产满足其他城市或地区需求的产品）或收货点（其他城市或地区满足本城市的需求），或者对某些货物既是发货点又是收货点；第三种，称之为干线运输的物流，它是指伴随铁路、船舶、路线卡车等干线运输而产生的物流，诸如在城市设有进出城的港湾、机场、货物车站、卡车终端等。

城市物流系统布局主要包括物流节点的布局和物流通道的选择。物流节点、物流通道间的关系见图 2-1：

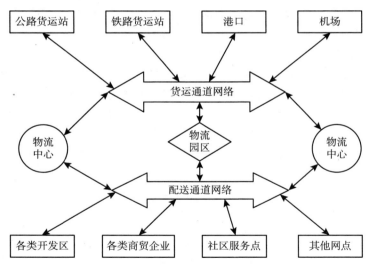

图 2-1　物流节点和物流通道关系

（二）城市物流集聚的类型与影响因素：基于物流需求与资源供给角度

物流基础设施节点是城市物流网络中连接物流线路的节结之处，是从事物资的仓储、装卸搬运、包装、流通加工和信息活动的场所。仓库、车站、码头、港口、配送中心、货运站等都属于物流基础设施节点的范畴。

由于其服务需求、服务功能、服务范围等要素的不同，形成不同类型、不同层次的物流基础设施节点。通常情况下可以把城市物流基础设施节点归并为以下四个层次：城市物流园区、城市物流中心、城市配送中心和传统货运集散点。城市在物流节点形成点状集聚，一些点状集聚不断发展连接成带状集聚，随着点状集聚和带状集聚的增多，在城市的一些区域就形成了物流集聚区。这是城市物流空间结构中"面"要素的体现。物流集聚区加剧物流资源的集聚和辐射效应，城市物流需求按需求对象划分可以分为生产物流需求、流通物流需求和消费物流需求。生产物流需求和流通物流需求都有集聚的特征，见表2-1。

表2-1　　　　　　　　　不同需求分类下的物流类型

类型	主要功能	形成的动机机制	选择区位特点
生产物流需求	满足制造企业的物流需求：（1）前向的物流需求：生产前及生产过程中的原材料采购、运输、储存、配送等（2）后向的物流需求：产成品进入市场流通前相关的物流作业构成产后物流需求	追逐制造业的集聚以获得以下优势：（1）为企业提供较低的物流成本（2）为企业提供专业化的物流需求（3）降低企业物流信息搜集成本	选择在工业园区、开发区、工业基地等内部或周边集聚
流通物流需求	使商品从生产地转移到使用地以实现其使用价值	城市流通物流需求的空间分布形成城市区域特有的物流空间结构	分布于城市边缘的交通发达地带，如区域性批发市场、物流集散中心等
消费物流需求	满足消费者点多面广，比较分散的配送或者搬运需求	网上购物、快递等居民消费的热点，直接或间接地促进了诸如整车物流、搬家服务、市内配送、包裹快递等物流服务的发展	物流供给只有集结这些分散的物流需求才能产生规模效益。形成了与具体业务特点相结合的各层级的配送与集散中心以及劳动密集型为特点的流动配送专业队伍

资料来源：根据相关资料自行整理。

　　物流供给是为了满足物流需求而投入的各种物流资源，包括公共物流资源和市场物流资源。公共物流资源是国家和地区政府提供的服务于社会物流、不具有排他性的物流资源；市场物流资源是在市场机制驱动下具有企业产权性质和排他性的物流资源。物流供给集聚，是物流企业群在地域上集中的一种经济现象。政府为了提高产业经济的运行质量、改善宏观经济运行环境以及发挥宏观调控机制作用，对大型的公共物流基础设施、公共信息平台等进行集中投资建设，如物流园区就是物流供给集聚的组织形态之一。物流园区将众多物流企业聚集在一起，实行专业化和规模化经营，对物流企业发挥整体优势、提高物流技术和服务水平、共享公共物流基础设施、降低运营成本以及提高规模效益发挥了重要作用。

二、城市物流的空间结构与集聚形成、演变机理

（一）城市物流空间结构含义

城市物流的空间结构是指特定城市中物流系统中各个子系统、各要素之间的空间组织关系，包括要素在空间中的相互位置、相互关联、集聚程度和集聚规模，体现了物流产业经济活动的空间属性和相互关系。从区域经济的角度，城市的物流空间结构是物流业在城市不同区域中的相互作用关系，包括空间集聚规模和集聚程度。城市物流空间结构是城市物流活动在地理空间上的投影，是城市物流存在和发展的空间形式，表现了城市各种物流要素在空间范围内的分布特征和组合关系，是城市物流空间分布和空间作用的内在机制。

城市物流空间结构可分为城市外部物流空间结构和城市内部物流空间结构两个层面。城市外部物流空间结构，对应于城市空间尺度中的群体空间尺度，是指一个城市与其他城市共同构成的物流空间体系，城市是外部物流空间结构中的一个节点，城市在其中的位置反映了该城市对外物流联系能力。城市内部物流空间结构，指在城市行政区域内城市物流空间结构要素的空间分布形态和组织形式。城市内部物流空间结构是实现城市内外物流联系的空间基础。

城市内部物流空间结构，是城市对外物流功能和城市内部物流功能在城市内地域空间上相互作用的结果，所有的城市间物流联系都是通过每个城市中地方化的物流功能实现的。

城市内部空间结构是对单体城市空间结构的研究，城市内部物流空间结构要素由点、线、面构成。点指的是城市物流空间上所能见到的最小均质单元，在质量与属性上具有同一性，通常指物流节点，不同等级规模物流"节点"是城市物流系统结构形成、演化的动力源。线是连接各"节点"的线状交通基础设施（干线铁路、干线航道、公路）及综合交通走廊形成的不同级别的物流通道。面是城市物流空间结构中分布较广、具有高度连接性的物流集聚区。

（二）与城市产业空间耦合的城市物流业集群形成

物流空间结构的集聚化特征，是指物流要素在地理空间分布的非均质性。当今产业组织的基本特征是经济全球化和区域经济一体化，导致要素、资源和分工在不同地域空间层次上迅速地变化，并日益集聚在不同的地区。

从时间和空间发展的两个维度来看，城市内部物流空间结构及集聚是随着一个城市的社会经济活动发展而处于不断的发展、变化之中。城市内部物流空间结构与集聚态势的形成，是适应城市社会经济活动对物流业功能需求的结果，在一定时期内相对稳定，并随着时间呈现动态变迁。在一定的城市空间内，影响物流需求和物流供给的诸多因素相互交织。

从城市物流空间结构形成的过程来看，最初一个基本均质的城市空间中会产生物流空间分异，一些地域的物流强度逐渐增强，而另一些地域却在弱化，并形成日趋复杂的城市物流空间结构，在城市内部的不同地域空间会出现配送中心、物流中心、物流园区等如此相似的物流空间形态。

城市物流空间集聚的形成受两大因素的影响：一是城市物流在城市体系中的地位和作用，或所扮演的角色，这一点决定了城市物流的能级、功能、主要联系方向，以及可能的物流空间形态；二是城市内部产业布局、资源分布、经济发展水平等带来的城市物流需求和供给差异，决定了城市内部物流空间布局及其选址。

对城市内部物流空间系统而言，物流需求、物流供给、物流政策等都是导致系统变化的因素，当某一因素影响系统的某一子系统，打破了空间内物流需求和物流供给的平衡，系统将失稳并自发地向一种更合理的空间结构转变，此时的系统依然能够有效利用资源和能源，这种自组织和自适应性作用使其处于动态发展中。在内外环境约束下，城市内部物流空间结构不断调整与环境相适应，不断发展演化，形成了在该空间上集聚、扩散、振荡、融合的生产力要素流。

城市内部物流功能区空间分布的演化，是与城市空间结构的发展变化密切联系在一起的。城市空间结构及不同区域经济社会发展的不平衡性、异质性决定了生产性服务业在城市内部存在功能区的空间分布和相互关系。城市空间结构的发展变化，对城市内部物流功能区空间分布产生了深刻的影响。城市规模的扩大增加了物流需求规模，导致城市所需的物流设施不断增加。

城市内部物流通过不同的功能满足城市物流需求。根据不同的需求对象，城市内部物流功能可以划分为以下几类：从城市层面上看，城市物流分为对外衔接功能和对内服务功能；从物流要素层面上看，分为运输、仓储、配送、搬运装卸、包装、流通加工、信息等功能；从物流企业层面上看，可分为指挥控制功能和操作执行功能。

（三）与城市产业空间耦合的城市物流业集群演变

城市内部的物流业空间分布与集群的发展是有规律可循的，一般而言，城市内部商业区、工业区和居住区等功能空间的重新组合，包括老城区的改造、新城区的崛起不仅使物流基础设施呈现外移的趋势，还带来城市内部物流功能空间布局的变化。物流园区大多临近工业区、开发区布局，城市内圈以满足办公、生活物流需要的配送物流为主，外圈以满足工业物流和对外物流为主。由此也决定了货物的流向和交流方式。

从分散走向集聚是城市物流发展的必然结果，物流集聚形式在空间上首先表现为城市内部的物流节点。当城市开始向外扩散，物流节点也会从内向外相应地发生移动。由于城市中地理、经济、文化等条件的影响，城市各种要素空间分布不均匀，因此，城市物流节点也并非均匀聚集和扩散，而是表现出与城市产业空间和与交通运输轴线耦合发展的特征。

1. 城市物流功能区迁移趋势与规律。当城市进入集聚和扩散阶段时，在城市中心区物流集聚功能就可能因为土地的限制而不得不向外寻求发展空间，由于城市物流各项功能要素对空间成本承受能力的差异，城市的不同圈层出现了不同的物流功能要素分布。

物流产业的迁移是有成本的，成本主要来自于重建的费用和市场的损失。重建费用与距离虽有一定的关系，但关系并不十分密切。迁移成本的关键是随着距离的增加，物流产业与市场之间的经济联系可能被削弱，物流集聚区服务的市场规模受到影响，收入曲线有可能会向下移动。因此，为了避免迁移可能带来的市场规模损失，物流产业发生空间迁移时，呈现以下两个规律：（1）遵循"就近"原则，按照一定的圈层向外扩散，以尽可能服务现有市场；（2）遵循"趋近"原则，趋近新的具有较大物流需求潜力的地域，以获得新的市场。

2. 产业空间效应是影响城市内部物流功能区空间分布演变的关键因素。工业和商业是影响城市物流活动空间布局的两个最主要的需求因素。原有工业向外扩展，城市内部制造业空间布局越来越倾向于发展开发区或工业区的形式，城市内部制造业的聚集性明显增强；与工业生产密切相关的物流活动也向开发区或工业区迁移。在工业向外围转移的同时，城市人口也向外围扩散，新的居住区形成，大型的商业设施在新的居住区迅速建立起来，城市副中心效应初步显现，城市物流节点在新成长的城市副中心布局。

与城市交通运输轴线耦合发展能否保证货物在时间和空间上有较高的流动能力，是判断物流活动是否有效的重要标志之一。原有物流节点在土地发展空间上受到限制的同时，往往也伴随着货物流动能力的降低，因为与拥挤空间相伴而行的是堵塞的交通，以及城市对货物运输实行的一系列时空限制政策，所以原有物流节点虽然位于城市的中心区，但其可达性实际上会降低。为了提高货物流动的可达性水平，物流节点就会沿着交通运输轴线向远离城市中心区的方向迁移，以寻求新的发展区位。此时，城市物流活动的空间变化不是向外圈层均匀地推移，而是呈现沿交通运输轴线方向集聚扩散变化。

3. 城市内部物流功能区空间分布演化规律。（1）总体上呈现出由里向外，并沿交通轴线发展，与城市产业空间和新城发展耦合的演化规律；（2）城市内部物流空间在城市对外交通联系的主要方向围绕放射型交通线路轴向扩散，在环形交通线路上形成环带状扩散，在穿越型交通线路的站点形成蛙跳式扩散；（3）地租、运输成本和市场范围是影响城市内部物流空间演化的最重要的经济因素。从物流功能上看，不同的物流功能对地租、运输成本的承受力不同，因此出现不同的扩散时序。运输和仓储物流活动对地租、运输成本最为敏感，因此首先会发生由中心向外围的扩散，但扩散的程度受到与市场经济距离的影响，遵循"就近"扩散或"趋近"新市场的原则。而物流信息及管理等功能对地租和运输成本有较强的承受能力，并且可联系的市场范围也更广泛，所以晚于运输和仓储活动发生空间转移。物流的高级管理控制功能与操作功能也发生分离，在同一时期内物流高级管理控制功能仍位于或接近城市中心区，物流操作功能则倾向于布局在城市外围。

第三节　北京市物流业集群空间分布与演变：2003～2012年[①]

本部分所使用的数据主要来自《中国电信 2003 年北京大黄页》及

---

① 本章观点与主要内容已经整理为《北京市物流业集聚区空间分布演变》一文，发表于《城市问题》，2014 年第 3 期。

《中国电信2012年北京大黄页》，依据其提供的地址，通过网络查询、电话咨询等多手段获取其邮编，并加以统计和整理。对于其中没有给出地址的交通运输、仓储物流业，我们也相应通过网络查询做了详细的补充。另外，由于邮政局和邮政所的分布在2003年和2012年变化不是很大，邮政业数量的变化只表现在邮政投递站的增加，所以在以下的分析中，暂时先将邮政业剔除。由于2010年北京城八区合并为城六区，为了统一统计口径，将原东城区和崇文区加总的数据作为2003年东城区数据，将西城区和宣武区加总作为2003年西城区数据。2003年共涉及近1340家企业邮编数据，2012年涉及近1400家企业邮编数据，将所有的物流企业邮编利用mapinfo软件在北京市电子地图中找到相应位置，将每一个企业在地图中标记成点，通过物流企业在地图上的点分布，来分析物流业2003～2012年空间布局的变化趋势。

一、2003年北京市物流业的空间分布

2003年北京市交通运输、仓储物流业共分布在178个邮政编码区域内，比重前15位的区域如表2-2所示。

表2-2　　　　　　2003年北京物流业比重最高的前15位邮编

排名	邮编	企业个数	占比	区域
1	100076	67	5.01%	丰台区
2	100022	50	3.74%	朝阳区
3	100028	44	3.29%	朝阳区
4	100027	40	2.99%	朝阳区
5	100055	35	2.62%	西城区
6	100023	34	2.54%	朝阳区
7	100070	32	2.40%	丰台区
8	100071	31	2.32%	丰台区
9	100025	30	2.25%	朝阳区
10	100024	29	2.17%	朝阳区
11	100029	28	2.10%	朝阳区

排名	邮编	企业个数	占比	区域
12	100125	28	2.10%	朝阳区
13	100020	26	1.95%	朝阳区
14	100073	25	1.87%	丰台区
15	100621	24	1.80%	顺义区

数据来源：根据《中国电信2003年北京大黄页》整理、计算。

从统计结果上可以看出，2003年北京市的物流业主要分布在城区，在15个主要分布邮政编码内，有9个地区属于朝阳区，4个属于丰台区，这说明朝阳区和丰台区集中了北京市大部分的物流业企业。

最为密集的区域是大红门地区（100076），该区域位于北京市丰台区四环和五环之间，南北横穿京开高速，西邻京良路，东到G104国道，是北京市历史悠久的货运站；向北延伸至郑王坟南里等（100070）、岳各庄丰台路等（100071）。

朝阳区是东三环、四环、五环穿越区，外接京承高速、京平高速、通燕高速、京哈高速、京津高速5条高速公路重要干线，依托这种强大的交通区位，形成了两个明显的物流集聚区：西坝河左家庄等（100028）、霄云路等（100027）、安德路惠新西街等（100029）位于三环、四环、五环东北拐角，偏朝阳区北部，毗邻东城区和海淀区；百子湾路广渠门等（100022）、西直河十八里店等（100023）、西大望路姚家园等（100025）、三间房双会桥等（100024）、光华路建国路等（100020）位于三环、四环、五环东南拐角，偏朝阳区南部。

马连道鸭子桥等（100055）也形成一个集聚区，毗邻岳各庄丰台路等（100071），外接京石高速、京港澳高速、G107国道等。

首都机场航安路（100621）是位于顺义区的小集聚区域，偏重航空运输，天竺镇府前街（101312）是此小集聚区的扩展（排名第16位，表2-2中未列示）。海淀区、东城区、石景山区没有形成明显的集聚区，其物流业企业的分布要分散得多。

二、2012年北京市物流业的空间分布

2012年北京市交通运输、仓储物流业共分布在171个邮政编码区域内，比重前15位的区域如表2-3所示。

表2-3　　　　　　　2012年北京交通运输、仓储业比重最高的前15位邮编

排名	邮编	企业个数	占比	区域
1	100076	138	9.89%	丰台区
2	100023	81	5.81%	朝阳区
3	101312	70	5.02%	顺义区
4	100027	41	2.94%	朝阳区
5	100020	38	2.72%	朝阳区
6	101399	33	2.37%	顺义区
7	100025	32	2.29%	朝阳区
8	100162	30	2.15%	丰台区
9	100160	25	1.79%	丰台区
10	102600	24	1.72%	大兴区
11	100176	23	1.65%	大兴区
12	100070	23	1.65%	丰台区
13	100028	21	1.51%	朝阳区
14	100102	20	1.43%	朝阳区
15	100071	20	1.43%	丰台区

数据来源：根据《中国电信2012年北京大黄页》整理、计算。

　　由表2-3可以看出，2012年北京市物流企业主要分布的15个邮政编码地区中，有6个属于朝阳区，5个属于丰台区，2个属于顺义区，2个属于大兴区。

　　最为密集的区域仍然是大红门地区（100076），且西红门镇同华路（100162）也属于这个区域内，较之2003年，集聚的企业多了很多；以新发地（100160）为过渡区域，交通运输仓储物流业逐渐向大兴区集聚，黄村镇芦城（102600）、亦庄镇（100176）都已形成一定规模的物流园区，三江物流园、飞天物流中心等；朝阳区南部西直河十八里店等（100023）、光华路建国路等（100020）、西大望路姚家园等（100025）、百子湾路广渠门等（100022）（排名第16位，表2-3中未列示）仍然是重要的集聚区域，且集聚的企业数量较之2003年更多，北部霄云路等（100027）、西坝河左家庄等（100028）集聚程度也有所增加，但安德路惠新西街等（100029）集聚区消失，相反毗邻首都机场高速的望京（100102）已呈现出集聚趋势；天竺镇府前街（101312）集聚程度增加，与顺航路（101399）形成了顺义区主要集聚中心，空港物流基地便是其一。

　　与2003年相同的是，东城区、石景山区没有形成明显的集聚区，物

流业企业的分布要分散得多，这与集聚程度测算的结果一致，但是海淀区已初露集聚端倪，四道口、清河已有很多物流配送中心（排名第 17 位，表 2 – 3 中未列示）。

三、十年间北京市物流产业空间集聚演变态势

对比研究的两个时间点，我们很容易看出诸多变化，而这些变化构成了北京市物流业空间集群的演变特征。我们将上述聚集区绘制在了地图上，从图 2 – 2、图 2 – 3 两图的对比中反映出十年间物流业空间集群的演变情况。

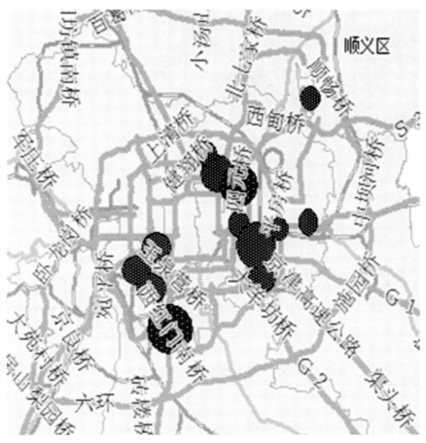

图 2 – 2 2003 年北京市物流业集聚情况

资料来源：根据《中国电信 2003 年北京大黄页》绘制而得。

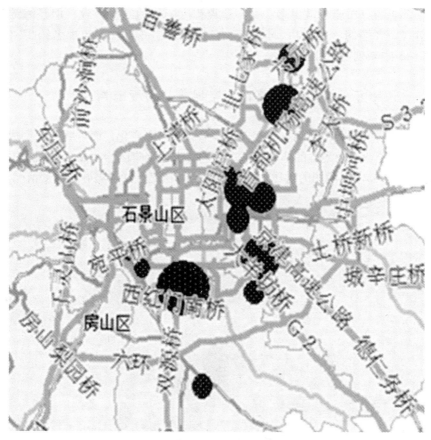

图 2 - 3　2012 年北京市物流业集聚情况

资料来源：根据《中国电信 2012 年北京大黄页》绘制而得。

　　为了进一步分析北京市各行政区物流集群演变的特征，我们整理了 2003 年和 2012 年北京市各行政区物流业的企业个数及占比，见表 2 - 4。

表 2 - 4　　　　2003 年和 2012 年北京各行政区交通运输物流业企业数及占比

	2003 年		2012 年	
	企业个数	占比	企业个数	占比
朝阳区	345	25.82%	403	28.89%
丰台区	212	15.87%	188	13.48%
顺义区	157	11.75%	53	3.80%

	2003 年		2012 年	
	企业个数	占比	企业个数	占比
东城区	125	9.36%	207	14.84%
海淀区	103	7.71%	120	8.60%
大兴区	77	5.76%	41	2.94%
通州区	72	5.39%	50	3.58%
西城区	62	4.64%	132	9.46%
平谷区	41	3.07%	13	0.93%
房山区	35	2.62%	32	2.29%
怀柔区	34	2.54%	34	2.44%
昌平区	27	2.02%	50	3.58%
门头沟区	17	1.27%	13	0.93%
密云县	16	1.20%	25	1.79%
石景山区	9	0.67%	21	1.51%
延庆县	4	0.30%	13	0.93%

数据来源：根据《中国电信 2003 年北京大黄页》和《中国电信 2012 年北京大黄页》整理、计算。

第四节　北京市物流业集群空间演变特征与动力机制

通过对北京市物流业企业 2003 年、2012 年空间分布研究，本节总结北京市物流业空间结构演变的特征，并选取典型区域来描述集群区形成的态势及动力机制。

一、传统优势区域的强化

从集聚分布图中可以看出，朝阳区和丰台区作为联系华北和东北地区的主要区域，2003 年已经形成很强大的交通运输仓储物流系统。丰台区南北横穿京开高速，G103、G2、G104、G45、G4 等形成了以丰台区为原点的辐射交通网络，从而使丰台区具备了向周边地区进行产品集散和辐射的条件，同时该区东西狭长的地域特点有利于向市区配送商品，发展物流业有着运距短、供货迅速的便利，而朝阳区是东三环、四环、五环穿越区，外接京承高速、京平高速、通燕高速、京沈高速、京津高速5条高速公路重要干线。

　　具体来讲，2003年，交通运输仓储业分布最密集的地区是大红门地区（100076），企业数目是67家。到2012年依然是100076，而企业数目增加至138家，是2003年的两倍多，同样位于丰台区的100070、100071也毫不逊色；而对于朝阳区而言，南部西直河十八里店等（100023）、光华路建国路等（100020）、西大望路姚家园等（100025）、百子湾路广渠门等（100022）（排名第16位，表2-2中未列示）仍然是重要的集聚区域，且集聚的企业数量较之2003年也增多，北部霄云路等（100027）、西坝河左家庄等（100028）集聚程度也有所增加。以上结果说明，从2003~2012年，作为北京市物流业的传统优势区域的朝阳区和丰台区，其区位优势被沿袭和保留了下来，物流业的集聚程度有所强化。

　　以位于首位的大红门地区为传统优势区域的代表，阐释其从物流业集聚到集群的动力机制。大红门服装商贸区位于南苑乡行政区域内，以马家堡东路东侧、光彩路西侧、北京南中轴路三环、四环之间为中心向周围辐射，交通极其便利，20世纪70~80年代初，大红门地区已是北京市蔬菜生产供应基地之一，具有产业集群形成的先天区位优势。之后"浙江村"的出现繁荣了大红门地区的服装贸易，也带来了"脏乱差"的不良后果，当地政府部门及时转变管理思路，1994年由北京市丰台区工商局和浙江省温州市工商局共同主导投资兴建的京温服装市场开业，大红门商圈自此崛起，"浙江村"蜕变为大红门服装商贸区。以服装商贸为主的产业链带来的强劲市场需求必然会吸引大批物流企业聚集于此，2002年2月，北京市政府确定了2002~2010年《北京商业物流发展规划》，明确了丰台大红门地区作为北京17个物流配送区之一。2005年大红门地区建立物流配送中心，由于强大的市场需求和品牌效应，大红门地区物流企业加速集群。可以得出，大红门地区的物流业集群得益于其优越的地理条件、政府的有效管理以及市场活动的快速发展，商贸活动对物流业集群的带动作用使得该地区呈现出产业间互促式发展的局面：一方面，服装商贸的高度发达为物流业创造了业务需求，促进了市场导向的物流企业聚集于此；另一方面，物流业的快速跟进也打破了商贸业的发展"瓶颈"，提高运输效率的同时降低运输成本，为商贸业的进一步发展奠定基础。

二、新兴集聚区域的崛起

对比上述图2-2、图2-3和表2-4数据，可发现顺义区、大兴区、通州区、平谷区的物流企业个数及占比均有所上升，其中顺义区物流企业占比由2003年的3.8%上升至2012年的11.75%，跃升为北京市物流企业占比第三大区，大兴区由2.94%上升至5.76%，通州区由3.58%上升至5.39%，平谷区由0.93%上升至3.07%，而这四区恰恰是北京市"十二五"物流发展规划中规划出的四大物流基地所在地：顺义空港物流基地、大兴京南物流基地、通州马驹桥物流基地和平谷马坊物流基地。

具体来讲，2003年首都机场航安路（100621）是位于顺义区的小集聚区域，在集聚程度排名中占第15位，拥有24家交通运输仓储企业，其周边地区天竺镇府前街（101312）是此小集聚区的扩展（排名第16位，表2-3中未列示），两者加起来共48家，偏重于航空和公路运输。随着首都国际机场作用的不断增强，航空运输地位的不断提高，以及首都机场周边高速公路的不断扩建，十年之后，该区域在物流业的比重有了大幅度的提高。2012年毗邻首都机场高速的望京（100102）已呈现出集聚趋势，天竺镇府前街（101312）集聚程度也明显增加，与顺航路（101399）形成了顺义区主要的集聚中心，分布企业103家，是2003年的2.15倍，顺义区已经形成了以空港物流基地为核心，以天竺空港工业开发区、林河工业开发区、南彩工业开发区为依托的物流集群格局。

2003年，北京南部与华北联系最为密切的地区丰台区，其物流业集聚南至西红门镇。2012年，以新发地（100160）为过渡区域，物流业沿重要交通干线继续向南，逐渐向大兴区扩散，黄村镇芦城（102600）、亦庄镇（100176）都已形成一定规模的物流园区，大兴区地处北京南郊平原，北与丰台区相接，南连房山区，与河北省接壤，素有"京南门户"之称，是冀、鲁、豫及南方各省入京的重要通道，目前大兴区新加交通运输仓储物流业企业72家，形成了北京市大型综合物流区，逐渐发展为北京市人流、物流、资金流、信息流等要素的重要节点。此外，房山区良乡（102488）也有明显的集聚趋势（排名第18位，表2-3中未列出），较为典型的是房山良乡物流基地的发展。

同时，海淀区部分区域也有物流业集聚的出现，如四道口、清河地区的物流中心及配送中心，但由于集聚区初始形成，图2-3中并没有形成

明显的集聚点。

选取典型区域为代表，阐释不同新兴集聚区特点及形成动力机制如表 2-5 所示：

表 2-5   **新兴集聚区域的崛起及形成**

物流业集聚区	空港物流基地	马坊物流基地	京南物流基地
所在区县	顺义区	平谷区	大兴区
地理位置	首都机场以北，与首都机场形成"无缝对接"。依托轻轨：M15 号、机场轻轨；高速公路：机场高速 1 号线、2 号线、机场高速北线、京承高速、六环路、机场高速南线等；快速路：101 国道、顺平快速路、顺通快速路等，是公路——航空——口岸国际货运枢纽型物流基地	首都机场东侧，北临京津高速，南靠京哈高速，西接六环，是京津冀两市一省交界处，并融于环首都经济圈及环渤海经济区之中，链接天津新港与首都机场，距离秦皇岛 230 公里，京唐港 140 公里，紧临大秦铁路平谷段堆场，是北京东部发展带的重要物流节点和京津发展走廊上的重要通道	京开高速公路、北京六环路、京九铁路交汇点位置；毗邻京哈、京九、京沪、京广等干线铁路；并紧邻北京经济技术开发区、中关村科技园区、大兴生物制药产业基地、北京轻纺城、北京商品大世界、丰台高科技产业园区五大产业基地
功能定位	（1）依托天竺综合保税区重点发展保税物流；（2）北京及环渤海地区的国际、国内航空物流；（3）奥运物流中心	（1）服务于顺义、怀柔、平谷、密云等京东四区县；（2）连接北京内陆物流与天津港、唐山港的港口物流，实现港口的内陆迁移，弥补了北京市在海洋运输方面的不足	（1）服务于五大产业基地；（2）北上生产及生活资料的进入通道
入驻企业	（1）货运代理商及物流地产商，其中不乏通过与首都机场战略合作的企业，也不乏 TNT 等世界 500 强企业及伯灵顿、普洛斯、中外运、宝供、顺丰等国内外知名物流企业；（2）专门的进出口贸易、分销、采购企业；（3）空港物流东侧的现代汽车、北方微电子基地、燕京啤酒厂等大型企业相应的物流部门	（1）电子商务集聚区，如淘宝、亚马逊等，并引入北京博雅英杰科技股份有限公司等高新科技企业；（2）普洛斯、全聚德等大量知名品牌的物流部门；（3）北京京津港国际物流有限公司、北京海陆港国际物流有限公司、北京邦礼达物流有限责任公司等知名物流企业	汽车、钢材、纸业、铁路零担、图书、电器、服装、快速消费品企业的物流中心，如中国化学工程中型机械化公司、北京市天运储运公司、广州本田北京商务中心、北京百利威物流有限公司、中国黑色金属材料北京公司等

物流业集聚区	空港物流基地	马坊物流基地	京南物流基地
基础设施	高标准的"八通一平"（供水、雨水、污水、供电、天然气、通讯、有线电视、道路及土地自然平整），基地功能设计由中、德、美三国专家联合完成	高标准的"五通一平"（供水、供电、道路、通讯、通排水、平整土地）	"十通一平"（即：供水、雨水、污水、供电、供热、供气、绿化、通讯、道路、有线电视，园区用地平整）
形成和演化机制	（1）交通便利；（2）北京市、顺义区财政对于基地内部入园企业的一系列优惠政策；（3）制造业基地形成的强大物流需求；（4）完备的基础设施	（1）交通便利；（2）北京市、平谷区财政对于基地内部入园企业的一系列优惠政策；（3）平谷区周边区县、北京市周边省市形成的强大的物流需求	（1）交通便利；（2）政策支持；（3）依托五大产业基地，形成强劲的物流需求；（4）完备的基础设施

数据来源：根据资料自行归纳总结。

　　由表2-5可以看出，新兴物流集群区的形成均离不开以下几个外部因素：（1）交通环境。在物流活动中，运输是最重要的环节之一，而运输的便利性、运输成本的高低直接受到交通环境的影响，因此交通环境成为影响物流业集群的最重要因素。多条中国国道和高速公路由北京放射状发出，决定着北京物流基地环城周边集群的特性。无论是北京企业的输入物流、输出物流，还是北京内部企业流通领域的销售物流，都得以利用便利的交通来实现商品的空间转移。（2）产业环境。现代物流业属于生产性服务业的重要组成部分，其产业活动的发生同样依赖于服务对象的存在，而它的服务对象更多的指向制造业部门，新兴物流集群区周边各类制造业基地的存在，不仅形成了良好的产业氛围，也为物流业带来了强劲的需求，吸引了更多的专业物流企业的加入，使集群状态不断加强。（3）有效需求。物流集群区的形成最根本是源于对物流服务的大量需求，这种需求不仅来自周边各大制造业基地，也来自周边区县、北京市周边省市等，物流集群区的建立使当前市场的物流需求集中到一定区域内，引致各企业物流部门、专业物流企业的到来和不断壮大。（4）政策支持。一方面，北京市物流园区、物流中心的兴建和发展大多是政府所引导的，因此，政府的融资制度、土地使用制度、市场准入及退出制度都对集群区的形成有着巨大的影响；另一方面，各物流园区、物流中心为了吸引企业的入驻都会制定各种各样的优惠政策，这降低了企业入驻的壁垒，利于集群的形成。（5）物流基础设施。良好的物流基础设施不仅可以满足现代化物流企业生产经营需求，也是物流企业不断入驻的筹码之一，如统一的货运中转站等，物流基础设施的充分利用为物流业的高效服务提供了保障。

三、部分集聚区域的消逝

对比表2-2、表2-3和图2-2、图2-3可发现，北京市内物流企业逐渐向外部扩散，东城区、西城区、海淀区物流企业数占比下降明显，且不再有明显的聚集区存在。2003年，西城区手帕街南口马连道（100055）形成了交通运输、仓储物流业集聚区域，集聚企业35家，但在2012年，此地区的企业明显减少至8家，大部分企业被位于更南部的丰台地区的企业所代替。由此可见，物流企业并不倾向于向城中心集聚，反而因为城中心地区较为高昂的租金及其较为拥堵的交通环境造成的诸多不便，更倾向于郊区化发展。这一趋势也可从北京城内六区与城外郊区物流企业数目占比的变动趋势中反映出来，见表2-6所示。

表2-6　　　　　　北京城六区与郊区交运物流业企业数占比

区域	2012年	2003年
城六区	68.49%	86.52%
郊区	31.51%	13.48%

数据来源：根据《中国电信2003年北京大黄页》和《中国电信2012年北京大黄页》整理、计算。

四、"多层次—多中心"的物流产业立体空间结构正在形成

综合上述分析，2003～2012年的10年间，北京市物流业的空间分布存在这样一种趋势：在整体布局上，物流企业多集中于东、南方向，结合重点路网形成了以北京城为中心的多层集群核心式分布：外层为省际、国际物流枢纽层，由大型物流基地构成：顺义空港物流基地、大兴京南物流基地、房山良乡物流基地、通州马驹桥物流基地和平谷马坊物流基地，主要吸纳各个方向多种交通运输方式的进京物资，并向外输送京内物资；内层为城区物流配送层，由小型配送中心构成，为城区内物资配送和居民快

递服务提供便利；中层为过渡层，主要在朝阳区和丰台区形成了以西红门、小红门和新发地等地区为主的多个物流核心，并由核心地区逐渐从区域上向外扩展，依据各区域特有的产业布局和要素禀赋发展特色物流中心，连接省际物流与城区物流及配合产业发展。这一分布局势与交通设施及区域经济发展存在很大关系，特别是外层大型物流园区的区位选择，其分别位于机场、高速节点、铁路节点周围，与各路网结合形成了省际物流枢纽，从多方向引进航空、公路、铁路甚至港口物流，并呈发射状向外输出物流，见图 2 – 4。

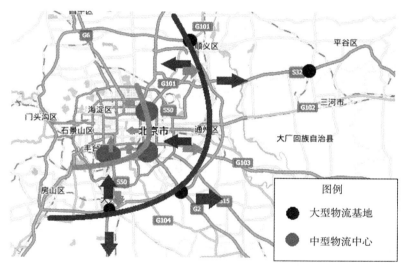

图 2 – 4 北京市立体化物流空间布局初步形成

由此，北京物流发展呈现出立体化局面：依托物流基地、物流中心、配送中心等三级物流节点立体化满足各项物流需求。省际间，利用各大型物流基地特有的交通条件和区位优势，有效连接了航空、铁路、公路及海运物流，多方式输送省际物流，使得北京与外省市无缝衔接。市内方面，利用集群产生的各物流中心支持相关产业发展，各城区内的配送中心则用于服务居民需要。三级物流节点互相配合相互支持，形成了能够与中国特色世界城市和国际商贸中心接轨的、能够服务全国并辐射世界的国际物流中心城市基础设施立体化网络平台，见图 2 – 5。

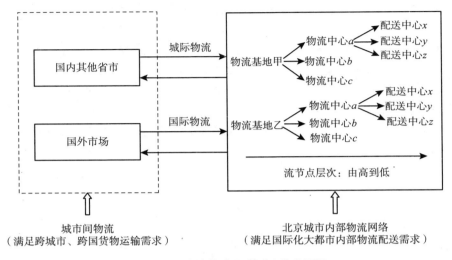

图 2 - 5 北京市物流业集群立体化网络

资料来源：根据有关资料自行归纳。

第五节 本章小结

北京市物流业企业 2003～2012 年空间分布格局研究表明城市内部物流空间结构及集群随着一个城市的社会经济活动发展而不断演变，通过具体集群区域的分析，发现北京市城市物流企业集群十年演变的主要特征与规律：（1）以大红门和百子湾为典型代表，丰台区和朝阳区两大传统优势集聚区的区位优势被沿袭和保留，物流业的集聚程度有所强化；（2）以五大物流基地为典型代表，顺义区、大兴区、通州区、平谷区及房山区呈现出物流业新兴集聚区的崛起和形成，交通环境、产业环境、有效需求、政策支持及良好的基础设施是集聚区得以形成和发展不可或缺的外部条件；（3）由于昂贵的场地租金、拥堵的交通环境，东城区、海淀区、西城区的物流企业集聚逐渐弱化，并呈消逝态势；（4）依托物流基地、物流中心、配送中心等三级物流节点的"多层次—多中心"北京城市内部物流产业立体空间结构正在形成。

为了更好地促进物流产业集群的形成，获得城市物流业发展的集聚效应，政府应该顺应城市物流产业自身发展规律，充分利用城市内部不同区

域的资源禀赋特点，进行科学规划、积极引导与政策扶持。既要对已建成和正在建设的物流节点提供多方面的政策支持，如加大对物流业的投入力度，加大政府在物流基础设施、物流产业结构调整以及投资等方面的扶持力度，建立平台引导和促进物流业与金融业、制造业等行业的互动发展，又要不断调整规划和政策扶持重点以满足城市物流业发展的新需求和新动向。

第三章

北京市软件和信息服务业
集群的空间结构及其演变

软件和信息服务业是生产、处理和传输信息产品及服务的行业。随着信息科学的不断进步，软件和信息服务业得到越来越快的发展，人类社会不可逆转地步入了信息社会，信息产业成为各国及各区域的支柱产业，而且呈现出不断由硬件主导型向软件和服务主导型发展的态势，尤其是软件业，作为信息产业最重要的组成部分，正由单纯的软件制造商转变为21世纪互联网时代最大的信息服务内容提供方。软件和信息服务业是由知识经济所主导的产业，具有对知识和技术创新高度依赖的特点，在某些方面表现出与传统产业不同的区位要求和空间逻辑。

软件和信息服务业集群是在其领域"大量联系密切的企业以及相关支撑机构在空间上集聚，并形成强劲、持续竞争优势的现象"，影响其发展的因素是多种多样的，且各因素间相互联系、相互作用、相互制约，形成一个多层次的动态整体，这种动态变化构成了软件产业集群的演变和变迁。北京作为全国软件和信息服务业的重要集聚区，探究其城市内部产业空间发展演变规律有重要的现实意义：一方面，该产业空间集聚随时间的变化反映了产业自身发展状况及动力机制；另一方面，产业集聚带动城市人流、物流、资金流、信息流的变化，影响城市内部不同区域的产业结构发展。对这种规律的探索有助于更好地掌握北京信息产业的发展规律，促进软件和信息服务业的运作效率提升、更好地规划城市软件和信息服务业的空间布局。

第一节　相关文献综述

软件和信息服务业的概念主要被用于各地工业和信息化管理部门，包括软件产业和与软件产业相关的信息服务业两大部分（详见表 3 - 1）。国内外学者研究了软件和信息服务业不同发展阶段的影响因素，任晶（2004）认为现代网络通讯设施在该产业诞生初期尤为重要，因为很大一部分软件和信息服务产品依赖现代通讯和网络设备进行传播；阎小培（1996）的研究表明随着信息技术发展与网络的普及化所带来的网络通讯便利性使得此因素的影响力下降明显；伍德沃（Woodward，2006）认为产业的进一步发展依赖于高校、科研院所的云集；卡斯特尔（Castells，2001）的研究同样证实科研、创新的区位因素是长期形成的，对软件和信息服务业的影响是持续的。

表 3 - 1　　　　　　　　我国对软件和信息服务业的划分

	软件产业	软件产品制造业 软件服务业
软件和信息服务业	信息服务业	系统集成服务
		软件外包服务
		IT 教育与培训服务
		计算机硬件维护服务
		网络服务
		IT 咨询服务
		数据处理服务

说明：目前软件与信息服务业相关数据，大部分都由国家工业和信息部以及各地方工业和信息化委提供。

资料来源：工业和信息化部网站。

以上是从产业角度对软件和信息服务业发展影响因素的研究，更多的学者关注于产业集群的形成动因。斯科特（1988）发现不同类型的软件和信息服务业对顾客面对面交流的需求程度不同，具有高度前台功能的企业倾向于在城市中心集聚，而传统后台功能的企业更倾向郊区化趋势；考虑到软件和信息服务业是知识密集型产业，费尔德曼等（Feldman et al.，1996）认为良好的知识溢出环境、知识创新环境可以提高企业的创新效率是企业集聚的重要因素；魏江（2003）发现产业集群有利于知识溢出和技术创新，得出企业在地理上的集聚和创新产出之间形成良性的互动的结论；鲇川（Ayukawa，1992）从人才角度提出"创业家精神"是软件和信息服务业集群发展的原始动力与集群文化；政府的政策与规划对软件和信息服务业的空间集群发展也至关重要，覃成林（2003）提出政府通过政策、规划等方式培育科技园区，对影响软件和信息服务业的各种因素产生影响，从而对产业的空间分布起到一定的引导作用。此外，安嫩（Annen，2001）探讨了软件和信息服务业集群的社会资本中不同部门机构之间的关系，得出社会资本一般根植于当地文化，难于复制的结论。

目前对软件和信息服务业集群的研究多集中在美国、印度等软件业强国，郝莹莹（2005）探讨了硅谷创新产业集群的历史演变与发展；聂鸣等（2004）从社会资本角度研究了班加罗尔软件产业集群，秦健等（2010）从整体上分析了印度软件业的集聚与扩散。中国已成为世界软件大国，北京作为中国的软件之都，对其软件和信息服务业集群态势和演变的研究更加具有代表性。李国平等（2003）利用数据统计、问卷调查和企业访谈的方式，对北京高科技产业集聚的过程、特征以及驱动力量等做了总结；何琼等（2010）理论分析了北京地区软件产业郊区化的趋势及相关动因。

综上，对软件和信息服务业的研究主要围绕产业发展和集群形成动因等方面，从国家、区域宏观、城市层面着眼，鲜有基于城市内部空间视角深入分析软件和信息服务行业在城市内部区域间的地理集聚和空间结构变化规律的研究。对于北京市软件和信息服务业的研究，均缺乏对产业集群整体空间结构的描述、动态演变的规律特征及具体集聚区形成因素的探讨等，而这些又是要全面把握国际化大都市软件和信息服务业集群整体态势所必须要考虑的方面。本章采用《中国电信 2003 年北京大黄页》及《中国电信 2012 年北京大黄页》数据，使用 mapinfo 软件，重点分析北京市2003～2012 年 10 年间软件和信息服务业空间集群动态演变的特征及动力机制。通过以北京为样本的分析，建立软件和信息服务业集群"演变测度—动力机制—发展趋势—规划布局"的分析范式，探究城市内部产业集群的发展规律，为城市规划、产业结构调整、产业布局提供科学的参考依据。

第二节 城市内部软件和信息服务业空间分布与集聚机理

软件和信息服务业的产业价值链在高端既有技术密集型又有资本密集型的特点，同时具有很高的智密性，创新是最核心的因素；与此相反，在产业价值链低端，却呈现劳动密集型的特征，众多软件程序员、信息工作者在工程师的规划之下，重复进行大量基础性的劳动。

一、高科技产业各增值环节对要素条件的需求及区位偏好分析

从价值链角度来分析高科技产业，可将其分为管理、研究开发、生产加工和销售四个增值环节。这四个增值环节对其所需的要素条件有不同的要求，这就决定了它们有不同的区位偏好，见表3-2。

表3-2　　　　　高科技产业不同增值环节对要素和区位的偏好

增值环节	可能的要素偏好	可能的区位偏好
管理活动	人才、信息、金融等高级生产要素	便利的交通运输、完备的通讯信息网络、高素质的专业人才、接近行政中心、接近金融机构汇集地
研究与开发活动	科技人才、技术、知识、信息	接近科研机构、接近高素质的劳动力供应地、接近新产品的使用者
生产加工活动	廉价劳动力、便宜的土地、原料或零部件、交通枢纽	接近廉价劳动力供应地和低价处、接近原料供应地、接近交通枢纽、较强的产业配套能力
销售活动	市场、需求信息、通达性	有较大的市场需求、完善的销售网络、便利的交通运输

资料来源：李国平、卢明华：《北京高科技产业价值链区域分工研究》，载《地理研究》2002年第2期。

软件和信息服务业属于高技术产业，因而其价值链也可相应地分为这四个环节。企业在价值链的不同位置承担了不同功能，在区位选择上可能存在显著差异。不同功能对规模经济敏感性、知识密集度和竞争强度有不同要求。销售和客户服务活动表现出空间非敏感性，而生产和企业支撑活动的空间敏感性较强。研究开发活动是空间最敏感，也是知识最为密集的活动，研制阶段对技术与投资的要求很高，研发活动需要高素质人力和知识，研发活动从技术外溢和专业化劳动力中获益，而较少受到本地竞争的影响。生产活动受益于专业化供应商，其次是专业化劳动力和技术外溢，需要大规模的投资和生产以降低生产成本，人力、信息和制度化是关键影响因素；销售活动是最不容易集聚的，因为他们从聚集经济中受益最少，而对竞争压力最敏感。总部是知识密集型活动，需要大量专业化服务和有专业技能的劳动力，倾向于集聚从而受益于知识和信息外溢，总部区位选择的其他关键因素包括生活质量、中心区位、高等级的基础设施如直飞航

班、训练有素的劳动力和有利的政府政策。城市内部区域间要素禀赋与竞争能力存在差异，这样价值链活动在区域间就存在着分工，而且这种分工也会发生变化。

二、城市内部软件和信息服务业空间分布的主要影响因素

软件和信息服务业集群化发展的影响因素是多种多样的，且各要素间相互联系、相互作用、相互制约，形成一个多层次的动态整体。具体的，软件和信息服务业集聚形成影响的因素有以下几个。

（一）社会资本：软件和信息服务业诞生与集聚的土壤

社会资本是指集群中的企业同其他企业、政府部门、大学、科研机构、社会服务机构等部门相互之间的关系，主要包括集聚内部的规范、信任与合作、社会网络、参与者的声誉等，社会资本一般根植于当地文化，社会资本的积累会促进产业集群的成长，强化区域创新体系的创新绩效，是软件和信息服务企业诞生、选址、集聚的重要依据。

（二）创业家精神：软件和信息服务业发展的原始动力与文化基因

"创业家精神"一词的内涵体现了一种创新活动的行为过程，其主要含义为创新，即创业者通过创新的手段，有效利用各种资源，创造出新的价值并实现商机。企业对利益和社会价值的追逐推动了产业的升级和技术的发展，而创业家的思想火花、奋斗精神和领导才能又不断创造和带领企业的不断竞争，同样，创业家精神在软件和信息服务业的发展和创新中也发挥着无形的作用。鲇川（1992）认为美国硅谷的成功与美国的思想意识相关，这种思想被概括为"这些学生心目中的英雄是硅谷的创业家"。正是这种思想引导了众多人才涌往高新技术产业的集聚地。

（三）成本因素：软件和信息服务业功能分化与再集聚的驱动力

软件和信息服务业一般分为创新区及创新成果孵化区、生产区等几种组织，而位于其中的不同产品和服务业类型的企业其所需的区位因素也不尽相同。对于创新区来讲，交通网络条件、科研资源、上下游供应链之间的可达性是重点考虑的因素，但对于创新成果孵化区来讲，办公楼价格、生活质量、临近居住区等或许是要重点考虑的因素。北京软件和信息服务

业也正在形成从城市中心带向城市郊区、沿创新价值链的高端到低端呈梯状分布的格局，创新成果孵化机软件生产功能已向沿城市公路分布的上地、电子城、亦庄等区域集聚，呈现明显的郊区化转移，这在很大程度上是由于城区商务成本的上升。同时众多远郊区县目前也积极迎接市区内知识创新资源的辐射，发挥其人力资本和土地资本的低成本优势，加速了产业向郊区化的转移。

（四）风险资本因素：软件和信息服务业持续发展与集聚的推进剂

在技术创新阶段投入的资本称为风险资本。信息技术产业的发展，在很大程度上依赖于创新产品的提供，而创新产品的产生则在很大程度上依赖于风险资本的投入，风险资本一般来源于大公司、政府及风险资本公司，因此，能否便利地获得风险资本，以及风险资本投资机构的性质和区位，也是软件信息服务产业选址要考虑的因素之一。

（五）政府因素：软件和信息服务业发展与集聚的催化剂

政府的政策与规划对产业的空间集聚起到了非常重要的作用，尤其是对软件和信息服务业处在初级发展阶段的区域。但政府的这种作用不是持续的，随着产业的发展、地方产业的升级，成熟的集群所能提供的技术创新能力、产业氛围、金融等高级服务能力不断成为集群的重要吸引力。政府这只看不见的手可以通过政策、规划等方式培育科技园区，对影响软件和信息服务业的各种因素产生影响，从而对产业的空间分布起到一定的引导作用。国际经验表明，政府对园区的培养有着至关重要的推动作用，例如在硅谷和剑桥科技园中，政府通过政府订单、研究项目资助、用地规划、基础设施投资和金融税收政策等间接手段推动着园区的发展。

第三节　北京市软件和信息服务业集群空间分布及演变：2003～2012 年

本节使用 mapinfo 软件将所有软件和信息服务企业所在区域邮编在北京市电子地图中找到相应位置，将每一个企业在地图中标记成点，通过地图上的点分布绘制聚集区。数据主要来自《中国电信 2003 年北京大黄页》及《中国电信 2012 年北京大黄页》，依据其提供的企业地址，通过网络查询、电话咨询等多手段获取其邮编，并加以统计和整理。对于其中没有给出地址的软件和信息服务企业，通过网络查询做了详细的补充。由于2010年北京城八区合并为城六区，为了统一统计口径，将原东城区和崇文区加总的数据作为2003年东城区数据，将西城区和宣武区加总作为2003年西城区数据。

2003年北京软件和信息服务企业共3576家，分布在153个邮编区域内。而在2012年，该类企业的数量增加到4783家，分布的邮编区域也有所扩展，达到191个。表3-3按年份列出北京市企业分布比重排名前二十位的邮编区域。

表3-3　　　北京计算机、软件和信息服务企业地理分布（2003～2012年）

排名	2003年		2012年	
	邮编	百分比	邮编	百分比
1	100080	18.08%	100080	24.09%
2	100086	7.66%	100086	7.12%
3	100081	7.21%	100085	6.39%
4	100083	5.98%	100081	5.90%
5	100190	4.67%	100190	4.38%
6	100085	4.08%	100083	3.76%
7	100020	3.61%	100029	2.69%
8	100029	3.16%	100089	2.33%
9	100037	2.93%	100044	2.31%
10	100044	2.60%	100020	1.84%
11	100084	2.12%	100088	1.67%
12	100088	1.84%	100084	1.60%
13	100089	1.84%	100036	1.45%
14	100191	1.62%	100097	1.24%
15	100027	1.59%	100037	1.22%
16	100005	1.40%	100082	1.18%
17	100036	1.40%	100102	1.00%
18	100013	1.09%	100027	0.96%
19	100082	1.09%	100070	0.92%
20	100011	1.01%	100191	0.90%
	合计	74.98%	合计	72.95%

数据来源：根据《中国电信2003年北京大黄页》和《中国电信2012年北京大黄页》整理、计算。

通过对占比前十位的邮编区域对比，2012年北京市软件和信息服务企业空间分布的集中度与2003年相比并未发生太大的变化，前十位邮编企业分布数量合计比重维持在 60% 左右，分布最为密集的区域均为中关村核心地区（100080、100086）。但从重点区域看，2012 年与 2003 年的分布还是有一些差异，主要表现为首位区域（100080）的比重有了大幅提高：由 2003 年的 18.08% 上升到了 2012 年的 24.09%。除首位区域的比重增加以外，其余部分区域企业分布所占比也出现上升：其一，上地信息产业基地（100085）和紫竹院路、万泉河路（100089）的比重出现了大幅度的提升；其二，靠近郊区的四环路沿线区域（100097、100102、100070）比重上升，进入前二十的排名，而靠近中心城区的邮编区域（100005、100011、100013）却退出前二十位。将上述聚集区绘制在了地图上，从图 3 – 1、图 3 – 2 两图的对比中反映出 10 年间软件和信息服务业空间集群的演变情况。

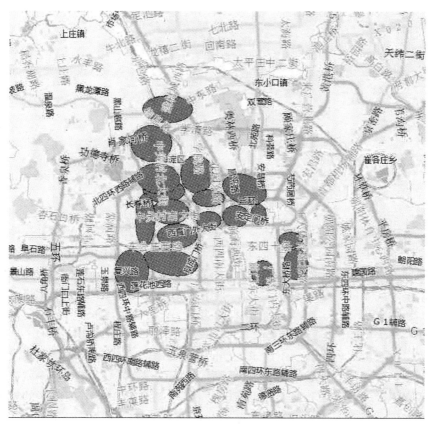

图 3 – 1　2003 年北京软件和信息服务业集聚情况

资料来源：根据《中国电信 2003 年北京大黄页》绘制而得。

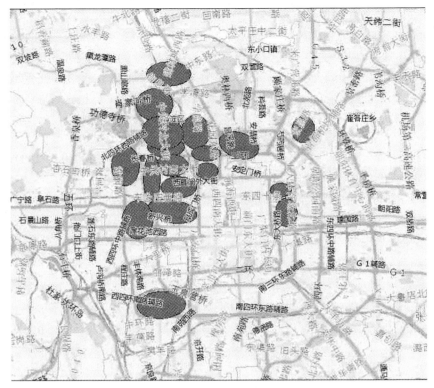

图 3 - 2　2012 年北京软件和信息服务业集聚情况

资料来源：根据《中国电信 2012 年北京大黄页》绘制而得。

从区县整体层面来看，北京 18 个区县 2003 ~ 2012 年 10 年间软件和信息服务企业比重的变化如表 3 - 4 所示。与 2003 年相比，2012 年企业比重增加的区县有 12 个，如海淀区、丰台区、石景山区、昌平区、大兴区等，呈现明显的"郊区化"趋势，其中增幅最大的是位于近郊区的海淀区，从 2003 年的 63.63% 增加到 2012 年的 68.03%，增长近 5 个百分点；同样有较大增幅的是近郊区的丰台区和石景山区。位于远郊区的十个区县中除了门头沟以外都呈现了一定程度的比重增长，其中靠近远郊区内沿的区县相对外缘区县变动幅度要更加明显，比重下降的区县有 6 个，城市中心区有 4 个，东城区和西城区下降幅度最大。近郊区中只有朝阳区的比重相对发生了下降，表明软件和信息服务企业呈现沿着向西、向北两个方向向外拓展分布的趋势。

表 3 - 4　　　　　北京 18 个行政区县软件和信息服务企业比重的变化

区县	2003 年		2012 年	
	企业数量（个）	企业占比	企业数量（个）	企业占比
东城	398	11.14%	373	7.96%
西城	270	7.54%	301	6.43%
海淀	2276	63.62%	3183	68.03%
朝阳	410	11.47%	467	9.99%
丰台	85	2.38%	189	4.03%
石景山	30	0.84%	51	1.09%
昌平	18	0.50%	49	1.05%
大兴	10	0.28%	20	0.43%
顺义	5	0.14%	24	0.51%
通州	14	0.39%	34	0.73%
房山	3	0.08%	21	0.45%
门头沟	30	0.84%	17	0.36%
怀柔	4	0.11%	13	0.28%
密云	5	0.14%	11	0.24%
平谷	10	0.28%	16	0.34%
延庆	8	0.22%	14	0.30%

数据来源：根据《中国电信 2003 年北京大黄页》整理、计算。

第四节　北京市软件和信息服务业空间集群演变的特征与动力机制

一、海淀区集聚优势地位明显

（一）研发、营销、展示多功能集聚中心

2003 年和 2012 年企业分布的核心地区始终是位于近郊的海淀区，并以绝对优势领先于其他区县。经过多年的发展，海淀区已经发展成为北京市乃至全国规模最大的信息产业集群，特别是在中关村科技园区形成了高度聚集的布局，吸引越来越多的企业选址于中关村。

中关村的发展起始于 20 世纪 80 年代初的"电子一条街"，之后被拓

展建设为北京新技术产业开发试验区、中关村科技园区。2009 年，国务院调整中关村科技园区为国家自主创新示范区，由一区十六园构成①，目标是成为具有全球影响力的科技创新中心。其中，海淀园作为示范区的核心区，尤为明显地培养和聚集了一批享有世界知名度的电子信息产业群体。联想、百度、用友、四通、北大方正、清华紫光等相继在此设立总部及研发中心，跨国公司如微软、黑莓、超微（AMD）等也在海淀园设立研发总部。根据 2011 年 10 月北京市政府发布的《中关村科学城发展规划》，中关村科学城②被定位为国家自主示范区核心区的核心，该区域是中国科技资源最为密集、科技条件最为雄厚、科研成果最为丰富的区域，见表3-5，被视为盘活示范区科技创新机制的"发动机"。按照科学城规划布局，海淀区学院路沿线以发展信息网络为主，目标为打造"中关村信息网络世纪大道"。目前，已有包括大唐电信科技集团、普天信息产业公司、彩虹集团在内的众多企业在学院路沿线建立研发基地或创新园，这更进一步增强了中关村研发型企业的集聚效应。

表 3-5　　　　　　　　中关村附近的科研机构与高等院校名单

类型	数量	代表
高等院校	40 余所	北京大学、清华大学、中国人民大学、北京理工大学、中国农业大学、北京科技大学、北京航空航天大学
科研院所	130 余家	中国工程院、中国科学院、中国科学院软件研究所、中国科学院计算技术研究所、国家信息中心国际信息研究所
国家级重点实验室	57 个	信息安全国家重点实验室、计算机科学国家重点实验室、软件开发环境国家重点实验室、北京大学视觉与听觉信息处理国家重点实验室
各类孵化器	50 余家	北京八六三软件孵化器公司、科方创业科技企业孵化器公司
大学科技园	14 个	北京林业大学科技园、北京理工大学科技园、北京科技大学国家大学科技园
技术转移中心	超过 1000 家	北京海淀中科计算技术转移中心、中国科学院北京国家技术转移中心

数据来源：根据《中国风险投资年鉴》有关资料整理。

---

① 一区十六园，包括东城园、西城园、朝阳园、海淀园、丰台园、石景山园、门头沟园、房山园、通州园、顺义园、大兴-亦庄园、昌平园、平谷园、怀柔园、密云园、延庆园等园区。

② 中关村科学城区域是指"东至原八达岭高速和新街口外大街，北至北五环及小营西路以南，西至西三环、苏州街和万泉河快速路，南至西北二环、西外大街和紫竹园路，以及沿中关村大街、知春路和学院路轴线形成的辐射区域"。

同时，海淀区也集聚了一部分以市场营销、销售活动主的软件和信息服务业企业。成立于2010年的中关村国家自主创新示范区展示中心专门设立了"新一代信息技术展区"，为参观者展示软件和信息服务业的最新产品技术和服务，提供展示及相应的交易服务。与之类似，上地信息产业基地的IT产业大厦（上地会展中心）、位于东北旺的中关村软件园提供的公共配套服务区和国际会展中心，也为企业提供成果展示、信息交流和市场开发的服务。除此之外，有"电子商业街"之称的中关村大街汇聚了E世界数码广场、硅谷电脑城和科贸、鼎好电子城等众多商城，为软件和信息服务类企业提供了直接从事销售活动的平台。这些展示中心和电子城以其专业而完善的服务不断吸引更多的软件和信息服务企业在此落户从事营销和销售活动。

（二）集群演变的动力机制：领先优势与创新文化相得益彰

以中关村为核心的海淀区集聚的企业在价值链环节主要从事研究开发和总部管理活动，以及营销和销售活动。软件和信息服务业在海淀区的高度集聚受到多种因素的驱动，见图3-3：

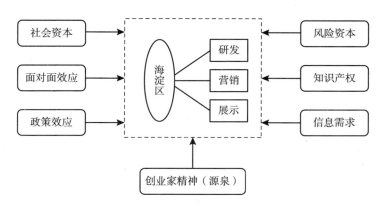

图3-3　海淀区软件和信息服务业集聚动力机制

资料来源：自行整理绘制。

1. 创业家精神。其主要含义为创新，即创业者通过创新的手段，有效利用各种资源，创造出新的价值并实现商机。中关村诞生了众多杰出的创业家，以联想的柳传志、百度的李彦宏、中星微电子的邓中翰等为代表，这些企业家创造了积极的创业文化和创业家精神。创业家的思想火花、奋斗精神和领导才能不断创造价值，创业家精神在企业的发展和创新中发挥着无形的推动作用。截至 2012 年底，上市公司总数达到 224 家，其中境内 145 家，境外 79 家，62 家企业在境内创业板上市，约占创业板企业总数的 1/7，初步形成创业板中的"中关村板块"①。创业文化无疑是软件和信息服务业集聚的源泉动力所在。

  2. 社会资本。北京市高校和研究部门在海淀区最为集中，与社会资本网络中其他部门有机结合，形成完备的创新网络环境，共同培育了软件和信息服务业诞生与集聚的土壤。国际技术转移中心、北京软件和信息服务交易所、英特尔物联技术研究所等科研服务机构的成立，为软件和信息服务业的研发和创新提供技术支撑服务；创新工场、车库咖啡、中国天使会等新型创业服务机构，为草根创业者提供资金支持、产品孵化、后续支撑等相关服务，鼓励和吸引高新信息技术的开发人，见表 3－6。不断完善的社会资本网络吸引越来越多的软件和信息技术开发者在此工作，久而久之便表现为软件和信息服务业的集群。

表 3－6   中关村地区线下开发者聚会活动

时间	聚会主题	地点
2011 年 2 月 26 日	"当 HTML5 来敲门"专题沙龙	北四环西路 66 号第三极大厦
2011 年 7 月 12 日	MeeGo 技术开发系列培训沙龙	中关村南大街海淀资本中心
2011 年 8 月 10 日	北京 Hadoop 开发者聚会	中关村东路 1 号清华科技大厦
2011 年 9 月 17 日	快乐技术沙龙 for Windows Phone 7	中关村广场
2011 年 9 月 17 日	51CTO Phone － Club 第六期：Android + ？ = 成功	中关村南大街海淀科技大厦
2011 年 9 月 24 日	开发者互动沙龙	知春路 106 号中关村皇冠假日酒店
2011 年 9 月 25 日	瑞研俱乐部 Flash 移动开发 & 在线培训线下答疑	中关村 3W 咖啡
2011 年 9 月 25 日	DevDiv Android 沙龙	中关村中国电子大厦国际会议中心
2012 年 1 月 15 日	北京移动互联网从业者年会	北京海淀区中关村
2012 年 3 月 3 日	微博平台沙龙	中关村微软大厦 Tower 1
2012 年 3 月 14 日	数据决定未来——机锋统计平台开发者沙龙	北京海淀区 3W 咖啡

----

  ① 数据来源：http：//www.zgc.gov.cn/sfqgk/56261.htm.

续表

时间	聚会主题	地点
2012 年 5 月 20 日	腾讯开放平台开发者沙龙	北京海淀区 3W 咖啡
2012 年 7 月 21 日	智城 2012 夏季沙龙	中关村南大街理工科技大厦
2012 年 8 月 1 日	3W 公开课：开发团队的成长	中关村 3W 咖啡
2012 年 8 月 11 日	36 氪 d – Studio 开发者工作室线下活动	中关村微软大厦 Tower 1
2012 年 11 月 24 日	36 氪开放日	中关村东路清华科技园国际会议中心
2012 年 12 月 16 日	ThinkPHP 开发者沙龙	北四环西路 58 号理想国际大厦

数据来源：根据网站新闻等不完全统计整理。

3. 面对面效应。企业之间转移的知识有显性知识和隐性知识两类。显性知识不需要知识所有者在场就实现知识转移，如专利；而隐性知识的转移需要面对面接触以及"干中学"。软件和信息服务业属于知识密集型产业，企业的发展需要大量隐性知识的转化和共享。面对面效应由于空间接近可以降低隐性知识获取的成本，从而促使软件和信息服务企业不断集聚在一起。一方面，软件和信息服务企业通过与周围企业近距离面对面地接触获得外部经济。在中关村，聚集在一起的软件开发工程师经常会组织线下活动，相互交流软件开发的经验与创意，类似的活动引起研发型企业的集聚。另一方面，面对面效应也有助于拉近企业和客户的距离，利用海淀区优越的科技优势和地理优势，软件和信息服务企业通过电子城或展示中心可以及时有效地与客户沟通，很好地进行相关营销和销售活动，从而引起营销类企业的集聚。

4. 政策效应。软件和信息服务业的集群发展受到政府政策很大的影响，见表 3 - 7 所示。政府通过政策、规划等方式培育科技园区（中关村科技园区），赋予不同区域以不同定位，从而对产业的空间分布起到一定的引导作用。政府一方面可以通过对交通、通信等基础设施的建设，来为科技园区的建设提供相应的配套设施，另一方面可以通过一些政策的制定来鼓励企业入驻园区、鼓励产学研协同创新等。但政策的作用只在产业发展初期较为明显，随着产业发展逐渐趋于成熟，创新能力和文化、融资支持、技术支撑等高级要素成为影响集群发展的主导因素。

表 3 - 7   北京市及国家部委给予中关村的支持政策

时间	政策名称	政策类型
2008 年 11 月 29 日	《北京市人民政府关于在中关村科技园区开展政府采购自主创新产品试点工作的意见》	政府采购
2009 年 3 月 13 日	《国务院关于同意支持中关村科技园区建设国家自主创新示范区的批复》	园区建设
2009 年 4 月 2 日	《中共北京市委北京市人民政府关于建设中关村国家自主创新示范区的若干意见》	园区建设
2009 年 6 月 13 日	《证券公司代办股份转让系统中关村科技园区非上市股份有限公司股份报价转让试点办法（暂行)》	融资便利
2010 年 2 月 1 日	《中关村国家自主创新示范区企业股权和分红激励实施办法》	激励政策
2010 年 12 月 31 日	《关于贯彻落实国家支持中关村科技园区建设国家自主创新示范区试点税收政策的通知》	税收优惠
2011 年 3 月 2 日	《关于完善中关村国家自主创新示范区高新技术企业认定管理试点工作的通知》	资质认定
2011 年 3 月 4 日	《关于中关村国家自主创新示范区建设人才特区的若干意见》	人才培养
2011 年 3 月 19 日	《北京市人民政府关于加快建设中关村科学城的若干意见》	全局性
2011 年 8 月 15 日	《中关村国家自主创新示范区技术秘密认定管理暂行办法》	知识产权保护
2011 年 8 月 23 日	《关于加强北京高校与中关村国家自主创新示范区企业人才互动工作的意见》	人才培养
2011 年 9 月 21 日	《关于促进产业技术创新战略联盟加快发展的意见》	产业政策
2011 年 11 月 2 日	《中关村国家自主创新示范区现代服务业试点扶持资金管理办法》	财政支持
2011 年 11 月 21 日	《加快建设中关村人才特区行动计划（2011～2015年)》	人才培养

数据来源：根据中关村国家自主创新示范区网站资料整理。

此外，海淀区软件和信息服务业优势地位的保持得益于风险资本的投入、知识产权制度的保护以及强大的信息需求。

二、企业选址郊区化趋势显著

（一）以生产功能为主的集聚区域

北京市远郊区软件和信息服务业的比重不断上升，其空间分布范围不断扩大，正在崛起新的集聚区域。以昌平、大兴、顺义、通州、石景山为代表的远郊区呈现出软件和信息服务业分布范围不断扩大的趋势，而且区域内该产业企业的比重也出现小幅增加，郊区化趋势明显。

根据《北京市国民经济和社会发展第十二个五年规划纲要》关于中关村建设提出的"两城两带"产业空间发展布局和《中关村国家自主创新示范区空间范围和布局规划》，从产业价值链角度看，以昌平南部和顺义西部为重点的北部郊区承担软件和信息服务业的研发服务功能，利用自身的资源优势，加速推进研发型企业的集聚，以大兴、亦庄、通州和房山为主的南部郊区承担相应的生产制造功能，通过整合产业空间资源，带动形成软件制造业和战略性信息服务业集群。虽然与城八区相比，位于远郊区的软件和信息服务企业占比仍然较低，集群发展仍处于起步阶段，但以昌平、大兴、亦庄、通州为主的郊区将凭借其丰富的智力资源、廉价的租金、广阔的空间以及日益完善的基础设施，成为北京市软件业新的以生产功能为主的集聚地。

以中关村国家自主创新示范区为例，十六个环城科技园有一半以上位于这些远郊区。科技园本身就是高等学校、科研院所及企业相结合的产物，在发展高科技产业方面有着得天独厚的优势。从产业集群的物理形态来看，中关村科技园的发展由明显的一园主导向区域边界发展，海淀园是科技园区的核心，主要发挥高技术的辐射功能，而位于边界的其他园区主要功能则是高新技术产业的发展基地，且各个园区承担着不同行业的侧重发展，具体如表3-8所示。

表3-8 　　　　与软件和信息服务业相关的北京郊区科技园的侧重行业对比

序号	园区	侧重行业	知名企业
1	昌平园	信息服务、材料、能源等国民经济支柱型产业	三一电子、中国电子信息产业集团、先锋
2	丰台园	电子信息、生物医药等为主导的高新技术产业	卓望信息技术（北京）有限公司、北京国际企业孵化中心

序号	园区	侧重行业	知名企业
3	大兴园	以生物医药产业为基地的软件服务业	北京民海生物科技有限公司、新和成、九州通
4	石景山园	高新技术产业及科技服务业、文化创意业	搜狐畅游、暴风网际、东土科技
5	亦庄园	电子信息产业、软件开发、光机电一体化	康宁、中芯国际、北京工大计算机软件开发公司
6	通州园	光机电一体化、环保和新能源、高端装备制造产业	北京中科信电子装备有限公司、天宇朗通通讯设备股份公司

数据来源：根据各科技园区网站资料整理。

（二）集群演变的动力机制：市场与政府双轮驱动

软件和信息服务业的郊区化在价值链端表现为生产加工功能的集聚，靠近海淀区的北部也逐渐吸引研发类企业的集聚。郊区得以形成软件信息服务业的集聚区，除了得益于北京市政府的相关规划政策之外，还归因于交通、商务成本、产业自身发展等因素，如图3-4所示。

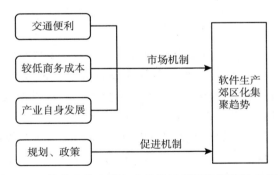

图3-4 软件和信息服务企业选址郊区化趋势动力机制
资料来源：自行绘制。

1. 日益便利的交通。交通条件是软件和信息服务业发展的重要条件之一，北京市的交通网络四通八达，不仅郊区与市区的联系因有多条地铁、公交的直达线路而愈发紧密，而且郊区与周围省市的交通也全面贯通，突出了郊区重要的节点位置。以亦庄开发区为例，该区与地铁亦庄线、京津城际快速铁路、京津塘高速、京沈高速及城市各大交通环线连通，具有显著的区位发展优势，有力推动了软件开发产业集群的形成。

2. 较低的商务成本。商务成本是软件和信息服务业集聚需考虑的又一重要因素，郊区的低成本与市区逐渐上升的商务成本形成了鲜明的对比。郊区集聚企业主要承担孵化生产功能，对于这类企业的选址，办公楼价格、劳动力成本、区位条件等是重点考虑的因素。大兴、通州等地区利用自身的这种优势积极迎接市区知识创新资源的辐射和空间扩张，主动吸纳企业的入驻，加速软件和信息服务业的郊区化趋势。

3. 产业自身发展的格局变化。北京市"十一五"规划以来，软件和信息服务业正形成这样一种格局，即城市中心的产业处于价值链的高端，而郊区的产业位于价值链的低端。具体表现为：汇集了众多高校和科研院所的中关村核心区域主要负责软件的研发和创新，处于价值链的最高端，因为这里人才充足、创新资源丰富；而自然环境较好、商务成本偏低的郊区地带则主要负责生产加工，处于价值链的低端，比如软件创新成果的孵化、软件生产功能等已经向亦庄、电子城等区域转移。

三、传统中心区域集聚弱化与功能转化

（一）企业总部集聚与销售展示集聚化趋势明显

与郊区软件和信息服务业企业比重上升对比，部分传统中心城区集聚的作用弱化。通过 2003 年和 2012 年的企业空间分布图的差异对比，如图 3－1、图 3－2 所示，可以非常直观地发现，北京市软件和信息服务业企业的分布并非像其他传统生产性服务业一样分布在人口密度更大，信息通达性更好的中心城区，而是向中心城区的外围不断扩散，且这种趋势愈加明显。表 3－2 中心城区不断下降的比重同样反映了这点：十年来软件和信息服务业比重下降的区县有 6 个，城市中心区就有 4 个，其中东城区和西城区下降幅度最大，朝阳区也有略微的下降趋势。

尽管中心区域的整体集聚优势降低，但其集聚功能已转化成明显的总部和销售集聚：

西城区的西城园、朝阳区的中央商务区（CBD）和电子城科技园以其完善的配套设施和服务吸引国内外知名企业的总部集聚，包括奇虎科技有限公司、北京互信互通信息技术股份有限公司，以及惠普、西门子、索尼爱立信、卡巴斯基等跨国公司和世界 500 强企业总部。

位于朝阳区的电子城科技园还集聚着一部分以从事销售活动为主的企业。电子城科技园位于朝阳区东北部，现包括东区（酒仙桥）、西区（望京）、北区及健翔园，占地16.8平方公里，园区内有国际电子总部、电子科技大厦、数码光电园等提供企业销售展示的平台，区内大企业利用其便利的条件也建有全国性的营销网络。

（二）集群演变的动力机制：市场力量推动企业价值链功能选址

传统中心城区集聚的多为总部型企业，承担软件和信息服务业价值链的管理功能，朝阳区也承担着销售功能。这种演变趋势主要受三个方面的影响，如图3-5所示：

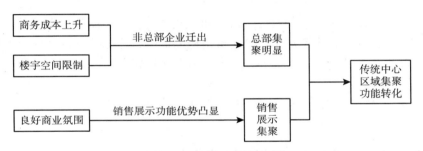

图3-5 传统中心区域软件和信息服务业整体集聚弱化与功能转化动力机制
资料来源：自行绘制。

1. 商务成本的上升。大量人员和企业的涌入，造成中心区域内办公、住宅等生活成本的急剧上升，交通状况也发生恶化。与此相比，远郊区发挥其人力资本和土地资本的低成本优势，积极吸引城区软件和信息服务产业的转移，处于价值链管理活动之外环节的企业因而会更加偏好选址于中心城区外。但总部型企业因其管理功能的定位，需要利用中心城区的区位优势和便利条件来进行战略策划和经营决策，配套设施和周边服务完善的商务中心和受到政策安排的科技园区更加被总部型企业青睐。例如，位于排名前十位的100020（建外大街）和100029（德外）分别是朝阳区和西城区有名的商务中心，以及电子城科技园，这些区域都是软件和信息服务企业总部的主要聚集地。

2. 楼宇空间的限制。有限的区域楼宇空间容量限制了以办公楼为载体的软件和信息服务业的发展。作为首都和历史文化名城，北京的城市中心区域属于"旧城保护"范围，写字楼的存量及增长空间有限，而且中心城区分布有大量的中央政府部门及事业单位，也限制了作为生产性服务业的软件信息服务业在城市中心区的发展。

3. 良好的商业氛围。朝阳区十年间信息服务类企业比重尽管有所下降，但相比其他区县，该区域在价值链中销售环节有一定的优势。这得益于朝阳区良好的商业文化氛围。一方面，朝阳区人口高度密集的商业区有利于企业开展持续而多样化的营销展示活动，与潜在客户面对面交流接触，及时掌握市场最新动态，提高其产品和服务的市场欢迎度；另一方面，朝阳区良好的区位优势、便利的交通条件也为企业的销售提供了便利。

四、商务中心以及科技园区是北京软件和信息服务业企业集聚的主要载体

对北京软件和信息服务企业集中的微区位进行考察，总结出北京市软件信息服务企业的空间的集聚区位大致可分为两类，一类是科技园区或者是开发区，另一类是商务中心集聚区。若是将企业在邮区内的分布格局同北京市商务中心及科技园区进行比较，可以发现企业集中的邮区往往是商务中心或科技园区所在的邮区。例如虽然海淀区拥有全市最多比重的软件信息服务企业，但是这些企业并没有均衡地分布在海淀区全部范围的邮区内，而是更倾向于向 100080 和 100086 这两个邮区集聚，而这两个邮区正是"中关村科技园区"的发源地"电子一条街"的所在之地，这对软件产业的萌芽和成长都起着关键作用。而十年间 100085 和 100089 两个邮编区域的比重上升也是由于政府对中关村科技园区布局的不断规划和调整造成的。除此之外，位于排名前十位的 100020（建外大街）和 100029（德外）分别是朝阳区和西城区有名的商务中心，因此也成为软件和信息服务企业的主要聚集地。

第五节　本章小结

软件和信息服务业已经发展成为北京重要战略性支柱产业，其空间结构因内外部因素的变化而不断演变。通过对 2003～2012 年北京市软件和

信息服务业集群空间演变的分析，发现其十年来呈现的特征：（1）海淀区优势地位未变，以中关村海淀园为核心高度聚集，处于价值链高端，承担研发、营销及展示功能；（2）郊区化趋势明显，形成环城科技园，主要处于价值链低端，承担生产加工功能，部分北部郊区也逐渐承担研发功能；（3）传统中心城区整体集聚弱化，集聚功能主要转化为总部管理和销售展示；（4）商务中心以及科技园区（或开发区）是软件和信息服务业企业集聚的主要载体。总体来看，软件和信息服务业构成沿产业价值链高端到低端、从城市中心到郊区分布的格局。

从北京市软件和信息服务业集群空间分布形成机制来看，其动力机制与西方发达国家的状况既有相似又有不同，良好的创新环境、丰富的科研资源、交通及网络的通达性、社会资本的积累、面对面效应、成本节约、知识产权制度的进一步完善等都是影响北京软件和信息服务业集群发展的重要因素，但北京市乃至全国的软件和信息服务业的空间演变机制更多地偏向于政府引导下的市场机制，政府通过一系列的政策导向（优惠政策或园区政策等）使科技园区成为发展软件和信息服务业的理想区位，影响企业的集群发展。同时，不同区县在价值链环节上有一定的互补和重叠，这也会影响到不同类型企业的区位选择和北京市软件和信息服务业的空间分布和演变。

依据产业布局的动态演变，北京市软件和信息服务业的发展应该结合不同区位所处价值链环节，对产业集群进行科学、有效的空间布局，把产业内部优势与区位的外部优势结合起来，充分最大化价值链每一环节的效益。具体而言，其未来的发展离不开企业自身创新能力的提升、社会资本的相互促进、政府政策的大力支持以及知识产权保护力度的加强等条件的保障。创新引领、市场驱动、政策支持的共同作用将使得北京市软件和信息服务业的空间集聚和扩散遵循科学的演变，发挥集群的最大效用，进而促进北京市产业结构调整和优化产业布局。

第四章

北京市金融业集群的空间结构及其动态演变

　　随着经济金融的全球化、市场化以及信息技术的飞速发展，金融机构开始采用企业间协调的方式来组织生产和进行交易，从最初的少数几家银行的集中到金融控股公司的兴起，再到今天各种不同种类的金融机构的空间集聚和业务外包，集聚已经成为现代金融产业组织的基本形式。金融业集聚以其独特的结构创造了传统金融产业结构所不具备的效率。从全球范围来看，有很多发达国家都拥有成功的金融产业集聚，如英国的伦敦金融城、美国纽约的华尔街、日本东京的新宿等。金融产业集聚已经成了金融业发展的普遍趋势。

　　本章以北京这样一个崛起中的国际大都市为研究对象，一方面，可以为已有的研究增加一个重要的代表性案例；另一方面，分析国际大都市金融业空间分布及其演化特征对于理解金融业与城市功能的转型与重塑之间的互动关系、提升金融业竞争力、建设国际金融中心是一个很好的角度。

　　北京由金融业产业集聚到建设国际金融中心任重而道远。金融中心的基础就是金融产业集聚，要将北京打造成为具有国际影响力的金融中心城市必须大力发展金融产业集聚。本章在北京"国际化大都市"发展背景下，运用产业经济学的产业集聚理论、区域金融学以及金融集聚理论，研究北京金融产业集聚的演变，对集聚的形成与发展、动力机制、未来发展趋势等进行深入剖析，可以对已经比较成熟的关于空间集聚的理论进行验证，透过集聚的演变特征，挖掘其背后的规律及动力机制，有利于认清北京市金融服务业发展的空间结构，对未来的发展做出前瞻性预测，借鉴国际金融中心城市金融业集聚的成功经验，分析在资源禀赋的约束下，北京金融业集聚如何通过规划、布局提高金融业竞争力、建成国际金融中心，对进一步构建新型产业集聚功能区以及优化城市产业空间布局具有重要意义。通过对这种规律的把握来指导北京面向国际大都市产业定位的结构转型和城市功能重塑，提出有价值的政策建议，对于北京乃至全国十分具有理论和实践意义。

第一节 相关文献综述

关于金融业集聚的研究可以追溯到 20 世纪 70 年代以前的一些西方学者对金融地理学的研究，但彼时的研究只是将其作为产业活动的市场服务体系来进行研究。此后，随着产业集聚逐渐成为现代金融产业组织的一种基本形式，学术界便开始逐渐关注金融产业集聚。近年来，对金融产业集聚的研究逐渐成为学术研究的热点，对金融产业集聚的研究方向主要在三个方面：集聚形成的原因、集聚的效应、作用机理以及集聚空间特征及发展演进的研究。

随着古典经济学的不断发展，学者们开始运用规模经济、集聚经济等理论对金融服务业进行研究与分析，以此说明金融服务企业集聚的经济动因，以及金融产业集聚的动态特征。韩国经济学家朴克（Park，1985）将微观经济学的规模经济理论应用于国际银行集中发展和国际金融中心的成因分析上。他认为，当一地跨国银行的数量增多、规模增大时，国际金融中心便有形成的可能，同时具有外部经济，会更进一步促成生产和经营单位的空间积聚，而集聚能够有效降低金融机构的成本，促进各金融机构及各行业的信息交流，可以更加有效地利用现有网络系统和其他基础设施，从而提高生产效率。戴维斯（Davis，1988）首次将企业选址理论引入到了金融业集聚的形成原因的研究中，研究认为金融企业选址的关键在于该地是否能够使企业得到最大的收益，通过对一些金融服务机构的调查发现，金融企业的活动和集聚的地区一般都是在金融中心、在大都市，不论何种规模的金融服务机构都倾向于形成集聚，从而获得最大收益。麦加赫伊（Mcgahey，1990）认为国内外金融服务竞争主要源于金融服务机构和产品的集中及其国际资本市场的全球化、一体化。集中与全球化决定了金融服务机构在其他国家与地区设立分支机构时，必须考虑地区成本与优势、优秀的金融人才、先进的通信与信息技术以及政府监管和税收政策。格里克（Gehrig，1993），康和斯图尔兹（Kang and Stulz，1995）经过研究发现，国内金融交易市场现象的存在是因为国内市场提供给国内投资者丰富的市场信息。奥德斯弛和费尔德曼（Audrestch and Feldman，1996）的研究表明，知识技术的外溢效应随着空间距离的扩大而下降。因此集聚所带来的知识溢出，有利于集聚内的经验共享和提高技术创新能力。思里夫特（Thrift，1994）分别从金融体系和信息科技的角度论述了金融企业集聚自我再生产能力与信息科技间的相互影响。潘迪特（Pandit，2001）等指出，位于繁荣集聚地区中的金融服务业的成长速度往往会高于行业平均值，同时也会对其他新兴产业进入的数量产生影响。纳雷什和潘迪特（Naresh and Pandit，2001）等采用动态的产业集聚研究方法对英国的三大金融产业集聚（大伦敦区金融集聚中心、南苏格兰区金融集聚中心、西北区金融集聚中心）进行一个比较和研究，分析了金融产业集聚的优势，并对这三个重要的金融产业集聚进行了分级以及分类的研究。弗农（Vernon，2001）认为，金融集聚可以使金融机构之间的交流和沟通变得更为便利，从而会吸引一些需要快速互动的行业。克拉克（Clark，2004）的研究也确认了金融系统地理接近性的重要性。潘迪特（Pandilt，2001，2002）则采用动态的产业集聚研究方法对英国的金融服务业进行研究，他得出这样一个结论；集聚效应不仅对企业的成长产生影响，也会对新进入者的数量造成一定的影响。潘迪特（Pandilt，2001，2002）和库克（Cook，2002）对英国金融产业的空间分布做了实证研究，英国金融业分布表现出高度不平衡的特征，伦敦以及东南地区占有 50% 以上的金融产业，而在区域或城市内部的分布也极度不平衡。

泰勒（2003）等对伦敦的金融服务产业集聚的实证研究使集聚理论由制造业拓展到了金融服务业，研究结果表明，由地理邻近和面对面接触而发展密切的人际关系是伦敦金融服务业集聚持续发展至关重要的因素。熟练劳动力、顾客和供应者三者关系的地方化对金融服务企业的创新和产品、服务的递送很重要。在集聚的有利因素方面，临近顾客、劳动力数量和专业机构集中是伦敦金融集聚的有益因素；威胁方面，高的商务成本是公司考虑重新选择商务活动区位的重要因素，然而，公司不情愿这样做，因为担心失去熟练的职员和已经位于金融中心的好处。萨嘎然（Sagaram，2004）根据 20 世纪 90 年代的有关资料，选取包括集聚在国际金融中心的国内银行总部数、国际金融中心通过对国内银行总部数与外部国际金融中心联系的个数、国际金融中心的国外银行总部数等在内的指标分析了除美国以外的 37 个 IFC 国家金融企业集聚的发展和竞争力状况，得出提高竞争力是促使金融资源集中的重要诱因。

国内关于金融业集聚的研究主要有：潘英丽（2003）利用"区位选择理论"和"轮式模型"，发现政府的政策、区位因素、技术创新、信息技术在主导金融业集聚。徐全勇（2004）分析了英国金融业集聚的经验，对上海实施金融业集聚战略建设金融中心提出了初步设想。连建辉等（2005）认为金融业集聚本质上是为复合性金融产品进行生产以及交易提供服务的中间网络组织。滕春强（2006）认为，金融业集聚为区域经济的发展提供了持久的竞争动力，分析了金融业集聚的经济性质，并从激发动力和内源动力两个方面分析了区域金融企业的竞争优势与动力机制。张凤超（2005）根据金融产业成长阶段与金融职能特征两个条件，将城市划分为金融支点、金融增长极和金融中心三种金融级别类型，以揭示金融城市的空间运动格局。梁颖（2006）认为，由于金融产业的特性，金融机构对于"空间临近"因素的重视，加速了金融产业集聚的形成。宁钟和杨绍辉（2006）采用经济学原理以及动态产业集聚的模型与方法论述了金融业集聚形成的动因以及它的动态特征，还对将上海发展成未来的国际金融中心的定位以及战略进行了规划。王步芳（2006）通过对北京产业集聚进行实证研究，认为金融业集聚是市场上进行长期竞争的一种必然结果，而不是仅仅靠政策导向就能形成的。张志元（2006）通过对金融中心和金融业集聚的成长、演进机理等理论的回顾，总结了金融产业集聚理论的发展历程，他认为金融产业集聚在后 WTO 时代可以结合传统金融企业与现代金融市场两者的优势，从而获得组织结构上的优势、隐性知识创造优势、技术创新优势、风险化解优势以及生态环境优势，从而更好地接受金融经济全球化背景下的严峻挑战。黄解宇和杨再斌（2006）指出，金融集聚效益是由金融集聚因素形成的额外效益，包括外部效益、网络效益、创新效益、技术进步效益以及自我强化机制效益，并用增长极理论和知识溢出来说明金融扩散效益的作用机制。通过对长三角地区金融集聚现象与经济增长的研究发现，金融集聚水平是区域经济梯度差异的重要原因。陈建军和胡晨光（2008）通过 VECM 和协整分析，在借鉴新古典增长分析框架基础上提出了垄断竞争增长的分析框架，以长江三角洲次区域为例，从宏观增长角度对产业在"既定空间—外围式"的集聚给集聚地区带来的经济发展、技术进步和索诺剩余递增集聚效应进行了理论和实证分析。赵晓斌（2010）利用"金融地理学"、"法律金融学"和时空的观点，通过具体的案例探讨了几个金融中心的演变史，结果发现，具体的实业中心和信息中心在空间上的分离，带来了金融中心的演变。

综上所述，国内外对金融产业集聚的研究呈现以下特点：成熟市场化国家的国际大都市的研究多于发展中国家崛起中的国际大都市的研究；从一般性对金融产业集聚形成的原因、集聚发展演进规律、集聚的效应机理的研究较多，翔实的数据资料和实证分析较少。从全球层面、国家层面分析金融产业集群分布的比较多，涉及城市内部金融产业集聚的演变与发展较少。国外学者对城市层面金融产业集聚深入研究的较多，国内学者对典型城市内部金融业集聚深入研究的较少。因此，作为一个尚未成熟的、以假说为主的研究领域，还需要大量新鲜的个案研究，特别是将发展中国家的个案研究补充进来，以填补这类研究在实证方面的不足，拓展该研究的覆盖范围。分析城市内部金融服务业空间格局及其演变，不仅对国内金融地理研究空间尺度进行有益的补充，而且有助于理解转型期中国大都市金融服务业空间演变规律，从而对金融服务业发展及其空间合理布局提供重要依据。

本章的研究主要解决以下问题：2003～2012年10年间，北京城市内部金融业功能区空间结构演化有着怎样的特征和规律？哪些因素影响了城市金融业功能集群区的形成与分化？哪些因素推动了城市金融业集群的迁徙和空间结构的演化？

第二节　城市金融业空间分布与集聚机理

金融机构一般包括银行、证券公司、保险公司、信托公司和各类经纪公司等。金融产业集聚是指一国的金融监管部门、金融中介机构、跨国金融企业、国内金融企业等具有总部功能的机构在地域上向特定区域集中，并与其他国际性（跨国）机构、跨国公司、国内大型企业总部之间存在密切往来联系的特殊产业空间结构。

在金融产业领域，从20世纪70年代开始，越来越多的金融机构开始采用企业间协调的方式来组织生产和交易活动，从最初的少数几家银行的集中到金融控股公司的兴起，再到今天各种不同种类的金融机构的空间集聚，集群已经成为现代金融产业组织的基本形式。在世界范围内形成了以纽约、伦敦和东京为代表的三大国际金融集聚区，而在一些新兴的国家和地区也出现了明显的金融机构集聚趋势。新加坡在20世纪90年代就通过税收政策优惠、亚洲美元市场的建立和对证券期货市场予以支持等措施吸引大量的金融机构集聚。国内的金融机构集聚现象也是风起云涌，北京的金融街已经成为国内金融机构的集聚地，上海浦东金融机构聚集的趋势也十分明显。

就世界范围而言，纽约、伦敦和东京，成为全球最重要的金融产业集聚地。这些大都市吸引了全球最主要的银行、保险、证券、基金等金融机构纷纷进驻。金融产业集聚的现象同样也在中国初现端倪，上海和北京的特定区域内集中了大量国内外的金融企业。城市内部金融中心的形成依赖于金融产业集聚效应的充分发挥，这就需要对城市金融产业集聚的动力、效应及演变规律进行深入系统的审视与研究。

一、城市内部金融业集聚的类型及影响因素

（一）城市内部金融服务业的研究范围

波蒂厄斯（Porteous）将金融中心明确定义为：金融中心是这样的一个区域，高端金融功能和服务在这里集聚。该区域经常是一个城市，但往往是城市中的更小地域，如纽约的华尔街、伦敦城。它们所提供的往往不是分支银行对小区域内居民的零售金融服务，而是服务于大区域、国家甚至全球经济的更大空间尺度的具有特殊性的、高端的金融服务。

国内金融服务业研究中针对城市内部金融服务业发展水平、空间差异以及银行、保险和证券等金融业态的结构性的研究涉及较少。在北京和上海朝着国际化大都市发展的今天，研究金融业发达的城市内部金融资源的空间分布、金融服务能力大小格局，一方面，对满足城市群道路交通桥梁等设施建设、产业发展、园区建设等的金融资源需求，制定相关投资、融资和产业发展政策有着重要作用；另一方面，不同城市群之间金融中心的选择、建立亟须理论支撑。同时，通过中国城市建设将有限的金融资源尤其是核心性金融资源合理配置，对促进金融资源与城市和区域经济的可持续发展也有着重要意义。

城市内部金融业研究分析代表性城市内部金融业的空间分布特征及演变，研究的重点是金融业发达城市的金融业集聚，即金融中心区，多集中在某些街区，是一些大型城市里的银行、保险公司和其他大型机构聚集的地区，各金融区担负着不同职能。

（二）城市内部金融业的类型及影响因素

1. 按金融行业职能类别。金融中心最主要的特征是集聚了大量的金融机构，因而产生了活跃的、大规模的金融活动。交易所作为进行金融交易活动重要的有形场所，对于金融机构具有很强的吸引力，这从逻辑上是可以理解的。

然而，人们容易忽视的是，在金融中心的背后，不是仅有交易所，还有更为重要的宏观经济决策机构，例如美联储，英格兰银行，它们犹如金融中心的灵魂。此外，随着信息技术的发展，金融交易活动可以越来越不依赖于有形的交易场所，而是可以在网络上进行，因而有形交易场所对于金融机构的吸引力又有所下降。与之相对应，随着经济全球化的不断深化，经济和金融决策、金融监管以及经济和金融信息对于金融交易活动的影响力越来越重要，一个城市或地区所具备的决策、监管和信息资源优势也越来越受到金融机构的重视，因而成为衡量金融中心地位的重要指标。

从地理范围看，金融产业集聚而形成富有影响力的金融中心，可以分为国际金融中心（具有世界范围影响力以及区域影响力）、全国金融中心、区域性金融中心。一个国家的金融中心城市往往不止一个，金融机构总部倾向于政治中心和经济中心，比如在美国纽约是金融市场中心，华盛顿是国际货币基金组织等国际金融机构所在中心。

作为某一地理区域金融中心的城市内部，金融业的不同功能（金融决策、金融监管、资金调度、资金运营、金融市场）分散在城市的不同街区，形成具有标志性的集聚现象，比如北京的金融街、CBD、丽泽商务区，并呈现出一定的集聚与动态演变的态势。

2. 金融机构组织层级差异导致选址差异。金融产业组织模式存在层级性。金融机构自身组织的总部、一级分支机构、二级分支机构直到经营网点存在空间规模需求差异。总部机构通常要求单独占地，前台形象需求常以总部大厦形式满足，总部后台功能由于承载了机构体系全部的信息整理和决策，如客服中心、技术研发等功能通常要求较大的用地规模保障设施安全运行，满足机构规模占地和业务需求。下层次分支机构可以采用单独占地，也可以选择租用物业，后台能够支撑机构自身及再下层次的机构的信息容量即可，后台规模相对较小。

企业内部职能的垂直分工，以集团为主的产业群聚会因为集团的策略而衍生出总部、公司与工厂的不同阶层。企业集团逐渐分工是专业化的结果，而专业化则是为了节省组织的交易成本，让适合的阶层从事适合的工作（Williamson，1985）。如果再加上地点的维度就是让适合的阶层在适合的地点从事适合的工作。这就意味着，金融机构的总部（或区域总部）有其合理的选址规律，分支机构也有其选址的规律。

3. 金融行业业务特点："前台活动—后台活动"选址的异质性。从金融行业业务特点来看，金融产业可分为前台和后台两大业务，具备不同的区位、空间等布局需求。

前台业务是指金融机构的产品研发、与客户面对面的产品营销以及相关的管理，前台机构主要包括各种金融机构的总部、分支机构、代表处以及营业网点。后台业务是指为金融前台提供服务支撑的业务，主要包括单据处理、客户服务、容灾备份、数据中心、技术研发、档案管理和微处理、现金集约处理等业务。

由于信息和通讯技术（Information and Communication Technologies，ICTs）的发展，服务业的空间分布出现了更为复杂的结构。一方面，需要决策者面对面交流的"前台"活动日趋集中。另一方面，经营者们也逐渐看到随着技术的发展，另一部分服务可移动的可能性越来越高。企业也因此可以享受到由于地区间劳动力成本和房地产价格差异所带来的成本节省。随着金融产品的细分也不断深化，如商业银行把票据营业部、信用卡中心纷纷独立出来，单独经营，成为金融产业的后台业务，后台业务的集聚区与总部集聚区的规律就不一样，国有商业银行把数据处理业务环节独立出来，并往上海张江高科技园区集中。

（1）前台总部区位需求。经济地理学的中心地理论认为中心地存在等级差别，中心地商品需要较高级别的中心地区位，服务半径较长，门槛人口更高。企业、高端机构选择中心区位的原因在于中心区位能够提供多方面的便利，如交通可达性高、居民密度较大、收入水平较高、信息交流便捷等。高端机构相对于低端机构、大型企业相对于中小型企业更有能力承担由于级差地租的存在而带来中心区位的高昂生产成本和社会成本。多种企业高端机构的中心区位需求形成了机构总部在中心区位空间上的集中，通过产业间的协作、分工和共同利用基础设施实现集聚经济，金融具备跨时空配置资源的功能，成为城市经济产业链条中的核心和最高端。

因此，金融总部机构区位需求更符合中心地理论，需要享受中心地集聚利益和信息便利，并有实力承担经营成本。同时，金融信息的脆弱性要求金融机构通过中心地区位建立企业形象，以此代表机构信誉和实力。高端客户是金融机构融资和信贷业务的主要追逐对象。金融信息的即刻性特征客观上要求金融机构与企业总部之间空间距离尽量缩短，有助于金融信息的获取，更好地提供服务。而金融产业的同质性也决定了金融机构追逐高端客户的业务核心相似，具有相近的中心区位需求。

由于金融机构自身体系存在层级性，与城市间中心地等级相对应，总部机构需求高等级中心城市，分支机构则按照业务和规模需求选择次等级城市。金融组织所在城市的最高机构同样遵循城市内部中心区位需求。

即使作为总部中心，由于历史、商业文化、地理位置、规划定位等原因，还可能形成国际金融企业总部中心（CBD）和本土金融企业总部中心（北京金融街）。

（2）后台功能区位需求。后台功能主要集中于为前台提供各种基础技术、工具和服务支持，对于区位的需求并不敏感，对于安全、便利等要求相对成为主要的考虑因素。根据后台功能的业务需求和流程，可将后台功能划分为业务与存储两大类功能。业务类功能包括单据处理、客户服务、技术研发、数据中心、银行卡业务等；存储类功能包括档案管理、容灾备份等。业务类后台功能需要较多具有相关教育背景的员工进行人工服务，基于员工的生活、消费需求，这部分后台功能同样存在中心区位需求，但没有前台中心区位严格，可在城市非核心区位的次等级城市中心。存储类后台功能中，档案管理业务没有严格的区位需求，可与其他功能合并布置，也可以在前台要求的服务半径内选址；容灾备份功能根源于金融产业的虚拟性、脆弱性和即刻性，需要与前台总部机构存在物理距离，无特定区位需求，但须考虑便于维护和管理。由于服务外包业务的发展，可以形成以外包业务为主的金融产业集聚区，如上海嘉定的"金融谷"。

二、城市金融业的空间结构与集聚形成、演变机理

（一）城市金融业空间结构含义

城市金融空间结构指在一个城市地理范围内金融系统各种组成要素在空间中相互作用形成的空间结构，表现为金融机构和金融资本不同程度的空间集聚和分散。一般而言，金融空间结构的变化通过经济效率、信用需求、金融生态三种渠道影响地方经济发展。金融空间结构演化的原始、微

观动因来自金融机构和金融资本对不同空间潜在利润的追逐，同时深受全球化、国家金融制度变迁、信息技术进步、金融危机爆发等外生宏观因素的影响。全球化、网络化、信息化背景下金融空间系统呈现出主流金融空间重新调整，空间等级化特征显著，另类金融空间出现等新的差异化发展趋势。从城市职能角度，可以将城市金融业划分为金融支点、金融增长极和金融中心区三种金融级别类型。在城市金融空间等级化过程中，金融中心区的地位不断上升，日益成为城市金融空间系统的节点和核心。通过这些节点，城市参与大区域金融空间系统，同时节点与核心根据他们在金融空间系统中相对地位形成有层级的空间结构。

（二）城市金融业集聚形成

1. 独特的区位优势。空间区位是金融产业集聚的基本要素，金融企业选址是企业利润最大化原则下的理性选择。金融产业集聚生成的一个重要原因是企业选择了同一个区位，在竞争性的产业环境中，只有部分空间具有适合金融产业生存与发展的空间要素，这种特殊的场所被马库森（Markusen）称为"光滑空间中的黏结点"。这种独特的场所之所以成为金融产业集聚的合适温床，就在于具有独特的空间区位。在各种可供选择的区位中，特定企业选择特定区位的原因，在"理性经济人"的假设成立的市场经济条件下可以解释为企业利润最大化原则下的选择。

2. 外部规模经济。金融机构之间共享基础设施各部门的空间聚集，可以共同建设和使用基础设施和服务设施，从而可以减少投资，降低成本。同时，还可以形成一个多样化的劳动市场，方便各产业部门的人才交流。一个国际金融中心往往是多部门的空间聚集，拥有先进的技术装备和良好的基础设施。这些设施往往成本巨大，金融、交通运输、工业生产各部门同时使用，可以大大提高使用效率。

当大量金融机构集聚在较小空间时，金融机构之间的协调和配合得以加强。银行业内部可发展众多的合作项目和业务联系，如商业银行的银团贷款业务。特别是20世纪60年代以来，批发市场贷款业务逐渐成为国际银行业的主要利润来源。由于这些贷款数额大，风险高，特别要求银行间的密切配合。国际金融中心提供了这种配合的良好环境。金融机构还经常可以建立清算和结算的联合服务，如联合的票据结算中心等，这将导致规模的外部经济效益。商业银行与投资银行之间，商业银行与保险公司之间，保险公司与证券公司之间都可开拓出众多的跨专业业务合作关系。

外部规模经济有自我加强的机制，更多的金融部门在一个区域内定位，那么这些区域对于其他金融参与者来说更加具有吸引力。当一个地区跨国银行的数量增多、规模增大时，国际中心便有形成的可能。同时外部规模经济会进一步促成生产和经营单位的空间集聚，表现为行业内银行之间的合作，金融机构之间共享基础设施，生产者和消费者之间更加邻近，流通环节的减少，信息沟通的便捷等。

随着大批金融机构的集中和发展，为金融机构服务的相关辅助性产业或社会中介服务业也因分享其外部规模经济的好处而得到迅速的发展。律师、会计、投资咨询、信用评估、资产评估、外语和金融专业技术培训等机构都将得到发展并提供高质量的服务。至于那些具有相同专业背景和利益的白领阶层和管理人员，工作使他们变得关系亲密。他们相互之间也会激励起创新的思想和行动。

3. 路径依赖。综观当今世界各层级金融中心的发展历史，可以大致归纳出金融产业集聚形成所存在的两条有效途径：一种是借助历史和特殊事件等偶然性因素所形成的路径依赖，依托所在实体经济的发展积累，自发吸引金融企业迁移而形成集聚。早期的区位优势一旦形成，必然通过前向和后向产业关联的乘数效应形成锁定（Krugman，Fujita，1999），从而进一步巩固集群的稳固性，扩大集聚地的辐射效应和吸引力；另一种则是主要依赖国家的相关扶持性产业政策，由政府根据经济发展战略进行空间布局，按照相关标准对城市进行评估，比较选择出具有金融产业集聚潜力的城市，并给予相当宽松灵活的产业政策进行发展配套，引导企业选址投资的方向。

4. 金融业本身对信息需求的异质性。金融中心在提供专业及高增值的中介服务的同时，很大程度地依赖信息，一个金融中心不仅是信息的收集者和使用者，也是将低层信息升华为高层信息的中转站。信息与金融中心有一种唇齿相依的关系。根据信息内容将金融活动分类是有助于进一步分析金融业的空间分布。信息敏感性的证券交易更易集中于相关证券信息更集中、更易交流的地区，而标准化证券可能较之更自由，对成本差别的反应更敏感。

正是由于信息的不对称性质，金融部门需要接近于信息源。信息外部性和不对称信息不仅是塑造信息腹地的决定金融中心的重要因素，也是影响地区等级和全球层次的重要因素。金融集聚所产生的非正式信息包括所谓缄默知识和黏性知识的外溢，使不同的金融企业从知识溢出中获益，并成为创新的重要源泉。缄默知识是指在传播中不易留下痕迹的知识。具有高度语境限制的、不确定的知识则称为"黏性知识"（参见 Von Hipple，1994）。缄默知识和黏性知识最好的传播方式是面对面的交流和连续地、重复地接触与联系。这类知识的传播不易和个人、环境和社会分开，所以产生了知识溢出的地方性。所以才使空间集聚在知识传播中具有特殊意义。知识溢出既包括产业内公司之间的专业性知识溢出，也包括产业之间互补性、差异性知识的溢出。

戴维斯（Davis，1990）通过对金融服务业领域的调查发现，在大都市区域里，大、中、小型的金融服务产业都倾向形成集聚。通过专业的劳动力人才以及其他相关领域的企业协助，例如会计业、保险精算、法律咨询等，金融服务产业将更加接近市场，减少交易成本，通过彼此之间知识与经验的分享，开发出创新技术。他指出，许多外部经济与优良的信息流有关，假如在更加准确和更加有竞争力的金融服务和金融工具定价的基础上，金融市场越大，那么它的效率和流动性就越高，并且金融市场是高度相关的，彼此之间相关度将不断提高。

（三）城市金融业集聚演变

金融集聚作为产业集聚的伴随物及金融成为经济的核心与主导这两个动因主要是从时间纬度来研究金融集聚的形成，采用的是一种基于过程的方法论研究框架；而用信息经济学及规模经济理论对金融集聚的研究则主要是一种基于空间经济学上的解释。当然这种区分只能是相对的而不是绝对的。金融产业的成长（时间纬度）都是在一定空间运行的，而金融集聚在一定地理区域的形成需要相当的时间跨度。

1. 金融服务业集群具有动态发展特点。金融服务业集群产生的积极效果并不会无限期地持续存在，到了一定的临界点就会成熟，这时集群内的拥挤和竞争现象会加剧，集群内企业的进入和成长速度就会降低，最终会导致集群的衰落。导致金融服务业集群动态发展的原因：金融服务业集聚能够带来利益，也会产生成本，当利益大于成本时，集群就会成长，包括集群内原有服务企业的成长，以及不断吸引新的企业加入；而当金融服务业集聚的成本大于收益时，集群就会逐渐衰落。

2. 影响金融中心的向心因素和离心因素。其中向心因素包括：规模经济，即当地的经济规模，已经存在的金融业规模因素对于金融业集聚非常重要；信息溢出效应，金融机构的集中使得有效信息更容易扩散，增大了金融从业者之间的交流,有利于新思路、新想法的出现;市场的流动性,投资者往往更倾向于选择风险小的地区,而在流动性强的市场中,单独交易者对价格的影响比不流动的市场要小,因此,市场流动性越强,相应的交流量更多。离心因素是指市场进入成本、政治上的干涉以及地方保护等。这些因素往往造成金融业进入的壁垒。

因此,城市金融产业集聚的演化,既受集聚区内成本和利润变动影响,也受外界因素影响,比如政府政策、金融制度等。因此从系统动态的角度研究其对金融产业集聚的影响,应比静态视角更能说明金融产业集聚这种复杂的经济现象。

第三节 北京市金融业集群空间分布及演变:2003～2012年

本部分采用了2003年和2012年跨度为10年的数据来反映北京市金融业空间分布的演变特征。其中2003年的金融机构数据来自《中国电信2003年北京大黄页》,2012年的金融机构数据来自《中国电信2012年北京大黄页》,根据大黄页的统计标准,金融业包含金融管理、金融证券(包含银行、财务公司、信托投资、证券交易、期货经纪、信用卡)、保险、抵押物资管理、拍卖、典当、经济担保、投资(投资管理、投资开发、产权交易、产权经纪、连锁加盟),其中2003年的农村信用社(2012年为农村商业银行)划分到分社,银行划分到支行层面,分理处和储蓄所不计入内,其他金融机构各层级全部计入。根据黄页中的企业名称和地址,通过官网查询、百度搜索以及电话核实予以确定其当年具体的邮政编码,极少数企业由于无法查到确切的地址及邮编,予以删除。由于2010年北京城八区合并为城六区,为了统一统计口径,将原东城区和崇文区加总的数据作为2003年东城区数据,将原西城区和宣武区加总作为2003年西城区数据。2003年共涉及近1150家机构邮编数据,2012年涉及近2300家机构邮编数据,将所有的金融机构邮编利用mapinfo软件在北京市电子地图中找到相应位置,将每一个金融机构在地图中标记成点,通过金融机构在地图上的点分布,来分析金融业2003～2012年空间布局的变化趋势。

一、以邮编为单位的地理分布

（一）2003 年北京市金融业的空间分布

2003 年北京市在册的金融机构为 1144 家，这些金融机构分布在 168 个邮政编码区域内，比重前 22 位的邮编如表 4-1 所示。

表 4-1　　　　　　　2003 年北京金融业比重最高的前 22 位邮编

排名	邮编	企业个数	占比	区域
1	100004	56	4.89%	朝阳区
2	100020	54	4.72%	朝阳区
3	100027	41	3.58%	朝阳区
4	100037	40	3.49%	西城区
5	100036	33	2.88%	海淀区
6	100029	31	2.71%	朝阳区
7	100101	29	2.53%	朝阳区
8	100005	29	2.53%	东城区
9	101300	28	2.48%	顺义区
10	100022	27	2.36%	朝阳区
11	100088	26	2.27%	海淀区
12	100032	24	2.10%	西城区
13	100044	23	2.01%	海淀区
14	100013	23	2.01%	朝阳区
15	100086	21	1.84%	海淀区
16	100080	21	1.84%	海淀区
17	100045	21	1.84%	西城区
18	101400	19	1.66%	怀柔区
19	100081	18	1.57%	海淀区
20	100053	18	1.57%	西城区
21	100028	18	1.57%	朝阳区
22	100006	18	1.57%	东城区

资料来源：根据《中国电信 2003 北京大黄页》整理、计算。

总体来看，2003 年北京市金融机构主要分布在朝阳、海淀、东城、西城、顺义区几个城区，在 22 个主要分布邮政编码内，有 8 个位于朝阳区，6 个位于海淀区，4 个位于西城区，2 个位于东城区，还有 2 个位于顺义区和怀柔区。朝阳、海淀、东城和西城区集中了大部分的金融机构。

从邮政编码密集程度来看，金融机构最为密集的区域是 100004（建国门外大街、光华路等路段）、100020（建国门外大街、建国门内大街、光华路、朝阳区外大街等路段）及 100027（建国门外大街、光华路、霄云里、新源南路、朝阳门北大街等路段），可以看出，三个邮政编码所代表的区域重合或者临近，若将三个区域作为一个大的整体，该区域主要位于东三环北路，是北京最为繁华的区域之一。从三大区域所聚集的金融机构类型来看，100004 区域内聚集了各大国际金融机构北京代表处，主要银行、投资、保险等行业，如瑞士银行北京代表处、奥地利银行北京代表处、德国商业银行北京代表处、澳大利亚国民银行北京代表处、美国大都会人寿保险公司北京代表处、日本国际证券公司北京代表处等；100020 区域内除了聚集部分国际金融机构北京代表处外，还有我国各大金融机构的总部或营业部，同样涉及银行、投资、证券类企业，如瑞士丰泰保险公司北京代表处、中信证券股份有限公司北京营业部、北京华谊兄弟太合影视投资公司等；100027 区域则既有一些国际金融机构代表处，还包括一些银行支行、投资、证券公司等。三大区域构成的集聚区向西延伸至 100005（东城区建国门内大街、长安街、王府井大街等路段），该区域所集聚的金融机构数目排名第 8 位（表 4－1），向东延伸至 100022（建国内外大街、建国路、东环南路、长富宫等路段），该区域所集聚的金融机构数目排名第 10 位，见表 4－1。

朝阳区除了以上一大片聚集地之外，再往北延伸至三环和四环附近还形成了单独的一片集聚地，包含安定路、惠新东街、裕民路、胜古路段（100029，排名第 6 位）及亚运村、北辰东路、安立路路段（100101，排名第 7 位），该集聚区聚集的金融机构类型偏向于期货经纪公司、投资、证券、信托公司等，两个邮编区上的金融机构企业数目达 60 个。

西城区也是金融机构的重要集聚区，以金融街、西单北大街（100032，排名第 12 位）为主，向北至北礼士路（100037，排名第 4 位），向西至三里河东路（100037），向南至南礼士路、复兴门外大街（100045，排名第 17 位），国内各大金融机构总部大部分都集聚于此，并不乏各种类型的金融机构。这片集聚区再向北涉及海淀区的一小片区域——复兴路、阜成路路段（100036，排名第 5 位），该区域也聚集了诸如招商银行北京西三环支行、华泰证券有限责任公司北京复兴路证券营业部、中国长城信托投资公司等各类型的金融机构。

海淀区除了与西城区接壤的一片集聚区外，还形成了独立的一小片集聚区，这片区域包含北三环中路、北太平庄路、知春路（100088，排名第11位），北三环西路、中关村大街、双榆树（100086，排名第15位）及中关村南大街、学院南路、皂君庙、紫竹园路等路段（100081，排名第19位），三个邮编区域共有金融机构65家；另外，海淀区苏州街、海淀大街、万泉河路（100080，排名第16位）也形成了一小片集聚地。

另外，顺义区101300（府前西街、东街赵全营镇、平各庄等地）也有小块集聚地，该地区农村信用社比较多，且有部分国内保险公司的分公司，怀柔区101400（怀柔商业街、后横街、青春路等）同顺义区情况相同，农村信用社比较多，且有部分国内保险公司的分公司。

（二）2012 年北京市金融业的空间分布

2012 年北京市在册的金融机构为 2292 家，这些金融机构分布在 214个邮政编码区域内，比重前 22 位的区域如表 4－2 所示。

表 4－2　　　　　　2012 年北京金融业比重最高的前 22 位邮编

排名	邮编	企业个数	占比	区域
1	100020	109	4.76%	朝阳区
2	100022	90	3.93%	朝阳区
3	100027	90	3.93%	朝阳区
4	100037	62	2.71%	西城区
5	100005	60	2.62%	东城区
6	100080	59	2.57%	海淀区
7	100029	57	2.49%	朝阳区
8	100101	54	2.36%	朝阳区
9	100044	45	1.96%	海淀区
10	100036	42	1.83%	海淀区
11	100089	42	1.83%	海淀区
12	100033	41	1.79%	西城区
13	100081	41	1.79%	海淀区
14	100007	37	1.61%	朝阳区
15	100013	36	1.57%	朝阳区

续表

排名	邮编	企业个数	占比	区域
16	100062	36	1.57%	东城区
17	100006	35	1.53%	东城区
18	100088	35	1.53%	海淀区
19	100102	32	1.39%	朝阳区
20	100086	31	1.35%	海淀区
21	100025	30	1.31%	朝阳区
22	100083	28	1.22%	海淀区

资料来源：根据《中国电信2012北京大黄页》整理、计算。

总体来看，2012年北京市金融机构主要分布在朝阳、海淀、东城、西城4个主城区，在22个主要分布邮政编码内，有9个位于朝阳区，8个位于海淀区，2个位于西城区，3个位于东城区，可以看出，2012年金融机构集聚现象更加明显。

从邮政编码密集程度来看，金融机构最为密集的区域是100020（朝阳门外大街、建国路、东三环北路中路路段）、100022（建国门外大街、百子湾、南磨房路、永安东里等路段）及100027（建国门外大街、光华路、霄云里、新源南路、朝阳门北大街等路段），可以看出，和2003年类似，三个邮政编码所代表的区域重合或者临近，若将三个区域作为一个大的整体，该区域主要位于东三环北路。我们再从三大区域所聚集的金融机构类型来看，100020区域内聚集了银行、投资、保险等各类金融机构，100027区域则有一些国际金融机构代表处，还包括一些银行支行、担保、拍卖、投资公司等，100022则聚集了各大国际金融机构北京代表处和一些拍卖、投资公司等，三个区域共有金融机构289家，比2003年3个主要区域的151家多了138家。三大区域构成的集聚区向北延伸至100102（北四环东路、望京、阜通东大街等路段），该区域集聚的金融机构数目排名第19位；向西延伸至100007（东四十条、东直门南大街、安定门东大街等路段），该区域集聚的金融机构数目排名第14位，及至100013（北三环东路、和平里、东土城路等），该区域排名第15位。

以上几个邮编地区构成了朝阳区的大片金融业集聚地，除此之外，同2003年类似，再往北延伸至三环和四环附近的一片集聚地仍然存在，包含安定门、北土城西路、北辰西路、安苑路（100029，排名第7位）及安立路、慧忠里、北辰东路、小营路（100101，排名第8位），该集聚区聚集的金融机构类型偏向于期货经纪公司、投资、证券、信托公司等，总数目达到111，大约是2003年的2倍。

西城区集聚区主要分布在两个邮编区域内，100037（阜成门外大街、车公庄大街、北礼士路、月坛北街等）和100033（金融街、武定侯大街等），两个区域金融机构数量总和为103，比2003年该集聚区多了20多家。东城区集聚区则主要分布在三个邮编区域内，分别为100005（排名第5位）、100062（排名第16位）和100006（排名第17位），其中100005排名较2003年提前，且东城区整体集聚的金融机构数量增多。

海淀区2012年形成了由5个邮编区域形成的一大片集聚区，主要包含100080（中关村大街、苏州桥、中关村东路，排名第6位）、100083（北四环中路、中关村东路、林大北路等）、100044（西直门外大街、车公庄大街、高梁桥斜街等，排名第9位）、100036（复兴路、万寿路、西三环中路等，排名第10位）、100089（西三环北路、紫竹园路、长春桥路、厂洼中路等，排名第11位），可以很明显看出，海淀区尤其中关村附近金融业集聚态势明显增强。

（三）2003年与2012年两个时间点的对比分析

对比两个时间点，很容易看出十年来北京市金融业集聚的变化情况，了解北京市金融业空间集聚的演变特征，这种演变可以从图4－1和图4－2的对比中反映出来。

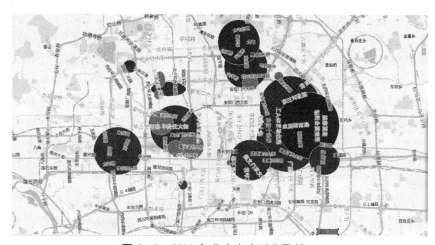

图4－1 2003年北京市金融集聚情况

资料来源：根据《中国电信2003年北京大黄页》绘制而得。

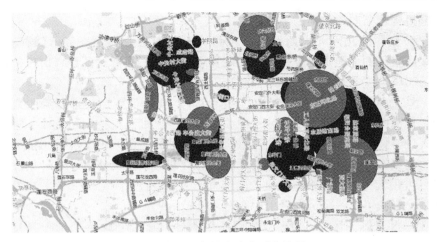

图 4 - 2　2012 年北京市金融集聚情况

资料来源：根据《中国电信 2012 年北京大黄页》绘制而得。

1. 金融机构最集中的区域并没有发生太大的改变。围绕前三大区域所形成的 CBD 金融中心，落户的金融企业普遍上升，但其份额却有所下降，比如 2003 年前三大区域占比 13.19%，2012 年前三大区域占比则有 12.62%，这和陶纪明（2008）对大都市的研究结果相符。他发现尽管有不少城市传统 CBD 的金融机构的份额出现了相对甚至绝对的下降，但其核心地位依旧，金融机构更多地表现为在传统中心城区内部的转移，其他的金融集聚区（或称为新兴 CBD）并不足以对其构成威胁。从 CBD 所集中的金融机构类型来看，2003 年该地区就呈现出金融业高度专业化的特征，聚集了承担指挥和协调功能的众多国内外金融机构总部，CBD 已成为国际金融机构进入北京的首选办公地。

2. 朝阳区金融业集聚态势增强。较 2003 年和 2012 年的朝阳区金融集聚除了三大区域所代表的地区之外，往外扩充的小集聚区数目增多，如 100102（北四环东路、望京、阜通东大街等路段）、100007（东四十条、东直门南大街、安定门东大街等路段）、100013（北三环东路、和平里、东土城路等）。

3. 东城区、西城区整体集聚态势也有所增强，这主要表现在邮编区域的数目减少，但集聚的金融机构数目增多，如西城区金融机构向金融街的集聚。但西城区万寿路、复兴路（100036）附近的集聚区逐渐缩小，从 2003 年的第 5 位下降到 2012 年的第 10 位，这也从另一角度说明了西城区金融机构逐渐向金融街的主集聚区汇集。

4. 朝阳区北部北辰西路、安苑路等附近金融业集聚态势依然存在。集聚区聚集的金融机构类型偏向于期货经纪公司、投资、证券、信托公司等，2012 年总数大约是 2003 年的 2 倍。

5. 海淀区尤其是中关村地区（100080、100083 等）集聚态势明显增强，作为国家自主创新示范区，中关村培育了大批高科技创新企业、集聚了大量科技金融服务业资源，注重科技和金融的融合，2012 年已形成了明显的集聚态势，且从集聚企业的类型来看，证券、投资公司（包含创业投资）占很大比重，众多金融机构围绕电子、信息技术中心——中关村发展起来，形成了又一个金融牵引中心。

6. 顺义区、怀柔区金融业集聚态势明显下降。2003 年顺义区 101300（府前西街、东街赵全营镇、平各庄等地）、怀柔区 101400（怀柔商业街、后横街、青春路等）有小块集聚地，排名分别为第 9 位和第 18 位，2012 年两个地区集聚态势下降，聚集的农村信用社数量也相对减少（分别排名第 37 位和第 71 位）。

7. 值得一提的是，100073（西局村、丽泽路、莲花池南里等）较 2003 年金融机构的数目有所增加，但增加幅度不大，该区域位于丽泽桥附近。虽然 2008 年丽泽金融商务区的概念被正式提出，但由于 2012 年距离启动时间比较近，很多适于金融业企业落户的条件，如基础设施、人文环境等尚未完善，因此 2012 年并没有呈现出明显的集聚态势。

第四节　北京市金融业集群演变的特征与动力机制

一、集聚优势加强的金融街：历史起点、政府规划与企业选择

在金融街 2.59 平方公里的范围内，汇合了"一行三会"等国家金融决策监管部门，集聚了政策性银行、大型国有商业银行及非银行业知名企业 1600 余家，其中，中外资金融机构总部、电力、通信等大型企业集团总部 160 余家，囊括了中国约 50% 的金融资产、30% 的人民币结算业务，其金融从业人员占北京市的 65%。金融街依托金融总部经济的优势，吸引

着更多全国性要素市场中心聚集北京。

金融街是我国管理金融机构资产最多的区域，2012 年资产规模达62.4 万亿元，占全国总量的一半左右，2012 年全年金融街实现三级税收2484.8 亿元，占西城区三级税收总额的 81.4%，占北京市级税收总额的30.8%。入驻金融街的企业以全国性总部为主。经过 20 年发展，金融街已经成为集决策监管、资产管理、支付清算、信息交流、标准制定为一体的国家金融管理中心。

（一）金融界集聚形成和演变的影响因素

独特的历史传统、顺市场导向的政府规划以及金融机构市场化的选址行为等因素促进了该区域产业功能特征的形成与集聚。

1. 历史传统。金融街所在区域具有从事金融、投资业的传统。追溯历史，从元代该区域就被称为"金城坊"，其义出自《史记·秦本记》："关中之固，金城千里，子孙万世帝王之业也"。《汉书·贾谊传》中有言："圣人有金城"，意谓城市与人精神力量的坚固。根据史料记载，明清两代的金城坊，遍布金坊、银号，商贾富豪和皇亲国戚多在此发迹生财。这便是北京金融街最初的萌芽。清末，户部银行便设于此，不久改为大清银行，民国初年又改为中国银行。陈宗蕃在《燕都丛考》一书中提到"其后，大陆、金城、中国实业各银行，均先后设立于此。民国十年以前，各银行竞于是谋建筑，颇有作成银行街之想……"正是基于"天赋禀异"的区位优势和历史传承，20 世纪 90 年代初期，北京市因地制宜，在全国范围率先提出打造"金融街"——首都第一个大规模的整体定向开发的金融产业功能区的规划。

2. 政府规划与推动。20 世纪 80 年代，中国金融体制改革正经历着重大变革：工、农、中、建四大专业银行陆续组建，中国人民银行剥离储蓄等业务后，逐渐行使央行的职能。中国金融业格局发生了深刻的变化，金融机构蓬勃发展，在北京不断增加的金融机构对办公地点的需求成为一个必须要解决的问题。北京西二环东侧区域地理位置独特，在这个区域发展金融产业，集聚银行和金融机构总部，拥有得天独厚的优势。金融街的发展是在这一区域发展方向过程中逐渐形成。1993 年 10 月，国务院批复的《北京城市总体规划（1991～2010 年）》明确提出"在西二环阜成门至复兴门一带，建设国家级金融管理中心、集中安排国家级银行总行和非银行金融机构总部"。

如果说金融街作为特定的区域，其发展具有历史偶然性，那么这种偶然性有其必然性。该区位的发展历史及地理位置就是所谓的"历史偶然"背后的"历史必然"，其实质是市场规律在起作用。具有智慧和远见的政府就会顺市场规律导向，通过行政规划、优惠政策等促进金融产业在该区域的进一步集聚。北京市政府在优化外部环境、规范产业集群的发展秩序等方面，发挥了十分重要的作用，作用体现在两方面：一方面是优惠政策；另一方面是在空间布局上的规划，如金融功能区的数量安排、地理区位布局、周边环境建设等。

3. 金融机构市场化的选址行为。金融机构是金融街的细胞，金融机构选址是金融街金融机构集聚的起点，金融街发展与演变的历程表明，影响金融机构选址的主要因素包括区位因素（包括地理区位及环境交通、通讯、交易成本等因素）、国家（或区域）经济发展情况及发展潜力、金融市场发展程度及其发展潜力、政治法律因素（包括地方政府的经济政策及其稳定性共同构成的制度环境等）以及路径依赖等。金融机构一般有相似的要素需求和存在的条件，这是金融机构在选址决策问题上趋同的根本原因，对这些要素和条件的需求以及这些要素和条件的非普遍可得性，使得金融机构集聚形成金融产业集群，进而形成金融中心，金融中心与金融机构集聚相互强化，使得金融中心进一步发展，这就是金融机构集聚过程与金融中心形成过程的一致性规律。因此，金融中心的形成过程，就是金融机构的集聚过程。

（二）集聚效应与信息腹地效应

在历史传统、政府规划和金融机构选址等因素发挥作用的过程中，集聚效应和信息腹地效应扮演着极其重要的角色，影响着金融街集聚的形成和演变，见图 4 – 3 所示。

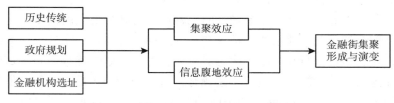

图 4 – 3　金融街集聚形成与演变的影响因素

1. 集聚效应。历史传统、位于城区中心的政治核心区位置、政府规划三股力量推动金融街的产业集聚，金融街以其独特的区位优势吸引着金融机构入驻，集聚经济尤其是金融总部经济的特色逐渐形成并成为独有的区位品牌优势，而其影响力与集聚优势在发展过程中不断得到强化，进一步吸引金融机构入驻。

2. 信息腹地效应。金融街凭借金融监管部门和总部集聚的优势，及时地向全国乃至世界传递着经济和金融信息。金融服务是在金融资源盈余和缺乏部门（区域）之间进行，其本质可以看作提供经营金融信息赚取利润，因此，信息流是导致金融和相关活动集聚的决定因素。信息具有"信息外在性"、"信息腹地"、"信息中心地"等特性。"信息外在性"指出金融机构的集聚能使区内企业于信息量倍增中获益；"信息腹地"和"信息中心地"一般都是信息的生产地、收集地或是信息源的所在地，在这些区域信息获得成本最低，并且能以最高速度和可信度进行流动。

受到保监会、证监会入驻金融街的影响，2003年中国银监会最终入驻金融街，银监会入驻金融街对银监会的发展以及北京金融街发挥更大集聚效应、优化金融发展环境具有重大意义。位居北京中心区的金融街，聚集着"一行三会"，是全国金融决策和监管中心，又是中国经济、金融信息的汇集与发布中心，是国家经济决策的主要诞生地，这里具有其他地方不可比拟的信息优势，该地区的机构也因此具有了与地方性机构相比"不对称"的特性。

正因为如此，金融街也吸引了外资金融机构相继入驻以及各类金融资产交易中心相继落地。国内外金融机构纷纷迁入金融街，强化了金融管理中心、金融信息中心的功能，进一步提升了金融街的影响力，总部集聚效应日益显著。2013年全国中小企业股份转让系统（俗称"新三版"）正式落户金融街，弥补了北京金融市场不足的局面，使金融街初步形成了以银行间交易市场、长期信贷市场、全国性场外交易市场、金融资产交易市场、企业产权交易市场等为主的多层次金融市场体系。经过20年发展，金融街已经成为集决策监管、资产管理、支付清算、信息交流、标准制定为一体的国家金融管理中心。

独特"金融文化磁场"逐渐形成。金融街不但缩短了监管机构和金融机构之间的地理空间距离，使金融机构享受步行五分钟就抵达监管机构的待遇，更为重要的是该区域独特金融文化的孕育，并成为持续吸引其他企业入驻的无形吸引力。在金融街，金融家们见个面，喝个茶都可能引发对货币政策变动的猜想，这就是金融街区位优势的最直接体现。

（三）动态变化中的金融街产业集聚

得天独厚的区位优势在给金融街带来诸多禀赋的同时也给金融街发展带来种种挑战与困惑，金融街发展受到的空间限制日益凸显。

金融街发展中的问题主要表现在容量有限、成本高昂。原有的机构，如人民银行、证监会、银监会都有扩充办公区域的需求。在金融街区区域内共有涉及金融、保险、电信、电力、咨询等产业的1600余家企业入驻，纯粹的金融机构占到总量的60%左右。如何采取市场化手段盘活存量资源，并与一些非金融业机构和政府机构推动空间置换成为一个现实的问题。如，首都时代广场置换出原有的综合业态，引入中国人保集团。目前，金融街区域的监管机构、商业银行、保险公司居多，而会计师事务所、律师事务所等中介机构和PE、VC等直投类金融机构数量有限。主要原因是，金融街的楼宇租金太高，已经达到400元每平方米，这对知识型为主的金融企业具有较大的成本压力。

十年来，金融街作为首都以至全国的金融产业集聚地，发挥着全国金融决策、管理、结算、信息中心的职能，其地位在继续巩固、强化。随着金融发展的需要，金融街不断提高自己的金融服务功能，打造金融服务高地，促进金融要素集聚，逐步形成"一核带多园区"的空间发展布局，辐射带动其他地区金融产业的集聚，即以金融街作为中心区，以德胜科技园、广安产业园为辐射区，以白塔寺、西单和南闹市口地区作为配套区，集中力量打造以金融服务业为核心的经济增长极。

二、集聚优势加强的CBD：历史起点、政府规划与企业选择

北京CBD的雏形是城市中心区，以零售业为主，办公、服务、文化娱乐等功能混杂，商务办公只是城市商务中心的功能之一，不是唯一的主导功能。伴随着城市的经济发展，贸易、金融等行业逐渐进入CBD，从业人口与占有空间日益增加，逐渐成为主体功能，各个功能有趋向于专业分区集聚的特点。2000年以后北京CBD的功能升级，呈现出高度专业化的特征，尤其是具有指挥和协调功能的跨国公司总部和金融机构在此集聚，高质量的生产服务业也应运而生，商业、文化、娱乐等各项功能也占一定比例，功能多样化、综合化。

CBD是北京国际化程度最高的地区，国际资源相当丰富，已成为国际

金融机构进入北京的首选办公地。截至 2013 年年底，北京 CBD 集聚国内各类金融机构总计超过 1000 家，其中，外资金融机构 250 余家，国际交易机构近 10 家，包括渣打银行、德意志银行、蒙特利尔银行、东亚银行、法国东方汇理银行、巴西银行、德国商业银行、苏格兰皇家银行等外资银行以及世界银行、国际货币基金组织等国际金融组织驻华机构和纳斯达克、纽约证券交易所代表处等。CBD 外资银行占全市外资银行总数的 80%。在这些金融机构中，除了传统的银行、证券、保险这三大支柱行业外，新型金融机构的崛起格外抢眼。"十一五"期间，私募股权机构中的佼佼者——KKR、红杉资本、鼎晖投资先后落户 CBD；世界三大评级机构之中的标准普尔、惠誉也选址在 CBD。另外，CBD 聚集了麦肯锡、普华永道等近 200 家中外律师、会计师、投资咨询、广告、会展服务等中介服务机构。形成了国贸中心、华贸中心、环球金融中心三大国际金融聚集区。CBD 还聚集了思科、惠普、三星等 150 余家世界 500 强企业，成为最大的服务外包需求提供区域；区域内聚集了壳牌、通用、丰田等 100 家跨国公司地区总部和投资性公司，占北京市的 80% 以上。

（一）历史的延续：自然形成的金融产业基础

从清朝中叶，北京就有"东富西贵、南贫北贱"的说法。以皇城为中心，"东"是指朝阳门、东直门一带，那里聚集着许多富商，他们先是靠运河后是靠洋务赚取了大把银子，至今那里所遗留的带"仓"的地名，说明早年那里曾经有许多吞吐货物的大库房。

然而续写北京"东富"商业奇迹，不过近 20 年的事情。20 世纪五六十年代 CBD 所在地区厂房林立，即使是十几年前现在 CBD 所在位置还是以搬迁工厂区为主的区域。彼时，第一机床厂还没拆，超过 100 米高的建筑没有几栋，现在耳熟能详的财富中心、银泰中心、万达广场都还没有踪影。改革开放的大时代给首都经济发展、产业结构变化及城市功能区形成带来巨大的影响。20 世纪 90 年代根据首都经济发展的功能定位，北京加快调整产业结构，进一步向现代服务业主动的服务经济转型。由于金融监管机构和各部委均在北京，使北京拥有其他城市无法企及的决策优势，这也为朝阳区发展现代金融业、建设金融集聚区（CBD）创造了有利条件。随着北京开放及经济发展步伐加快，原有的金融街寸土寸金，空间日益拥挤，楼宇租金上升，金融机构容量有限且运营成本上升。一些外资企业、金融机构已经在朝阳区落户，商务中心初见雏形。从北京 CBD 发展历程看，最初 CBD 是零售、办公、俱乐部、金融、宾馆、剧院等高度集中地，城市商业活动、社会活动、市民活动和城市交通的核心。商业职能在 CBD 内处于绝对地位。随着 CBD 功能演变，商业职能退居其次，金融、总部办公和高级服务业等商务职能发展壮大，成为 CBD 的主要功能。

（二）CBD 金融业快速集聚：政府规划与推动

北京"商务中心"概念的首次提出是在 1993 年国务院批复的《北京城市总体规划（1991～2010 年）》："在建国门至朝阳门、东二环路至东三环路之间，开辟具有金融、保险、信息咨询、商业、文化和商务办公等多种服务功能的商务中心区。"彼时，金融产业只是被确定为商务中心重点发展的诸多服务业之一。

2000 年以前，CBD 主要以缓慢自然发展为主；2000 年以后，作为北京建设国际金融中心城市的竞争者，上海的举措将一些总部设在北京的金融机构吸引南飞。为了应对上海的竞争，在北京发展的金融企业将得到一个与其他城市同等优越的环境，2003 年《北京关于促进首都金融产业发展的意见》及实施细则的出台，为北京 CBD 发展带来机遇。根据 CBD 落实实施意见，对 2005 年以后新设立或新迁入 CBD 的金融业将给予许多优惠政策，包括给予一次性资金补助，最高补助额度为 1000 万元；金融企业在 CBD 购房或者租房可以享受相应补贴。在优惠政策的吸引下，中信证券、中英人寿保险等金融机构相继选择迁回北京，"一行三会"和各大部委均在北京，这种信息腹地优势和决策优势，对大型金融机构具有极大的吸引力，而 CBD 的地理位置和优惠条件使其成为仅次于金融街的一个金融集聚区位。

2007 年朝阳区在全市率先设立金融办，专门面向金融企业提供各类政府服务，研究制定促进金融业发展的政策措施，落实兑现补贴奖励，并为金融机构注册登记、选址入驻、开展业务、后勤保障等提供延伸服务。北京 CBD 金融商会还与朝阳区相关部门协调，在外资金融机构高级管理人员子女就读、外籍人员签证办理等方面提供便利服务。

2008 年，北京市出台《关于促进首都金融业发展的意见》，首次对首都金融总体空间布局进行规划，并提出"一主一副三新四后台"的金融业空间布局，北京 CBD 作为"一副"的地位被明确提出，并定位为"国际金融机构的主集聚区"。

2013 年，更加多样化的金融业态被北京 CBD 确立为发展战略，将加快 CBD 国际金融城建设，吸引金融租赁、消费金融等新兴金融机构入驻，促进金融与重点产业发展相融合。2013 年，朝阳区扩大跨国公司外汇管理试点，将吸引更多外资金融企业入驻，此次的试点政策在外汇资金统一运营、跨境往来等方面取得了突破，试点政策启动后，不少跨国公司将以前分散在各地子公司的相当一部分业务都集中到北京办理，有效解决了全球资金管理在地区和时间的不平衡问题。

试点政策启动后，不少跨国公司把以前分散在各地子公司的相当一部分业务都集中到北京办理，大大提高了跨国公司中国区公司的国际地位和影响力。比如韩国三星集团将国内的多家子公司纳入试点业务范围，并将香港、台湾地区的资金管理调整至北京操作，北京已成为其"大中华区"的资金管理中心；全球总部设在法国的施耐德集团在获得外汇试点资格后，将"中国区"提升为全球三大业务区域之一，"中国区"成为其唯一以单独国家为单元的业务区域。试点的启动运行，为以全产业链和集约化经营为导向的跨国公司提供了最大限度的全球财务集约管理手段，加快了企业资金周转，大幅降低了财务成本，提高了资金运作效率和效益。北京CBD 有望逐步成为跨国公司外汇资金结算中心，这有助于促进跨国公司全球及亚太资金结算中心和财务管理中心在 CBD 及扩展区集聚。

（三）经济全球化推动北京 CBD 向国际总部经济中心发展

经济全球化过程的第一个阶段是工业生产全球化。越来越多的跨国公司从发展战略考虑，调节组织及空间形式，集中最高级的中心职能活动，分散一般性职能，甚至把中央总部迁移至新的经济中心城市，以适应生产扩散对控制管理的更高要求。北京 CBD 最初主要是生产、贸易类跨国公司入驻。

经济全球化的第二个阶段是金融、投资的全球化。随着金融市场规模和交易量的不断扩大，许多国际证券交易活动和金融服务活动倾向于集中到伦敦、纽约和东京等最重要的国际金融中心。在经济全球化背景下，国际经济中心城市的地位日益重要，城市商务办公职能已超越城市自身，成为区域乃至全球经济发展的控制管理中枢，并相互连接构成网络，商务区不断发展扩大。CBD 提供世界性基础设施以树立城市新形象，吸引投资；CBD 内建设有大量办公楼、展览及会议场馆、酒店、公寓、娱乐和商业零售设施；CBD 功能实现综合化，但主要功能仍是商务办公、商业和专业化中介服务业，而且国际商务办公在性质和规模上占绝对主导地位。由上所述，目前北京的 CBD 已由原来的城市核心区变成中央商务区，由最初的以区位来划分的概念转向突出功能，成为与全球经济一体化直接关联的城市商务中心办公区，即国际经济中心性商务区或国际中央商务区。

（四）北京 CBD 金融业集聚的面对面效应

CBD 由于良好的商业氛围吸引了世界知名企业将其中国总部落户于此，随着金融服务业的开放，外资的金融机构对其服务的对象有显著的"追随效应"，也落户于此，这种面对面效应是为了接近客户。这与金融街金融业集聚的"面对面"效应有所不同，在早期金融街的"面对面效应"，一定程度面向各个国家部委机构、监管机构获得经济信息，为了迅速有效获得政府及金融监管信息。动态看，CBD 地区高端服务业的入住提高楼宇租金，已经带来跨国公司总部向区域外搬迁，由于 CBD 已经形成金融业的"地点身份①"，面对面的效应弱化，在一个城市内部金融机构总部已经不需要随着企业总部搬迁了。

（五）北京 CBD 国际金融机构集聚效应

CBD 拥有便捷的交通、丰富的信息、即时的通讯、高质的办公设施及良好的金融和商务运营环境，可以大大节约公司的管理和交易成本，能够促进知识型、信息型、清洁型和高附加值的金融产业发展。为了给北京CBD 金融发展提供必要的新空间，北京市力求将 CBD 打造为新金融区，这里街区与建筑外表现代，具有国际化风格，与整个区域定位风格协调，功能性很强的楼群都是近 20 年内建起来的，规划更新，设计也更现代化。

金德尔格（Kindleerger，1974）认为是规模经济使得银行和其他金融机构选择一个特定的区位。外部规模经济是自我加强的，更多的金融部门在一个区域内定位，那么这些区域对于其他金融参与者来说更加具有吸引力。当一个地区跨国银行的数量增多、规模增大时，国际中心便有形成的可能。同时外部规模经济会进一步促成生产和经营单位的空间集聚，表现为行业内银行之间的合作，金融机构之间共享基础设施，生产者和消费者之间更加邻近，流通环节减少，信息沟通更加便捷等。

---

① 金融业集聚过程应该关注领导性厂商的作用，过去研究多数将厂商视为同质的产业来研究产业群聚，从组织或集团概念分析产业群聚，则可以看到领导厂商所扮演的重要角色。产业群聚发展的实践表明，集群中的厂商并不是同质而是有差异的，金融业领导性厂商就是国际（国内）知名的金融机构，这些领导性厂商的入驻赋予了这一地区的某种"地点身份"，会带来许多同业的跟随者，这其中既有业务的竞争者，也有产业链的供应商、服务商。

亚瑟（Arthur，1994）提供了一个路径依赖模型来解释北京 CBD 金融产业集聚发展，如果在金融业存在外部经济（或者集聚经济），那么一个具体金融企业如何选址更为优越？研究表明，对于一个特定种类的金融业务（比如国际金融总部），一旦在某产业集聚的区域入驻，在相当长时期就会处于地理上的一个"锁定（lock—in）"状态，也就是，对于该企业来讲这一区域优于其他区域，一旦企业选择进入这个区位，就很难移动。

（六）逐渐形成并逐步强化的国际金融与商务文化

1. 特有的国际化商务氛围。作为世界城市的重要增长极，北京 CBD 在吸引金融机构、聚集国际资源、推动要素流动、释放国际影响力等方面，已显示出其他区域无法相比的优势。北京 CBD 区域的国际化特点体现在朝阳区使馆、跨国公司、国际学校聚集的优势，吸引更多的国际金融机构法人和代表处、交易所代表机构、中介机构聚集，集中承载国际金融元素，形成国际金融机构聚集的中心区[①]。

北京 60% 的涉外星级宾馆、70% 的涉外投资和金融机构、80% 的跨国公司地区总部、90% 的涉外新闻媒体、几乎 100% 的外国使馆（除俄罗斯和卢森堡外）都聚集在 CBD。所有的这一切，都为承载北京国际金融中心提供了坚实的基础与有力的环境支撑。

2. 独特城市街区文化。CBD 商业气息浓厚，各种写字楼，娱乐场所，购物中心铺天盖地，随处是知名企业的办公大厦，随处是喝着星巴克拿着 LV 的都市白领，可以这样描述一个在 CBD 工作的都市白领一天的生活：白天开着迷你库柏（mini copper）去时尚现代的办公楼上班，中午到商场逛逛奢侈品店，看看新品是否符合自己的品味，晚上跟同事去理发店美容店做个 SPA，抑或是去电影院、剧院看场电影、话剧……CBD 具有快节奏、时尚的工作、生活和娱乐文化，这与世界诸多的 CBD 具有相同的特点。这里的企业文化开放而务实，国际著名机构林立，不同肤色、国籍的外国人在这里工作，中国雇员很多都有海外背景，这个群体见识宽广，从

---

① 中国外交部以及先后建成的第一、第二、第三使馆区均坐落在北京 CBD 周边地区。除俄罗斯和卢森堡两国以外的所有国家的驻华大使馆及其商务、文化机构都云集于此。此地聚集了 80% 以上的联合国驻华机构、其他国际组织驻华机构、大型国际商会、海外新闻机构等境外驻京代表机构，以及与之配套的大量的星级宾馆、商务写字楼和众多的涉外社交活动场所，形成了浓厚的国际商务活动氛围和高端服务业发展所必需的高品质环境。北京 CBD 汇集着世界证券投资业巨头——美林、摩根士丹利、高盛；世界服务咨询型企业——普华永道、麦肯锡，华强；世界能源业巨头——埃克森美孚、壳牌石油、道达尔；汽车业巨头——奔驰、通用、福特；国际信息产业巨头——英特尔、微软、IBM 等。

容大方，不拘束于传统礼节，却很彬彬有礼。

3. 国际化的金融家文化逐渐形成。2011 年 2 月 26 日，北京市国际金融企业家俱乐部宣告成立。在此之前，朝阳区已先后成立北京 CBD 金融商会、金融企业家俱乐部、金融企业 HR 经理俱乐部等多个协会性质的组织。这些金融家俱乐部或者协会几乎每个月都会组织这样的文化交流活动，加强企业之间的沟通，促进各个产业之间的合作与交流，进一步提升 CBD 作为首都国际金融机构主聚集区的地位。朝阳区先后挂牌成立了"北京 CBD 国际金融研究院"、"北京海外学人中心 CBD 分中心"，推动金融高端人才基地的建设。

4. 相关行业协调发展形成良性的企业生态簇群。CBD 承载了纷繁的商务、人口、资金、信息等要素，在 CBD 发展之初，国际商务服务一枝独秀，随着北京市国际金融产业发展，CBD 成为国际金融主聚集区，近三年来，传媒业异军突起，成为新的增长点。各行业总部聚集，如世界能源业巨头埃克森美孚、壳牌石油、道达尔，综合性工业集团美国通用电气、川崎重工、3M 中国，汽车业巨头通用、福特、丰田等企业集团。这里也有体验式购物的蓝色港湾、时尚开放的三里屯、"全北京向上看"的世贸天阶、国际大牌云集的华贸购物中心与新光天地……北京 CBD 是世界上商业最繁华、就业密度最高的地区之一，优越的地理位置对产业集聚、金融集聚都会有极大的推动作用，从而又形成规模效应和集聚效应。

各产业之间相互联系，相互促进，从而产生较大的规模效应和集聚效应。对于 CBD 而言，无论是商务功能还是金融功能，除了主体企业之外，还必须有相关企业的存在作为一种支持。如金融企业，它必须有会计、审计、律师事务所、投资公司给予支持；而作为一个整体的商务功能区必须要有其他业态、业种，如影视、超市、休闲、餐饮等配套服务。这些产业的发展需要金融产业的集聚并为其提供高质量可靠的金融服务，而产业的集聚也会带来更多的金融集聚，二者相互促进，相互融合发展。

可以用著名交易成本学派经济学家威廉姆森的资产专用性理论解释这一现象。在一个行业发展的初期，由于整体规模过小，没有投资者愿意为其所需要的辅助性中介业务的专用性资产进行投资。只有当行业发展到一定规模，所提供的发展空间足以抵消专用性资产投资而有余，其辅助性业务才能形成独立产业。金融辅助性产业的发展也遵循这一原理。随着大批金融机构的集中和发展，为金融机构服务的相关辅助性产业或社会中介服务业也因分享其外部规模经济的好处而得到迅速的发展。律师、会计、投资咨询、信用评估、资产评估、外语和金融专业技术培训等机构都将得到发展并提供高质量的服务。至于那些具有相同专业背景和利益的白领阶层和管理人员，工作使他们变得关系亲密。高素质人才之间的交流也有利于激发创新的思想和行动。

三、快速发展的中关村西区科技金融产业集聚——科技创新产业集聚衍生的科技金融业集聚

（一）中关村西区金融产业集聚的演变与发展现状

中关村西区位于海淀镇，东起中关村大街，西至苏州街，北起北四环路，南至海淀南路，规划占地 95 公顷，公共建筑（写字楼）规模约 250 万平方米。海淀中关村西区科技金融功能区是中关村国家自主创新示范区核心区的中心区，占地 4.1 公顷，建筑面积 15.7 万平方米。主要承担科技金融服务体系建设试验和示范功能，同时承担部分高端人才服务功能。科技金融要素聚集区：北靠海淀北一街（中国化工集团、理想国际大厦一线），南至海淀大街，西起彩和坊路，东至海淀中街，占地 4.1 公顷，建筑面积共 15.7 万平方米。目前主要包括中关村 SOHO（PE 大厦）、泰鹏大厦、朔黄大厦。

截至 2011 年底，中关村西区共有金融机构 224 家，其中创投机构、小贷公司、财务公司、科技型金融机构等新兴金融机构云集，与银行、担保公司、证券公司等传统金融机构并肩发展，科技金融功能区的业态日趋丰富多元。

截至 2011 年底，该区共有金融机构 224 家（法人机构 95 家），较 2011 年增加 74 家，同比增长 49%。增加数量最大的股权投资机构增加 69 家，增长近一倍，总数达到 144 家，其中中关村 PE 大厦聚集股权机构达到 117 家。此外，北京中关村科技创业金融服务集团有限公司、北京海淀科技金融资本控股集团股份有限公司、中国技术交易所、北京软件和信息服务交易所等金融控股公司和要素市场机构也分布在西区。

2011 年中关村西区金融机构实现税收 3.73 亿元，占西区总税收（66.5 亿元）的 6%；区级收入 1.52 亿元，占西区区级收入（16 亿元）近 1/10。科技金融产业集聚成为整个中关村国家自主创新示范区有机整体中的重要组成部分，见表 4-3。

表4-3　　　　　　　　　中关村国家自主创新示范区

整体功能定位	功能区细分	依托物理空间
中关村国家自主创新示范区 （中关村西区）	中国国际技术转移中心	鼎好大厦
	国家高新区区域合作中心	中国技术交易大厦
	技术转移专业服务与合作	中关村知识产权大厦 首都科技中介大厦
	技术研发合作	理想国际大厦 中钢国际广场
	成果应用发布交易	海龙大厦 中关村国际数字设计中心
	科技金融服务	PE 大厦（soho 大厦） 中关村金融大厦

说明：1. 根据有关建设规划，中关村核心区建设"两区、三中心"，即首都科技金融综合改革试验区、首都政府公共服务与政策创新试验区和全国技术创新与成果转化中心、首都创新人才发展中心、首都科技中介中心的目标要求，为充分发挥西区的资源优势，把西区分为六大功能区：科技中介要素聚集区、科技金融要素聚集区、科技型企业总部聚集区、新技术新产品交易及展示区、高端人才与政府公共服务区、配套服务区；2. 国家高新区区域合作中心不是一个实体，也不是一个机构，而是一种机制，目的是构建全国的创新服务体系，力求通过该体系提升高新区能力建设，帮助全国高新区构筑良好的发展环境，构建全国性的新经济体系和全国创新服务网络。

资料来源：根据有关资料整理。

（二）新兴科技金融的发展定位

与北京已形成的金融区不同，中关村西区内聚集大量新兴金融机构，这使它与金融街、CBD 形成功能互补。中关村西区不仅聚集了很多创业投资、私募股权基金等新兴金融机构和交易所、期货市场等金融要素市场，还汇集了各类金融投资机构，另外还有银行、保险、证券等金融机构总部，以及国内外大型企业总部。而目前的金融街主要聚集金融机构总部，CBD 则主要是面向国际金融机构。

在科技金融为创新产业服务的过程中，在政府的规划与政策引导下，依托功能明确的物理空间，利用开放的创新资本环境，借助发达的网络技术，分享独具特色的创新文化，科技金融产业的集聚与科技创新产业集聚呈现"跟随效应"。自 2002 年以来，科技金融类企业在中关村西区呈现明显的集聚态势。

科技金融属于产业金融的范畴，主要是指科技产业与金融产业的融合。经济的发展依靠科技推动，而科技产业的发展需要金融的强力助推。由于高科技企业通常是高风险的产业，同时融资需求比较大，因此，科技产业与金融产业的融合更多的是科技企业寻求融资的过程。科技金融传统的渠道主要有两种，一是政府资金建立基金或者母基金引导民间资本进入科技企业，二是多样化的科技企业股权融资渠道。具体包括政府扶持、科技贷款、科技担保、股权投资、多层次资本市场、科技保险以及科技租赁等。

　　在当前全球孕育新一轮创新竞争高潮、我国加快转变经济发展方式的关键时期，加强引导金融资源向科技领域配置，促进科技和金融结合，是加快科技成果转化和培育战略性新兴产业的重要举措，是深化科技体制和金融体制改革的根本要求，是我国提高自主创新能力和建设创新型国家的战略选择。要统观全局，把握战略高度，充分认识促进科技和金融结合对于转变经济发展方式和经济结构战略性调整，实现科学发展的重要意义。深化科技、金融和管理改革创新，实现科技资源与金融资源的有效对接，为深入实施自主创新战略提供重要保障。

　　我国的金融支持体系主要是以间接融资为主的，银行在我国的金融体系中占有绝对重要的地位。而银行在选择贷款企业时关注的只是会计报表，只关注贷款企业的营业数据，对于高风险高收益的科技型中小企业来说，银行的资金支持较难获得，尤其是初创期的科技型企业。

　　因此需要大力引入创业投资，建立多层次的资本市场以满足不同时期、不同阶段的科技型企业。美国强盛的原因之一是高科技与强大的金融实力，更关键的在于美国存在一个非常成熟的科技与金融相融合的体系，促使美国成为全球最为成熟的金融强国，同时也是全球最强大、最具活力的经济体。

　　基于金融业以及科技创新产业的发展，金融业发展布局提出了"一主一副三新四后台"规划，中关村西区成为北京市金融产业的新兴金融功能区之一，在国内最早推动建立科技金融集聚区的建设。

（三）科技金融产业集聚的动力

　　1. 创新产业集聚对科技金融的需求。没有创新要素难言技术创新、科技成果转化，科技创新是结果，高级要素是本，因此发展创新产业培育创新要素、建立高端要素市场是关键，中关村过去的发展历程以及未来"国家自主创新示范区"的规划都印证了这一点。

　　中关村是我国第一个国家级高科技园区，拥有国内乃至全球最密集的人才和高端科技研发资源，是我国高科技产业的策源地。中关村是中国最具创新传统、创新潜力和创新前景的地区，这里是我国科教智力和人才资源最密集的地区：高等教育机构、国家及省（市）级科研院所最为密集，两院院士数量位居全国首位，高端创新创业人才数量位居全国首位，国家级重点实验室和工程研究中心、世界 500 强企业在中关村地区设立的分支机构最为集中。此外，战略性新兴产业、现代服务业发展的很多领域均能在中关村找到创新源头：北京作为大量创新技术成果的产出地，为应对全国经济转型引发旺盛的技术需求，北京流向外省市技术合同成交额占总额的比重从 2009 年的 40.3% 发展到 2013 年的 56.7%。

科技资产是金融资本获取高回报的引擎，科技成果转化是技术、资金、人才、管理、市场等要素资源的组合与配置过程，是整合科技资源优势服务经济社会发展需要的必然选择。以计算机、信息服务业为代表的中关村具有产业"科技"、"创新"的属性，对全国乃至世界上的创新要素有极大的吸引力，要素参与创新过程中，各类要素承担了风险，获得报酬，这是市场机制作用的自然规律。具有远见及明智的政府顺市场经济导向进行园区的规划、设计，出台优惠政策，必将加速创新要素在这一区位的集聚，并形成若干创新要素集聚区，见图 4 - 4 所示。

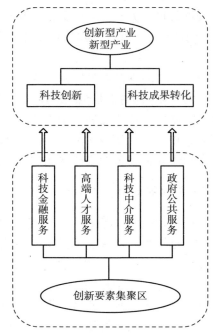

图 4 - 4　创新要素集聚对创新产业发展的影响

资料来源：自行绘制。

许多发达国家的经验表明，科技与金融的有机结合是促进科技开发、成果转化和产业化，提升产业创新活力的必要条件，较高水平的科技创新能力与良好的金融创新和服务是构筑创新型的重要支柱，二者缺一不可。科技的发展历程实际上就是金融通过科技创造价值和促进经济增长的一个过程。技术创新产生了对创新型资本的需求，而以股权投资（天使投资、创业投资、风险投资）为主、包括小贷和科技保险在内的科技金融的发展推动着技术创新和科技成果的转化，见图4－5。

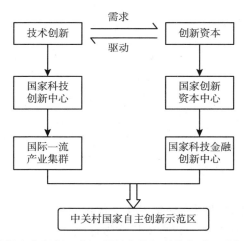

图4－5　中关村自主创新示范区创新产业与科技金融互动机制及发展路径
资料来源：自行绘制。

2. 政府规划政策扶持助推。中关村西区的发展定位是以技术创新与科技成果转化和辐射为核心，以科技金融服务为重点，以高端人才服务、中介服务和政府公共服务为支撑的创新要素聚集功能区。中关村西区是北京市"一主一副三新四后台"布局规划的新兴金融功能区之一，成为了海淀区创新型科技金融机构的主聚集区。科技金融的发展既是北京地区金融发展功能布局的一个分化，也是中关村园区整体发展规划中的重要组成部分，而后又上升为国家级战略规划、写入国家"十一五"发展战略规划，从而成为国家发展战略规划中的金融规划。因此中关村西区科技金融的发展将会成为全国科技金融发展的高地。中关村金融创新相关政策见表4－4。

表4-4　　　　　　　　中关村金融创新相关政策

时间	规划与政策	制定（发布）机构
2010 年 3 月	《关于推进首都科技金融创新发展的意见》	北京市政府
2010 年 6 月	《关于为入驻中关村西区股权投资机构做好服务的实施办法》	海淀区政府
2011 年 2 月	《中关村国家自主创新示范区核心区中长期发展规划纲要（2011～2020 年）》	国务院批复国家发改委印发
2011 年 3 月	《国家"十二五"规划纲要提出"把北京中关村逐步建设成为具有全球影响力的科技创新中心"》	中国共产党中央委员会
2011 年 3 月	《关于中关村国家自主创新示范区建设人才特区的若干意见》	中组部等 15 个中央和国家部委与北京市共同印发
2011 年 8 月	《中关村 PE 大厦招商方案》	海淀区政府
2011 年 8 月	《中关村金融大厦招商方案》	海淀区政府
2012 年 8 月	《关于中关村国家自主创新示范区建设国家科技金融创新中心的意见》	九部委会同北京市联合发布
2013 年 9 月	《加快推进高等学校科技成果转化和科技协同创新若干意见》	北京市政府

资料来源：根据有关资料整理。

　　围绕科技金融产业要素聚集工作，优化发展环境，海淀区先后发布了《关于为入驻中关村西区股权投资机构做好服务的实施办法》、《中关村 PE 大厦招商方案》等办法，发挥 PE 大厦等空间的载体作用，逐步形成科技金融机构聚集效应。目前，中关村西区已聚集了北京银行、中关村分行、中国技术交易所、创新工场和普华永道会计师事务所等近 200 家金融机构、要素市场机构及专业服务机构。

　　为进一步提高中关村西区的金融聚集程度和辐射带动效应，2011 年海淀区发布了《中关村金融大厦招商方案》，明确了中关村金融大厦的功能定位，将重点吸引股权投资、证券、信贷、保险、财务公司等各类科技金融机构，对入驻的机构在购租房补助、人才引进、子女入学等方面提供更加优惠的政策。特别是在房租补助方面的支持力度进一步加大，对入驻大厦的金融机构租用办公用房，前两年补助 50%，第三年补助 30%。符合条件的重点金融机构，最高可获得两年免房租的支持。

　　3. 开放的创新型金融市场。海淀区是全国唯一与上交所、深交所、纳斯达克交易所都签有合作协议、并开展广泛合作的地级市（区）。在海淀区，科技与金融对接机制也正在不断优化。依托创新型金融机构，海淀履约保证保险贷款、信用贷款、投贷联动贷款、企业私募债、机构风险补偿等科技金融产品和服务创新不断涌现。

数据显示，海淀区已汇聚了大量的金融资本。截至2012年年底，海淀区各类金融机构共计1990家，其中521家股权投资机构，管理资金规模近2000亿元，而针对中小微科技企业的科技金融专营机构就有15家。

截至2012年年底，根据不完全统计，已经有24家银行在中关村示范区设立特色支行专门为科技型中小企业服务。此外，还有中关村科技担保公司、中关村小额贷款公司等特色金融机构在这一地区集聚，其业务规模扩张迅速，见表4-5。

表4-5　　　　　　　　中关村特色金融机构开展业务情况

机构类别	支持企业数量	资金	统计时间
科技信贷专营机构或特色支行	5250 家企业	授信额 4033 亿元	2012 年
中关村科技担保公司	3456 项担保	担保额 204 亿元	2012 年
中关村小额贷款公司	500 多家企业	放款 44.18 亿元	2012 年

资料来源：中关村国家自主创新示范区网站（http://www.zgc.gov.cn）。

4. 科技创新文化催生科技金融文化。中关村的文化环境有利于科技金融的发展。中关村独特的有利于创新的文化元素有：勇于创业、宽容失败、崇尚竞争、讲究合作、容忍跳槽和裂变。勇于创业，宽容失败激发了员工大胆尝试、勇于探索的创新热情；崇尚竞争使人们既重视自身能力和水平的不断提高，又注重在竞争中向对手学习；讲究合作使硅谷形成一种拿与给的双向知识交流氛围；容忍跳槽和裂变则有易于技术扩散和培养优秀的企业家。这样的创新文化，为科技创新带来了勃勃生机，促进了科技与金融的紧密结合。科技金融创新思想形成科技金融创新文化，将为这一地区的产业发展提供不竭的动力。

中关村创业、创新文化已经逐渐形成并具有国际化的气质，车库咖啡、创新工场等扶持创新创业是典型案例，以创新文化、创业文化、创造文化为核心的金融文化体系正在形成之中。

目前，中关村科技金融文化还存在一些不足：一是缺少科技金融高端人才相互交流碰撞的场所。金融资本与科技资本结合的关键，是隐藏在资本背后的人的因素，尤其其中起决定作用的高端人才，更多的科技金融结合的经典案例，是这些高端人才能在相对宽松的环境下交流碰撞的结果。

二是企业家的契约精神有待强化。科技资本结合是建立在契约基础之上的，中关村的中小高科技企业、企业家的契约意识不强，这制约了金融资本支持科技的脚步。

四、新兴金融规划区位集聚并不明显：发展中的丽泽金融商务区

2008年4月，随着《中共北京市委北京市人民政府关于促进首都金融业发展的意见》发布，丽泽金融商务区的概念被正式提出。如果说金融街和CBD代表着北京金融过去和现在的发展成果，丽泽金融商务区则承载着北京金融未来发展的新希望。丽泽金融商务区的开发、建设，体现了北京金融业应对不断增大的空间需求、筹谋未来发展的金融产业区域规划布局。但是，由于开发建设时间还比较短，丽泽金融商务区和金融街、CBD形成"三足鼎立"的格局还有太长的路要走。

通过参加京港洽谈会、北京金博会等一系列高规格推介活动，丽泽金融商务区的影响力和竞争力进一步提升，金融业态不断丰富。截至2013年年底，中华联合保险等大型金融机构、建信股权基金等新兴金融机构、新华社金融信息交易所等金融要素市场、基金业协会等全国性金融行业协会以及中国铁物等大型央企总部五类、共计154家企业机构入驻丽泽，注册资本金超过724亿元，其中亿元以上企业57家。2013年引进机构23家，注册资本金超过171亿元，其中亿元以上机构11家。

（一）丽泽金融商务区发展的动力：政府规划与优惠政策

政府规划与产业定位。2008年北京市委、市政府正式下发《关于促进首都金融业发展的意见》，对北京金融业发展规划了"一主一副三新四后台"九大金融中心的总体布局，并首次提出将北京建设为具有国际影响力的金融中心城市。丽泽金融商务区发展建设阶段见图4-6。

北京市人民政府办公厅转发《市发展改革委等单位关于加快建设北京丽泽金融商务区实施意见的通知》中明确指出：大力发展新兴金融产业（新兴金融并没有非常明确的定义，主要是与传统银行、证券、保险公司等金融机构相对应的其他金融机构，汽车金融、财务公司这类机构尽管在国外早就有了，相对而言，在国内一些学者将这些机构也归类为"新兴金融"），打造要素市场集聚区。丽泽控股公司的官网（http：//www.bjlzkg.

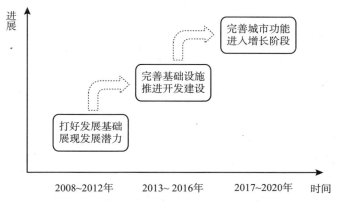

图4-6　丽泽金融商务区发展建设阶段

资料来源：根据有关资料自行绘制。

com）显示，丽泽金融商务区的产业导向是以新兴金融产业为龙头，大力发展金融信息产业、金融文化产业和金融高端服务业。

丽泽金融商务区定位于打造新兴金融业态为主体，高端商务业态相配套的新兴金融聚集区，环境优美的高端产业功能区，为首都金融业的发展提供新的战略性承载空间；丽泽将以新兴金融产业为龙头，围绕新兴金融、金融信息、金融文化和金融服务四大产业构建独具特色和优势显著的金融服务体系，见表4-6。

表4-6　　　　　　　　　丽泽金融商务区规划发展路线

时间	方案	作用
2008年3月20日	北京社科院《北京丽泽商务区定位研究报告》提交丰台区	前期论证
2008年4月30日	《关于促进首都金融业发展的意见》出台，确定其为新兴科技金融功能区的定位	功能定位
2009年2月11日	丰台区发布入驻金融企业优惠政策	政策实施
2009年3月17日	《北京丽泽金融商务区开发建设实施工作意见》出台	正式启动
2009年4月15日	"北京金融产业第三极"方案和"天赋丽泽"方案共同成为优胜方案	区位特色

资料来源：根据有关资料整理。

在金融业发展方面，强调"新兴"二字就非常鲜明地区别于金融街和

CBD。丽泽要为在京的或即将驻京的新兴金融机构、金融要素市场以及金融企业总部提供一个新的发展空间,成为这些要素、市场或机构的聚集区,是北京市发展成为具有国际影响力的金融中心城市的重要载体之一。

丽泽把握以新兴金融产业为龙头,大力发展金融信息产业、金融文化产业和金融高端服务产业的产业导向,致力于构建独具特色和优势的金融产业为主导的现代产业体系①。

发展新兴金融产业。抓住新兴金融业快速发展的机遇,聚集新兴金融机构,鼓励金融创新,推进各种新兴金融业态的发展。牢牢把握首都金融产业发展规划,积极吸引包括京外银行、国内外保险机构、外资股权投资机构、大型企业的财务公司以及具有债券承销业务的功能性总部等各类金融机构和金融业态入驻丽泽。

发展金融信息产业。立足信息平台资源,吸引聚集国内外财经媒体、财经出版和金融信息服务机构入驻。

发展金融文化产业。结合地区历史文脉,突出商务区文化沉淀。打造具有国际影响力的丽泽财经论坛,建设文化基础设施,扩大金融文化产业规模。

发展高端金融服务业。优先发展高端服务业,大力吸引高端中介服务机构聚集,形成完善的金融产业服务链,为金融产业发展提供良好支撑,见表4-7。

表4-7　　　　　　　丽泽金融商务区主导产业及代表性企业

园区主导产业类型	入驻代表性企业
新兴金融产业	中国证券金融股份有限公司
金融信息产业	新华社金融信息交易所
高端金融服务业	通用技术集团财务有限责任公司

资料来源:根据有关信息整理。

(二) 优惠政策

为了吸引金融机构入驻,北京市、丰台区政府出台一系列优惠政策。北京市发改委在《关于加快推进北京丽泽金融商务区开发建设实施的工作

---

① 资料来源:http://chanye.focus.cn/news/2013-05-09/3261321.html.

意见》中指出，丽泽金融商务区将全面享受北京市现有支持金融业发展的各项优惠政策。

丽泽金融商务区对入驻的金融机构给予一次性资金补助，对金融机构在商务区内购置办公用房给予一次性购房补贴，租用办公房的实行三年租金补贴；对金融机构工商注明进行全额补贴；年度对区级地方财力贡献在2000万元以上的金融机构，按其当年对区级地方财力贡献的2%，奖励给金融机构高管人员。

丰台区出台了专门促进丽泽金融商务区发展的政策，包括完善基础设施建设、扶持金融产业项目、提供区域发展配套服务、实施重大贡献企业奖励、推动人才引进、便利子女教育等方面都制定了详细的规则。

（三）区位优势与劣势

1. 区位优势：规划中蓝图。金融街与 CBD 经过多年的发展和聚集，已经较为成熟。丽泽作为新兴的金融功能区，在建设与发展过程中，没有得天独厚的地理位置为先天优势，也没有遇到千载难逢的发展契机。如何发挥区域的后发优势，在城市发展与金融业发展的双重纬度下打造属于自己的区域优势，奋起直追，需要针对金融街、CBD 存在的不足，提出更为优化的区域规划和差异化的发展战略。根据目前规划与设计，未来总体的区位优势主要体现在：

（1）交通的便捷。丽泽商务区就在二环边上，距离第二机场约 40 公里，距离金融街不到 5 公里，坐地铁 14 号线到 CBD 不过半小时，是二环、三环之间最后一块风水宝地。商务区内，有连接两条环路的地下环廊，可以直达核心区的各个楼宇；区域内 13 条密集路网会提供良好的交通保障，规范简洁的交通路引。在丽泽金融商务区，智能交通管理处处让人感到舒畅、便捷。

（2）生态的美化。丽泽地处北京绿化隔离地区 217 公顷，相当于3000 亩地的绿肺。区域内部还有两条河流，一条是丰草河，一条是大家都知道的北京的母亲河——莲花河。这两条水系将给丽泽带来十分优美的景观。最重要的是，丽泽植根于千年古都金中都遗址之上，至今保留了金中都遗址城墙。建设丽泽的同时，还要恢复历史古都的文化环境，使现代化的丽泽呈现出古朴厚重、优美典雅的风貌。

（3）环境的低碳。丽泽在 8 年之内要建设 700 万平方米的绿色建筑。为了实现低碳、减排，丽泽在低碳建筑标准上进行了规范，在内部装饰材料上提出了要求。一栋楼刚出现在图纸上时，就已经被测算好了未来在建设中的碳排放和能耗指标，随后的建设、使用过程中，只能在这一指标的约束下运营。还着眼于现代技术与设备，提出了集中供冷和楼宇气候等新理念，从服务和人文的角度体现生态环境与经济建设协调发展。2013年，丽泽金融商务区以全国第一的综合评分，通过了"国家智慧城市试点示范"评审。

（4）发展空间广阔。在首都二环、三环之间建设700万平方米商务空间，这对发展中的首都而言是绝无仅有的地段。首都第二机场、三个大型火车站点的开通，为丽泽带来交通便捷的同时也带来巨大商机。高端金融业发展需要与之匹配的酒店、商业、高档住宅等服务设施，丽泽金融商务区内规划了9家五星及超五星级酒店，两处10万～20万平方米的大型商场，将给商务区带来大量商机；近50万平方米的高级公寓，为投资创业者提供家庭式温馨服务；南北区生态绿地和核心区下沉广场，将提供广阔的商务区体育休闲、消费娱乐等综合性文化体验活动场所。丽泽金融商务区必将为所有来丽泽发展的商家和机构提供巨大承载空间。

2. 区位劣势：现实发展的制约。丰台地区相对落后的经济是丽泽金融商务区发展的一个制约因素。目前丰台区经济在北京市各区县中相对落后。包括丰台地区在内的北京南城，与北京北部区域相比，经济发展相对落后，长安以南区域也成为城市发展的软肋。从产业结构看，丰台区给人的印象要么是小散弱的低端经营，要么是以厂房为标志的低端物流体系。2012年，全区金融业实现增加值89.2亿元，同比增加21.5%，占地区生产总值的9.7%。虽然北京市政府城南行动计划，3000亿投资中的1300亿在丰台，近期提出的后三年城南计划热点仍是丰台，它从根本上把丰台的基础设施提高了几个档次，力图打造自然生态的宜居理念、高端创新的设计定位，拥有为高端金融、商务人士量身打造的完善配套设施和服务，丽泽金融商务区的开发建设正在改变丰台区的产业结构。但这些措施的效果，需要相当长的时间才能显现。南城商业氛围、金融氛围的发展需要过程，金融文化更需要慢慢培育和积淀。

3. 区位优势与劣势的动态性。对于规划建设中的金融集聚区，其优势与劣势是显而易见的，并且随着发展建设的进程不断推进，优势及劣势将呈现不同形态，不同时期政府与市场所发挥的作用也有所不同，见表4-8。

表 4 - 8　　　　　　　　丽泽金融商务区建设不同阶段对比

建设阶段	区位优势	政府推动	市场推动
早期	区位劣势大于区位优势	作用：主导 方式：基础设施、优惠政策	作用：为辅 动力：楼宇租金、未来潜力
中期	区位优势逐渐显现	作用：为主 方式：办公效率与服务便利化、人文环境建设	作用：发挥较大作用 动力：集聚效应体现
完成期	区位优势显著	作用：为辅 方式：与特色的定位匹配的人文环境建设	作用：主导 方式：集聚效应、地点品牌效应

数据来源：根据有关资料归纳整理。

　　国际主要金融中心基本遵循两条道路：一是自然形成模式，二是政府主导模式，北京丽泽金融商务区的形成与发展属于后者。发展还需要做好研究与规划，尽管政府开头画了一个圈，但是最后金融机构选择哪个功能区入驻，还是一个市场化的过程，是否具有一定的后发优势，需要长时间的建设才能实现。丽泽金融商务区的发展尚需时日，成效也有待时间检验。从 2008～2012 年这个研究所属的时间阶段看，丽泽金融商务现在所拥有的自然环境区并没有明显对金融业的集聚产生明显的吸引力，经济核心区与信息中心区仍然是推动北京市金融产业集聚的核心因素。

第五节　本章小结

　　北京作为中国金融中心之一，在其内部金融服务体系按不同职能分为多个层次，可以形成多核心，而不同层次的金融服务体系相互联结在一起，功能互补，共同服务于区域内及全国不同层次的金融服务需求。从北京金融业整理的发展规划角度看，并不是金融街、CBD、丽泽商务区哪个区域来争取金融集聚中心的位置，而是要形成功能上互补的有机整体。北京市金融业集聚呈现总部、地区分行的集中化，网点的分散化。同时信息技术发展使得金融产业集聚的障碍因素在一定程度上弱化，比如数据存储与处理、产品设计等环节产生去中心化或郊区化的趋势。

　　从未来规划布局和发展来看，北京应致力于促使通过不同功能区金融集群形成互补与协作的有机网络，促进北京金融产业的成长、提高竞争力。从系统论的角度出发，金融产业成长是产业系统在运动中规模不断扩张、结构不断改进的过程。金融产业在形成之初，就已经进行了地域选择。因为，不同地域由于金融产业形成的先后、地域条件的限制等，会自然导致金融产业成长的区域差异。同时，有别于其他产业，金融产业在空间上的排布状态体现了金融产业内部纵向与横向网络交织的层级关系。因此，空间结构的优化必然成为金融产业成长的重要含义。形成由不同层级的区域统一金融市场联结的金融产业空间体系，是北京市金融产业成长的主要标志之一。金融业具有显著的资产专用性、规模经济性和范围经济性，并需要空间上的集聚和功能分区。北京可考虑通过合理的空间布局和规划，形成国有金融总部和监管机构所在区、跨国金融机构总部区、金融服务中介区、金融信息产业功能区等若干个金融功能区。具体来看，可按照功能区特点进行区位选择。金融信息产业功能区可考虑选择商务成本较低、但是基础设施条件相对完善的郊区；对于跨国金融机构总部区，按照国际经验，不少金融机构都选择繁华的中心区域作为总部所在地，因此可考虑加强 CBD 基础设施和配套设施建设，提升政府服务效率和服务水平，合理进行扩展，形成更具有国际金融中心特点的功能区域。

第五章

北京市咨询业集群的
空间结构及其演变

　　现代咨询服务业主要是第三产业中以知识和信息高度密集为特色的新兴行业，是社会综合服务体系的重要组成部分。它以信息为基础，以现代计算机、网络信息技术和通信技术为支撑，综合运用各类知识、经验和理论方法，为各类企业和政府机构解决复杂问题提供帮助。

　　在全球经济一体化发展环境下，为了适应经济活动管理与控制高级化的需求、实现自身最优经济效益，咨询服务业与其他现代服务业一样，逐渐在空间上集聚。鉴于大都市具有咨询业发展所必需的良好经济环境、社会环境、人才与信息等关键要素，咨询服务业呈现出依托大都市集聚发展的趋势，尤其在大都市的中心区域，这一趋势正在不断强化。

　　北京作为国家政治、文化中心，在经济、教育、科技、文化等方面具有得天独厚的优势，是我国咨询业市场化起步最早的地区之一。现代咨询服务业现已成为北京地区的新兴产业。从 1979 年北京市科学技术协会率先创办全市第一家咨询服务机构——科技咨询服务部开始，在 30 余年的时间里，北京咨询业从无到有，从小到大，初步形成了国有、股份制、民营和外企等多种所有制形式并存的，覆盖全市工业、农业、科技、商贸、教育、卫生、司法、财政税收等主要国民经济领域和部门，其服务对象包括经济、技术、工程、管理、法律、会计、审计等诸多领域，服务内容涵盖了政策咨询、科技咨询、工程咨询、管理咨询、信息咨询、法律咨询、财务咨询及专业认证等。

第一节　相关文献综述

国内外学者对于城市咨询业集群空间布局的研究目前主要集中在微观

层面，即在城市空间中研究咨询企业的地理分布共性的问题，对咨询业集群现象的研究尚处于初步阶段。邵晖（2008）指出北京信息咨询类服务企业在东部的朝阳区集聚的主要原因是由于这里的外国使馆区吸引了国外机构及跨国公司总部，促进了信息咨询类企业在这里集中；陈秀山等（2007）认为北京市信息咨询业的空间基尼系数达到 0.754，呈现出了明显的集聚态势，并根据各邮编区的信息咨询业企业密度，通过 GIS 得到各邮编区中心点距离市中心的距离，在此基础上利用 Clark 模型拟合信息咨询业企业密度的空间分布，得出北京信息咨询类服务业倾向于向东部的朝阳 CBD 方向分布的结论；李晶（2011）证实咨询服务业作为现代服务业中的高端产业，在地理位置上越来越表现出在中心城市或中心城区集聚的发展趋势。

现有文献对城市咨询业集群现象的研究集中在对咨询业集群形成动因的研究上。纪博和纳奇（2002）认为英国南部和伦敦咨询类小公司聚集的主要因素是交通便利、区位形象、毗邻客户、方便到达机场等。加斯帕和格莱泽（Gaspar and Glaeser，1998）发现虽然远距离通讯的改进使服务企业的业务开展便利化了，但是对多样化交流的需求上升。刘佳等（2009）认为西安市咨询业与金融业的集聚区域相似，主要是因为它们的区位选择因子相似，都追求便捷的交通和快速的信息来源，接近信息源和信息基础设施是其区位选择的主要因子，且交通的便利性及行业间的竞争和合作也非常重要并且信息咨询业和金融业之间的相互依赖性很强，这使得它们在空间上往往聚集在一起；洪青等（2011）对现代咨询业的发展现状、趋势以及发展的重要途径等进行了分析，结合南京服务业结构的特点，认为南京迫切需要发展咨询业集聚区，并认为咨询业集聚可以根据产生原因的不同分为 3 种不同的模式：内生型诱导自发式模式、外生型外资驱动模式以及引导培育模式，政府的积极规划和政策支持起到了关键的作用；蒋慧杰（2012）则以工程咨询业为例，分析工程咨询业群落组织结构，揭示工程咨询企业形成共生关系的驱动力。

综观现有文献，目前对城市内部咨询业的空间布局研究大部分集中于咨询企业选址或咨询业集群形成的原因等方面，缺乏对咨询集群所在城市咨询空间结构的整体分析，并且鲜有对城市内部具体而典型的咨询业集群区的集群态势、集群动力机制、功能定位等方面深入细致的分析。本章以北京市咨询业集群为研究对象，利用电子地图对全市所有的咨询企业进行定位，分析 2003～2012 年 10 年间咨询业集群变迁的特征与规律，并深入到具体而典型的咨询业集群区，分析其功能定位和演变机理，对北京市的咨询业集聚现象展开更有针对性、更具现实意义的研究，为咨询机构选址以及城市产业空间规划提供参考。

第二节 咨询业集聚形成和空间演变机理

现代咨询业是现代市场经济中不可或缺的行业，也是当代知识经济的重要组成部门。作为一个以知识和信息高度密集为显著特征的行业，咨询企业以专门的知识、信息技术和经验为资源，经过分析和论证，为客户提供方案和建议，解决客户发展过程中的问题。咨询机构从事的业务中既有为政府制定政策规划出谋划策，也有帮助公司创办、进行企业诊断、人员培训等。同时，咨询机构也提供个人理财、个人法律事务、出国留学咨询等服务。目前，咨询业的发展呈现出了明显的集聚化、规模化、国际化的特点。咨询业在城市内部集聚的形成与演变具有显著特点和独特机制。

一、城市内部咨询业集聚的类型与影响因素

（一）城市咨询业集聚研究范围及构成要素

咨询业集聚形成的空间组织，根据其自身不同的规模、功能定位及政策倾斜的不同，在不同的地域分布中呈现出明显"多层次"、"多形式"的特征。在初具规模的咨询队伍中，既有政府部门建立的咨询机构，中央和地方所属的软科学研究机构，也有各民主党派、群众团体、科研单位和大专院校以及企业办的咨询机构，还有民间、个体创办的咨询公司。这些咨询机构形成了"大—中—小"不同层次的集聚态势，同时形成内生型、外生型及政策引导培育型等多种形式的咨询业集聚，见表5-1。

表5-1 不同类别咨询业集聚

类别	主办方	特点
政府咨询决策机构（智库）	政府或部门	官方决策询问、非盈利
	民主党派、群众团体	半官方咨询、非盈利

续表

类别	主办方	特点
科研单位、大专院校兴办和挂靠的企业	科研单位、大专院校	具有较强独立性信息提供者、非盈利/盈利
专业属性突出的企业（律师事务所、会计事务所、评估、市场调查机构等）	投资方（股份有限、有限责任或合伙制）	按客户委托要求提供服务并获得盈利

资料来源：自行归纳、整理。

本书所关注的是专业属性突出的咨询企业集聚，研究的集聚现象属于城市内部咨询产业的空间结构与集聚这一研究范畴，研究的对象是以城市为空间载体、城市边界为范围的咨询企业在地理空间上的集聚活动。

（二）城市咨询业集聚的类型与影响因素

根据不同价值增值环节中关键因素及作用机制的不同，可以将咨询业企业的价值创造过程分为四种类型，如表 5－2 所示。本章研究基于咨询业四类集聚探讨城市内咨询业集聚空间结构与演变的影响因素。

表 5－2　　　　　　　　不同价值增值环节下的咨询业集聚类型

类型	价值增值环节	关键要素及作用机制
需求导向型	原始信息收集期	（1）咨询服务的无形性、消费和生产过程的不可分割性、高定制化程度； （2）对信息源的需求要求靠近顾客群； （3）便于与客户及时沟通
资源导向型	信息处理期	（1）人才和技术是此增值过程发生的重要因素； （2）集聚区可以形成劳动力市场的共享、关联产业的成长和技术外溢
效率导向型	智力产品交付后价值的后续增长期	（1）为客户提供相关的培训指导，同时智力产品存入咨询公司的知识库； （2）交通运输的便利、信息系统的发达是影响增值成功与否的重要因素
市场创造型	外部关联性活动	（1）融入当地文化氛围，与外部关联者通过信息系统、交通系统等搭建良好桥梁； （2）围绕行业资深公司集聚可提高公司形象和声誉，并提高服务价格

资料来源：自行整理。

1. 原始信息收集期。该阶段是咨询业进行信息分析、形成智力产品的基础，信息搜集点有着明显的地域集中性。在这个阶段中，由于咨询业提供的服务与其他生产性服务业相比具有更强的无形性，消费和生产过程具有不可分割性，同时，咨询企业为客户提供的一般是定制化程度较高的服务，咨询企业需要针对本地市场结构和顾客需求特点提供服务，需要对服务企业的员工和客户保持较长时间的接触和了解，获得相关行业准确的信息，这就要求提供服务方企业更靠近顾客群的相关行业，从而给顾客带来便利，也更加便于与客户进行及时的沟通和交流，也使得同样的咨询企业位于不同地理区域的部门提供的服务之间经常存在着较大的差异。国际经验表明，咨询企业围绕其所服务的制造业企业集聚是十分普遍的现象，咨询业的这种对信息源追求的集聚形式在很大程度上可以归纳为需求导向型。

　　2. 信息处理期。这个时期是信息增值的主要时期，进行信息收集并在咨询人员头脑中形成印象后，咨询人员要据此展开思路，形成寓于本身知识结构中的意义，提出建设性意见。在这个阶段中，人才和技术是增值过程得以顺利发生的重要因素，咨询业在提供服务时需要专业人员与顾客组织的员工间进行大量的交互活动，这种交互活动非常依赖于员工的专业知识，因此具有专业知识的劳动力及企业的技术、技术创新能力是咨询业最重要的生产性资本。集聚区形成的劳动力市场共享、关联产业的成长、技术的外溢等规模效应不仅是咨询业在此集聚的原因，也构成了集聚的特定效应，这种集聚形式更加倾向于资源导向型。

　　3. 智力产品交付后价值的后续增长期。这一阶段一方面是对客户而言，咨询公司可能会提供相关的培训指导，另一方面是对咨询公司而言，由于智力产品的可复制性，当交付客户产品后，咨询公司仍然拥有这种智力，并存入公司的知识库。在这个过程中，交通运输的便利、信息系统的发达都是影响增值成功与否的重要因素。这种集聚形式倾向于效率导向型。

　　4. 外部关联性活动。信息源、员工、技术等各种要素构成了咨询公司的内部环境，而咨询公司之外的相关组织则构成了外部环境，咨询公司与政府、媒体、行业协会、学术团体、高等院校等外部环境的沟通与交流，是咨询业必须关注的问题。在这个过程中，一方面，要融入当地的文化氛围，与外部关联者通过信息系统、交通系统等搭建良好的桥梁；另一方面，咨询业属于知识、信息高度密集的高层次的服务业，声望的作用对其服务价格有着重要的影响，因而围绕相关行业资深公司集聚是一种不错的区位选择方式，咨询业企业以此提高自己的公司形象和声誉，更好地与外部关联者对接。这种参与外部关联性活动的集聚形式倾向于市场创造型。

二、咨询业集聚的空间结构与形成演变机理

（一）城市内部咨询业集聚空间结构含义

单个价值增值活动只是咨询业发展的基石，而城市内部咨询业集聚的空间结构则是指在某一城市整个咨询业价值链中的各个子系统和要素所形成的空间组织关系。这种空间组织关系并不是价值链中各个活动的简单集合，而是一个有机系统。在这个系统中的各类价值活动和要素之间相互支撑，形成复杂的网状结构，系统中任何一个要素或者价值活动的变化都会引起整个系统不同程度的变化。

（二）城市内部咨询业集聚形成与演变的影响因素

咨询业集聚的形成除了靠近信息源、交通便利、获得规模效应等动机之外，还受到一些其他因素的影响，这些因素共同作用于咨询集聚区的形成和变迁。咨询业在集聚形成与演变过程中，主要受以下几个因素的影响：

1. 面对面效应。在咨询企业选址的过程中，不仅要尽量靠近信息源，缩小信息收集和输送的成本，同时还要注重与客户的即时沟通和交流。咨询企业个性化服务业的特性使得企业非常重视面对面的接触，面对面的会谈是达成商业往来的重要手段。因此，重视面对面接触的咨询企业一般都选择城市的商务中心区落户。

2. 信号效应和声誉机制。咨询服务业是一种知识、信息高度密集的高层次的服务业，企业有其特有的服务理念、流程和规范，十分重视办公场所的层次和员工着装等关乎企业形象的因素，而区位的选择更是行业地位、服务水准的直观体现；同时，围绕行业内的资深公司集聚可提高公司形象和声誉，从而提高服务价格，增加经济效益。

3. 共享机制和外溢效应。人才和技术是咨询公司重要的生产性资本。

在信息处理期，具有较高专业素养的员工和先进的技术、管理水平是价值增值过程发生的重要因素，员工的专业知识和技能对咨询项目解决方案的形成以及价值的实现至关重要。通过集聚，可以形成咨询业劳动力市场的共享、关联产业的成长和技术外溢等效应。

4. 成本因素。较之大都市中心位置，距市中心稍远的地方通常人力资本价格和写字楼租金价格较低。这样，当地咨询业企业为客户提供的服务价格就会比市中心企业为当地客户提供的服务价格稍低一些，这有利于咨询企业以更低的经营成本进行经营。因此，较低的人力资本价格和写字楼租金价格也纳入咨询企业选址过程中要重点考虑的因素。

咨询业集聚的形成及变迁本质上是一个资源的供给和服务的需求的平衡过程，咨询业是知识、信息密集型产业，同样以人力、资金、土地、基础设施的供给为发展前提，这使咨询业的集聚也呈现出明显的集聚利益指向。如何更好地寻找服务对象、利用集聚区的各种优势、更广泛地与外部环境进行沟通，构成了咨询企业空间变动的核心因素。

第三节　北京市咨询业集群空间分布及演变：2003～2012 年

北京市的咨询业较为发达，该产业的发展对于完善城市功能、促进城市现代化发展有着不可忽视的作用。李晶（2011）研究发现，北京地区不含广告业的咨询服务业，对城市 GDP 的贡献率已达到 3%，北京咨询业市场规模已占全国咨询业市场份额的 50% 以上。

本节使用 mapinfo 软件将北京市所有咨询企业所在邮编区域在地图上找到相应位置，将每一个企业在地图上标记成点，通过地图上的点分布分析咨询业的集群空间分布及演变。数据主要来自《中国电信 2003 年北京大黄页》及《中国电信 2012 年北京大黄页》，对于没有给出的企业地址，通过网络查询、电话咨询等多手段加以补充，在此基础上进行统计和整理，2003 年共涉及 2988 家企业，2010 年涉及 3391 家企业。由于 2010 年北京城八区合并为城六区，为了统一统计口径，本节把原东城区和崇文区加总的数据作为 2003 年东城区数据，原西城区和宣武区加总数据作为 2003 年西城区数据。

一、2003 年北京市咨询业的空间分布

2003 年北京市咨询业共分布在 129 个邮政编码区域内，比重前 20 位的区域如表 5−3 所示。

表 5−3   2003 年北京咨询业比重最高的前 20 位邮编

排名	邮编	企业个数	占比	区域
1	100020	176	5.89%	朝阳区
2	100027	143	4.79%	东城区
3	100037	138	4.62%	海淀区
4	100029	120	4.01%	朝阳区
5	100005	114	3.81%	东城区
6	100080	107	3.58%	海淀区
7	100013	105	3.52%	朝阳区
8	100101	102	3.41%	朝阳区
9	100007	81	2.71%	东城区
10	100053	80	2.66%	西城区
11	100006	78	2.61%	东城区
12	100022	77	2.58%	朝阳区
13	100034	72	2.41%	西城区
14	100081	71	2.37%	海淀区
15	100045	68	2.27%	西城区
16	100088	60	2.01%	海淀区
17	100044	56	1.87%	西城区
18	100028	52	1.74%	朝阳区
19	100031	51	1.71%	西城区
20	100061	40	1.34%	东城区

数据来源：根据《中国电信 2003 年北京大黄页》整理、计算。

从表 5−3 可以看出，北京市 2003 年的咨询业主要分布的 20 个邮政

编码中，有 6 个属于朝阳区，5 个属于东城区，5 个属于西城区，4 个属于海淀。前 20 个邮政编码区域中集中了北京市主要的咨询业企业，所占比例近 60%。

朝阳区是北京市咨询业集聚最明显的一个行政区，2003 年随着朝阳区 CBD 商务中心的崛起，咨询业的集聚效应开始初步形成。其中以建国门外大街（100020）、安定路（100029）、安定门外大街（100013）和安慧里（100101）为主要分布区，并向周围地区延伸，占 2003 年咨询产业近 30% 的比重。

东城区同样呈现出了集聚趋势，以朝阳门北大街（100027）、建国门内大街（100005）、东四十条（100007）和王府井大街（100006）为代表的地区，出现了显著的从事咨询服务企业的集聚。早期成立的规模较大型咨询业企业大多在此选址。西城区也分布着大量的咨询企业，广安门南街（100053）、金融街（100034）、复兴门外大街（100045）、车公庄大街（100044）和宣武门西大街（100031）等地区较有代表性。

此外，海淀区依托众多的科技发展中心和各大高校及研发中心，吸引了大批的咨询企业在此集聚，主要有阜成门外大街（100037）、苏州街（100080）、中关村南大街（100081）和北三环中路（100088）等地区。

二、2012 年北京市咨询业的空间分布

2012 年北京市咨询业共分布在 190 个邮政编码区域内，比重前 20 位的区域如表 5 - 4 所示。

表 5 - 4　　　　　　2012 年北京咨询业比重最高的前 20 位邮编

排名	邮编	企业个数	占比	区域
1	100020	221	6.52%	朝阳区
2	100022	144	4.24%	朝阳区
3	100037	133	3.92%	海淀区
4	100025	118	3.48%	朝阳区
5	100027	115	3.39%	东城区
6	100029	103	3.04%	朝阳区
7	100044	100	2.95%	西城区

排名	邮编	企业个数	占比	区域
8	100080	97	2.86%	海淀区
9	100028	80	2.36%	朝阳区
10	100081	76	2.24%	海淀区
11	100005	70	2.07%	东城区
11	100101	70	2.07%	朝阳区
13	100102	65	1.92%	朝阳区
14	100083	64	1.89%	海淀区
15	100007	60	1.77%	东城区
16	100036	59	1.74%	海淀区
17	100045	57	1.68%	西城区
17	100055	57	1.68%	西城区
19	100053	53	1.56%	西城区
20	100026	52	1.53%	朝阳区

数据来源：根据《中国电信 2012 年北京大黄页》整理、计算。

从表 5 - 4 可以看出，2012 年北京市的咨询业主要分布的 20 个邮政编码地区中，有 8 个属于朝阳区，5 个属于海淀区，4 个属于西城区，3 个属于东城区。

与 2003 年相同，2012 年咨询服务业企业最密集的地区仍集中于建国门外大街、东三环北路、光华路、朝阳门外大街等地，这些地区是北京咨询服务业最活跃的地区。

2012 年咨询类企业在朝阳区的密集度明显加大，许多新兴咨询服务业企业的设立以及原有大型咨询公司向区内的迁移，使朝阳区的集聚优势更加突出，这与朝阳区的 CBD 商务中心的不断发展成熟有密不可分的关系。建国路（100022）、西大望路（100025）、京顺路（100028）等地区咨询业集聚程度及规模明显较 2003 年攀升。而建国门外大街及东三环北路（100020）、安贞里（100029）、安慧里（100101）等地区的咨询服务业企业规模与 2003 年相比，保持了平稳的增长。

类似的，海淀区 2012 年咨询服务业集聚区域有所增加，原有集聚区如阜成门外大街（100037）、苏州街（100080）、中关村南大街（100081）

仍旧保持原有规模的同时，健翔桥（100083）、阜成路（100036）成为新的集聚区域。

但是，东城区和西城区构成的中心城区的集聚优势减弱。东城区咨询服务业企业规模缩减尤为明显，原有的集聚区如王府井大街（100006）等地逐渐消失，而主要在朝阳门北大街（100027）、建国门内大街（100005）和东四十条（100007）等地区集聚。

三、北京市咨询产业空间集聚演变：2003～2012 年

对比两个时间点，可以观察到北京市咨询企业的空间布局发生了新的变化，呈现出产业集群的独特演变特征。我们将上述聚集区绘制在地图上，从而直观地反映出 10 年间咨询业空间集聚的演变态势，如图 5－1、图 5－2 所示。

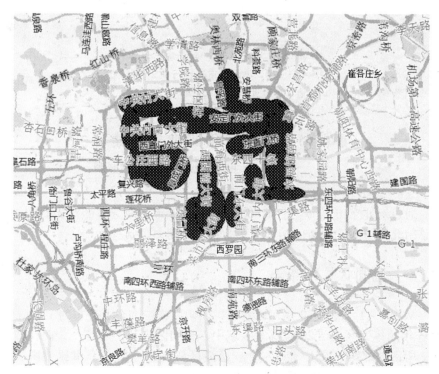

图 5－1　2003 年北京市咨询行业集聚情况

资料来源：根据《中国电信 2003 年北京大黄页》绘制而得。

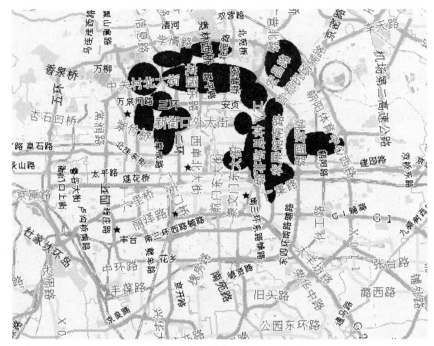

图 5 - 2 2012 年北京市咨询行业集聚情况

资料来源：根据《中国电信 2012 年北京大黄页》绘制而得。

第四节 北京市咨询业空间集群
演变的特征及动力机制

通过对北京市咨询业企业 2003 年和 2012 年空间分布的对比研究，本节总结北京市咨询业空间结构演变的特征和动力机制。

一、朝阳区优势增强

从图 5 - 1、图 5 - 2 中可以看出，朝阳区是咨询企业分布的主要载体。2003 年的集聚区的前 20 位邮编区域中，朝阳区占其中的 6 个，而在 2012 年，所占的邮编区域上升到 8 个。海淀区咨询企业所占全市比例由 2003 年的 35.30% 上升到 2012 年的 47.55%。其中，以建国门外大街（100020）、朝阳路（100022）、西大望路（100025）、安贞里（100029）

和京顺路（100028）等区域为主，出现大范围的咨询业集聚现象。

朝阳区强大的商务功能集聚了金融、餐饮、娱乐、影视等服务性产业，咨询业作为商务功能区的一部分，与其他产业相互融合，形成更大的集聚效应。随着北京开放经济的发展，CBD功能由最初的商业活动、社会活动和市民活动为主逐渐转变为金融机构、企业总部等聚集的高端商务区，进而吸引更多的咨询类企业选址于此。具体地，朝阳区咨询业集聚增强受到基础设施、商务文化、面对面效应、外部经济和政策支持五个因素的影响，如图5-3所示。

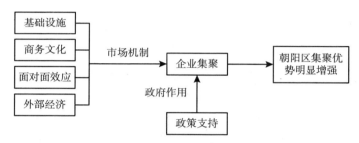

图5-3　朝阳区咨询服务业集聚增强动力机制

资料来源：自行绘制。

（一）基础设施

咨询业属于知识密集型生产活动，其竞争力很大程度上依赖人的创造力，而创造力的开发对周围的环境有一定的要求。朝阳区不仅拥有便利的交通网络、舒适的工作环境和办公设施，也提供电影院、博物馆和文化广场等大众文化硬件设施。这些优越的公共基础设施条件无疑对从事智力活动的咨询业有着很大的吸引力，促进了集群的发生。

（二）特有的国际商务文化

咨询业的集聚也是因为一种社会文化的接近，企业间形成共同的价值观、信念和默认的理解，以及非交易性的相互依赖使企业共同获益。朝阳区CBD聚集了北京市60%的涉外宾馆、80%的跨国公司总部和绝大多数外国使馆，国际化特点鲜明。同时，植根于CBD浓厚的商业文化为咨询业集群发展提供了积极的外部环境：各种购物商城、写字楼和娱乐场所随处可见，形成国际大都市所共有的发达商业文化，推动企业集群发展。

（三）面对面效应

咨询服务业企业能够提供以经验、行为或技能为载体的信息服务，这与传统的编码信息可以通过文字图形表达传播不同，咨询服务在很大程度上需要通过面对面交流来实现。朝阳区 CBD 集聚着为数众多的 500 强企业、各类金融机构、跨国公司总部以及各级政府机构，咨询企业作为社会市场中的中介服务机构，具有明显的追随服务对象的"追随效应"。世界著名咨询机构麦肯锡、普华永道等均落户于 CBD。面对面接触容易培养咨询服务提供方与客户之间的信任感，降低双方发生矛盾的可能。因此，面对面效应成为朝阳区咨询企业区位选择时考虑的一个关键因素。

（四）外部经济

随着进入该区咨询服务企业的不断增加，企业将会获得外部规模和范围经济。这主要体现在：第一，该区域有大量的相关专业化人才蓄水池，进入的企业可以很容易从集聚区所吸引的人才选出自己所需的人才；第二，朝阳中心区集中了众多国内外大型咨询业企业总部及相关机构，选择在该处的企业可以获得更多的行业信息；第三，前后向关联的企业可以通过地理位置的接近而实现互相学习，进而形成区域性行业文化，最终实现降低成本、提高效率的目的。

（五）政策支持

政策和制度环境会影响产业的发展，这也是影响咨询业集聚的因素。其中，政府的行为是主要因素。朝阳区咨询业的发展很早就受到政府的重视和引导。1993 年国务院批复的《北京城市总体规划（1991～2010 年）》中明确提出将信息咨询作为朝阳区未来发展的服务功能之一；北京市"十一五"规划提出加强高端服务聚集区建设，引导生产性服务业向重点功能区集聚，形成"基地园区化、服务外向化、产品高端化"的产业发展模式；"十二五"规划中明确指出要大力发展咨询服务业，朝阳区政府据此已经出台多种政策，从资金扶持、人才引进、财政奖励、登记注册等多方面给予入驻企业全面的政策支持。朝阳区（以 CBD 为主）地区的基础设施、政策法规和资金支持为咨询企业提供了良好的发展环境，吸引了大批咨询业企业入驻，促成了集聚的逐渐形成和壮大。

二、海淀区集聚优势稳定

对比图5-1、图5-2，可以发现2003年、2012年海淀区咨询企业所占前20位邮编中的企业总数的比重都保持在12.6%左右，集聚优势保持稳定。同时企业集群的区域分布有所扩大，由2003年的4个增加至5个。在范围扩大的同时，企业在不同集聚区域的分布趋向均衡，如占比海淀区首位的阜成门外大街（100037）由2003年的4.62%降至2012年的3.92%，位于次位的苏州街（100080）由3.58%降至2.86%。而健翔桥（100083），阜成路（100036）则由2003年的不足1%分别上升至2012年的1.89%和1.74%。由此可见，海淀区咨询业集聚展现出范围扩大、占比均衡化的特点。

海淀区集聚优势的保持得益于其独特的创新环境、充足的要素供给和相关支持产业的发展，如图5-4所示。

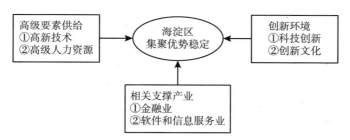

图5-4 海淀区咨询服务业集聚优势稳定的动力机制

资料来源：自行绘制。

（一）创新环境

创新环境的形成对咨询业的集群形成发展起着至关重要的作用。纪博和纳奇（Keeble and Nachum，2001）认为创新环境有助于包括咨询业在内的生产性服务业获得集聚效益，知识密集型服务业集聚区能强化这种效益。海淀区拥有知识密集的独特优势：多所高等院校、科研院所、科技园区等机构共同形成良好的创新环境。在此环境中，咨询企业之间、与其他机构之间交流合作，共享知识资源。

（二）要素供给

现代咨询业具有科技含量高、智力资本高和产业附加值高的特点。因此，企业在市场中的领先地位需要科学技术的支持。一方面，海淀区前沿信息技术的便利性和可获得性为咨询企业发展提供技术供给；另一方面，充足的高水平人力资源聚集可以满足企业的多元化、复合型人才需求。海淀区这一不可比拟的优势为咨询业集群发展注入新的活力。

（三）相关支撑产业的发展

相关支撑产业是指该产业集群的前项联系产业和后项联系产业，其发展状况与咨询业息息相关。咨询服务业与周围相关支持产业形成相互促进的企业生态簇群，产生积极的集聚效应。海淀区集聚的金融业、软件和信息服务业等传统优势生产性服务业构成了强大的咨询业支撑体系。例如，咨询业的主要集聚区苏州街（100080）、中关村南大街（100081）和健翔桥（100083）同时也是软件和信息服务业的主要集聚区域。信息服务业的快速发展为咨询业提供先进、科学的工具和载体，引导主体企业理念、运作方式和服务方式的转变，对产业集群化发展起到催化作用。

此外，咨询业集群有所扩散主要是与近年来海淀区高校、研发机构的分布扩散化有关。集聚区的知识外溢是吸引企业选址的原因之一，而产学研是否能够有效合作又将影响到集聚区的技术扩散。因此，伴随科研机构分布的扩散，咨询业集群有所分散，以保证充分利用外部正式及非正式知识。

三、中心城区优势减弱

通过图 5 - 1、图 5 - 2 的对比可以看出，与 2003 年不同，东城区、西城区北三环中路以及安定门大街周边的朝阳区等部分传统咨询业集聚区，虽仍在继续发展，但已出现了明显的缩减。

变化最为明显的城区是东城区。2003 年，在排名前 20 位邮编中，有 5 个属于东城区。2012 年，在排名前 20 位邮编中，仅有 3 个属于东城区，所占比例也由 2003 年的 25.47% 下降到 2012 年的 13.67%。西城区的咨询服务业集聚在 10 年间也发生了显著的变化。2003 年，在排名前 20 位邮编中，西城区占据 5 个席位。2012 年，减少到 4 个，所占比例也由 2003 年的 18.23%，下降到 2012 年的 14.87%。

中心城区集聚优势地位的下降主要受到商务成本、CBD 区位优势和技术变革三个因素的影响，如图 5 - 5 所示。

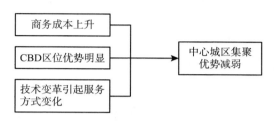

图 5 - 5　中心城区咨询服务业集聚优势减弱动力机制

资料来源：自行绘制。

首先，中心区域的办公、住宅成本日益增加，交通状况恶化，增加了企业的营运成本；其次，相比 CBD，中心城区商务功能的区位优势显著下降，随着服务对象在 CBD 的集中化，朝阳区逐渐将与之相邻中心城区的集聚优势"吸聚"过去；最后，信息技术的发展引起了咨询服务方式的变化，使许多服务功能克服地理空间的限制，远程虚拟的服务方式受到企业的青睐，减少了需要面对面的联系，城市中心吸引力因而有所减弱。

四、郊区集聚初步形成

2003 年，北京的咨询业集聚较均匀地分布在朝阳区、东城区、西城区和海淀区。而在 2012 年，咨询业在形成以朝阳区 CBD 为代表的较为成熟的集聚区域的同时，呈现出在郊区形成新集聚区的趋势。从图 3 - 2 中可以看出，宏昌路、营北路、首都机场辅路这一区域以及学清路、奥林西桥等区域成为新兴的咨询服务业集聚区。

布任丹和蒂莫西（Breandan and Timothy，2007）认为咨询业的大型服务机构在 CBD 较为集中而小型机构则在郊区逐渐增加主要是因为小型机构寻求为易接近的商业和当地客户提供标准化服务。随着交通网络的发展，郊区和中心区域的有机联系日益加强，北京市咨询业集聚区向外延展的趋势愈发明显，这里主要有三个原因：

第一，产业的科技化发展使部分咨询服务不需要频繁接触客户，或者不需要通过彼此之间"近距离"接触就能实现信息的传递和相互学习，再加上郊区成本相对低廉，企业在权衡之下渐渐向城郊发展。

第二，北京市政府高度重视服务业集聚区的建设，除了支持市区集聚区的发展，也积极引导培育咨询等服务业的郊区发展。例如，2008年北京市政府规划建立"昌平咨询业集聚试验区"，促进昌平区咨询业集群形成。

第三，部分咨询企业的市场化程度越高，追求利润的动力越强，其对区位的选择便越会注重效率，比如从集聚经济中受益、从毗邻客户中受益等，而不再简单地按行政区划和人口密度进行布局。

第五节 北京典型咨询服务企业选址区位分析

本节选取北京市的知名咨询服务企业进行分析，从更加微观的层面上进一步观测北京市咨询产业集聚态势。

一、国内外知名咨询公司北京选址分析

通过对国内外15家知名咨询公司（见表5-5）的地址、邮编进行分析，发现这15家知名咨询公司中有13家位于朝阳区，1家在海淀区，1家在东城区。由表5-5可见，朝阳区是知名咨询公司集聚程度较高的行政区。

表5-5　　　　　　　　　　国内外知名咨询公司地址及邮编

公司名称	地址	邮编
麦肯锡	北京市朝阳区光华路1号嘉里中心南楼19层	100020
埃森哲	北京市朝阳区东三环中路1号环球金融中心西楼21层	100020
波士顿管理咨询公司	北京市朝阳区建国门外大街乙12号双子座大厦东塔15层	100022
尼尔森	北京市王府井大街138号新东安市场写字楼（尼尔森楼）第1座11层	100006
科尔尼	北京建国路79号华贸中心2座26层2608室	100025
罗兰贝格	北京市朝阳区东三环北路霞光里18号佳程广场A座20层	100027
益普索	北京市朝阳区朝外大街20号联合大厦12层	100020
中国国际经济咨询有限公司	北京朝阳区新源南路6号京城大厦22层	100004
中国科学院科技政策与管理科学研究所	北京市海淀区中关村北一条15号	100190

公司名称	地址	邮编
新华信市场研究咨询有限公司	北京市朝阳区酒仙桥路 14 号兆维大厦 7～8 层	100015
零点研究咨询集团	北京市朝阳区东三环北路霞光里 18 号佳程广场 A 座 7 层 ABF 区	100027
北京敬业咨询有限公司	北京市朝阳区东三环北路 5 号发展大厦 418 室	100004
长城企业战略研究所	北京市朝阳区北辰东路 8 号北京国际会议中心东配楼二层	100101
北京和君创业咨询有限公司	北京市朝阳区慧忠路五号远大中心 B 座 10 层	100020
北京北大综合管理咨询有限公司	北京市朝阳区北四环中路 27 号盘古大观 A 座 11 层	100101

数据来源：根据网站资料自行整理。

二、四大会计师事务所北京选址分析

四大会计师事务所在北京的分布如表 5-6 所示，普华永道位于朝阳区，德勤、毕马威以及安永事务所均位于东城区东方广场附近。

表 5-6　　　　　　　　　　四大会计师事务所地址及邮编

公司名称	地址	邮编
普华永道	北京市朝阳区东三环中路 7 号财富中心 A 座 26 楼	100020
德勤	北京市东长安街 1 号东方广场东方经贸城德勤大楼 8 层	100738
毕马威	北京市东长安街 1 号东方广场东 2 座 8 层	100738
安永	北京市东长安街 1 号安永大楼 16 层	100738

数据来源：根据网站资料自行整理。

东方广场雄踞于北京市中心，坐落于东长安街 1 号之绝佳位置，占地 10 万平方米，总建筑面积达 80 万平方米，是目前亚洲最大的商业建筑群之一，是真正的北京"城中之城"。坐拥东长安街之绝佳地理位置，东方广场提供了各种完善的设施与服务，其东方经贸城拥有 8 幢甲级写字楼，现已成为不同行业的龙头公司与众多名列财富 500 强企业的汇聚地，包罗高科技、投资/证券、金融/银行、保险、会计、律师、医药、媒体、广告、奢侈品与消费品等各界精英，营造了良好的国际化商圈氛围。由于东方广场商业群中包含众多 500 强企业，受跟随效应的影响，德勤、毕马威以及安永三大会计师事务所选址于此。此外，该地区完善的配套设施也成为吸引企业在此落户的重要原因。

三、北京著名律师事务所北京选址分析

对北京市业界领先的知名律师事务所（表 5 - 7）的选址分析，发现有 5 家位于朝阳区，2 家位于西城区金融街，1 家位于东城区，1 家位于海淀区。与前述分析相吻合的是，朝阳区、东城区、西城区以及海淀区成为了律师事务所聚集的区域；其中，朝阳区仍是各律师事务所主要的集聚区域。

表 5 - 7 　　　　　　　　北京著名律师事务所地址及邮编

公司名称	地址	邮编
北京市金杜律师事务所	北京市朝阳区东三环中路 7 号北京财富中心写字楼 A 座 40 层	100020
北京市大成律师事务所	中国北京市东城区东直门南大街 3 号国华投资大厦 12 层	100007
北京市德恒律师事务所	北京西城区金融街 19 号富凯大厦 B 座 12 层	100033
北京市君泽君律师事务所	北京市西城区金融大街 9 号金融街中心南楼 6 层	100033
北京市中伦金通律师事务所	北京市建国门外大街甲 6 号 SK 大厦 36 ~ 37 层	100022
北京市君合律师事务所	建国门北大街 8 号华润大厦 20 层	100005
北京市京都律师事务所	北京市朝阳区景华南街 5 号远洋光华国际 C 座 23 层	100012
北京市炜衡律师事务所	北京市海淀区北四环西路 66 号中国技术交易所大厦 A 座 16 层	100080
北京市康达律师事务所	北京市工人体育馆院内红楼	100027

数据来源：根据网站资料自行整理。

第六节　本章小结

通过对 2003 ~ 2012 年北京市不同区域内咨询业集群的演变分析，发现城市内部咨询企业集群十年演变的主要特征与规律：（1）依托 CBD 的高端商务职能，朝阳区咨询业集聚优势显著增强，成为北京市最主要的咨

询企业聚集区；（2）海淀区凭借优越的创新环境、充足的要素供给和相关服务产业的支持，形成了集聚优势稳定、集群范围扩大的发展态势；（3）中心城区集聚优势减弱，这主要是受商务成本、CBD区位优势和技术变革的影响；（4）得益于科技、政策和市场的发展以及成本优势，咨询业集群在郊区初步形成。另外，对典型企业选址的分析可以发现，较为知名的咨询服务业企业均位于朝阳区、海淀区、东城区和西城区这四个主要城区，其中，朝阳区的集聚程度最高，与前述演变规律相吻合。

咨询业作为与大都市发展相匹配的重要生产性服务业，在地理位置上向商务区高度集聚，在其他区域受到不同因素影响而呈现出不同演变态势。咨询业集群通过独特的产业活动和与相关支持服务产业的协作，影响城市产业空间结构的演变，其自身的发展演变同城市发展相互融合。城市未来的空间结构发展也将遵循咨询业等服务业的集群发展规律。

为促进城市整体空间结构的调整和优化，咨询业集群在市场条件下不断发展演变的同时，需要政府引导和支持。相关部门一方面要根据咨询服务业的行业特性和城市内部的独特区位，对集聚区内的咨询业和其他相关产业进行统筹规划，最大限度地提高资源的空间配置效率与空间组织程度，推动咨询服务业的进一步集聚；另一方面，要比照高新技术开发区、大学科技园等的扶持政策，依据已经出台的相关政策，从人才管理、投融资政策、财税体制和科技服务体系等方面进一步完善促进咨询服务业发展的政策体系，为咨询业的发展提供全面而稳定的政策支持；同时，还要学习国内外及其他省市的先进做法，广泛借鉴有益经验，使北京的咨询业通过集聚提供高质量的专业化服务。

▌第六章▐

北京市广告业集群的
空间结构及其演变

　　广告业是指通过广告策划、设计、制作、发布、调查及效果评估等方式获取利润的产业门类。广告业是庞大且复杂的专业化社会组织的集合，它以广告为专门职能，由多种机构共同参与构成，包括从中形成经济利益以及参与到具体广告活动的各种经济主体，并不局限于广告公司。广告业与实体经济紧密联系，它的发展是一个国家或地区经济发展状况的"晴雨表"。具体到城市内部，广告业的发展水平反映了一个城市市场经济发育程度、科技进步水平、综合经济实力和社会文化素质。

　　从全国广告产业布局看，北京广告市场发达，在国内处于引领示范地位。从1979年恢复广告市场至今30多年来，北京市广告业从无到有，逐渐发展。20世纪90年代国有、集体企业的改制加速了广告业的市场化进程，21世纪以来私营广告企业数量迅猛增长，同时企业综合实力大幅提升。目前，北京市全年广告业营业额超过2000亿元，成为北京市生产性服务业的重要组成部分，也使北京市成为国内规模最大的广告市场。

　　依托首都独特的区位优势和资源禀赋，北京市广告业整体发展状况良好，规模不断扩大，集群发展态势显现，形成广告业空间结构随社会活动演变的规律。分析这种规律及背后的动力机制，将有助于推动首都广告业发展，并对辐射带动全国广告业专业化、集约化、国际化水平的提升产生深远影响。

第一节　相关文献综述

　　广告业是文化创意产业、商务服务业的重要组成部分，国内外学者对于广告业空间布局及形成机制的研究探索，大部分都立足于文化创意产业或商务服务业这两大类，并没有将广告产业独立出来。所以目前对于广告产业集群方面的研究尚处于探索阶段，还存在诸多局限性，本节仅对已有的研究做简单的回顾和评述。

从城市层面上对文化创意产业的研究最早起源于其对城市更新的重大作用（Sassen，1994；Bianchini et al.，1993）。因为文化创意产业的聚集偏好发生在大都市内城中不适于居住的地方，如旧工厂、旧仓库等，这些地方逐渐发展为城市的"新生产空间"，改变着城市原有的空间结构（Hutton，2000），并提升了旧城的价值（阮仪三，2005）。随着经济地理学的不断发展，越来越多的学者探讨文化创意产业集群形成的机理和条件，应用产业竞争模型（陈祝平等，2006；蒋三庚，2006）、共生理论（吴艳等，2006；李玉敏，2007）、城市空间区位选择理论（牛维麟等，2009；褚劲风等，2011）等，对文化创意产业的集群机制具有一定解释力。从仅仅作为一种重要的营销手段到发展成为一个相对独立的产业，广告业具有比其他文化创意产业更强的"效仿"特性，"规模化"、"国际化"一度成为广告业发展的主题，"专业化—专门化—集群化—规模化"的产业发展思路推动着广告业不断走向集群化道路（张金海等，2009），随着文化创意产业的发展壮大，其空间布局成为经济地理学家具体研究的对象，但仍然处于探索阶段。国际上对于广告业区位分布和变动的研究，主要集中于伦敦、纽约等大型广告公司的集聚地（Grabher，2001，2002），而国内对广告产业集群的研究除了采取全国视角（邓敏，2008）以外，主要集中于北京（刘建一，2009）、上海（陶纪明，2009）、深圳（李蕾蕾等，2005）等几个城市，在"广告公司—广告主—广告媒介"组成的三角博弈关系及政策、环境等因素对广告产业集群分布的影响作了详尽的阐释。另外，城市CBD集中了大量的服务业机构和完善的配套设施和优越的交通条件，是便于开展商务活动的城市核心区。因此，将广告产业集群与CBD的经济发展相结合是研究广告产业区位选择影响因素的又一重要形式（刘建一，2006）。

可以看出，现有文献对城市广告业空间布局的研究较少，对广告业集群发展和区位选择的研究也主要着眼于城市宏观层面，鲜有对城市内部不同区域广告业的集群发展态势、动力机制、功能定位等方面的细致分析。本章以北京市广告业整体为研究对象，利用mapinfo软件在电子地图上对广告企业的邮政编码进行标注，探讨的问题不仅涉及具体广告业集聚区形成的内在机理，同时也对北京市目前广告产业集群的空间分布状况及集群空间结构十年（2003～2012 年）演变的主要特征进行归纳和阐释。

第二节　广告业集聚形成与空间演变机理

广告业作为知识、科技与人才密集型行业，具有现代服务业的典型特征。广告业的发展对国家形象、社会管理、城市竞争力、企业发展和个人生活产生着深刻的影响。广告产业集群是广告产业规模化及升级的最重要形式，这种集群首先是相关经济群体在一定区域的集中，其次是完善健全的外围产业支持体系（包括大学、科研机构、政府、协会等），加之集群内的企业之间相互竞争与合作的关系，共同构成了广告业发展的关系网络。

一、广告业集聚的类型与影响因素

（一）广告业研究范围及构成要素

从仅仅作为一种重要的营销手段到发展成为一个相对独立的产业，广告业的构成要素也在不断丰富和扩展，对其内涵的理解，尤其是广告产业主体的构成至今都没有统一的定义，广告产业是广告活动发展到一定程度和一定规模而形成的完整产业链，因此广告产业的构成要素要从产业经济学的角度来阐释。从这个角度来讲，广告产业存在着广义和狭义之分，狭义的广告产业是指"以广告商为构成主体，营业收入基本来自于广告制作经营以及相关服务活动"的产业，而广义的广告产业则把广告活动作为市场的核心变量，包括从中形成经济利益以及参与到广告活动的各类经济主体，即包含了广告生产、制作、消费以及其他经济活动的市场，包括广告主、广告公司、广告下游公司和广告媒介四类主体①。

本课题将广告业的研究范围规定为广义的广告产业。广告产业集群不仅仅是相关经济主体在一定区域的集中，还包括完善的外围产业支持体系

---

① 广告主：为广告企业提供重要的客户资源，主要包括生产性企业、服务性企业、批发商、零售商、经销商、政府机构和社会团体。广告公司主要包括综合广告代理公司、专业广告代理公司、广告创意制作公司、媒介购买公司及企业专属的广告公司。广告下游公司则主要包括广告制作公司、广告调查公司、市场调查公司、咨询顾问公司、信息中介公司、广告设备公司、广告耗材及物料公司、印刷包装类公司以及为广告业服务的公司。广告媒介：为广告产品提供发布的媒体资源，使广告产业得以迅速发展的重要支撑，主要包括广播电视媒体、报刊媒体、网络媒体及户外、交通、售点等。

（包括大学、科研机构、政府、协会等），在空间集聚的基础上更加注重集群内的企业之间相互竞争与合作的关系，所有要素形成了一个关系网络，见图6-1。广告公司为委托人（即广告主）设计和制作广告方案，并代理委托人与媒体接触，媒体将广告传达给受众（即消费者），在这个过程中，广告主需要购买媒体的时间和版面，委托广告公司或下游公司进行代理或配套外围服务；广告公司和广告下游公司承接服务获得营业收入或佣金；媒体则需要不断增加广告收入以扩大再生产，以吸引更多的受众。广告业的四个构成要素"广告主—广告公司—广告下游公司—媒介"构成了明显的分工、服务、合作和竞争的相互依存关系，形成广告产业的核心部分，也是广告产业得以集聚的分工前提。四个构成要素的后三部分主要为企业客户服务，因此广告产业成为生产性服务业中商务服务业的重要组成部分，而随着广告产业的不断升级，"广告人"更加偏重于策划、创意、市场研究和意义表达等方面，从这个角度而言，广告产业同时具有文化创意产业的色彩。

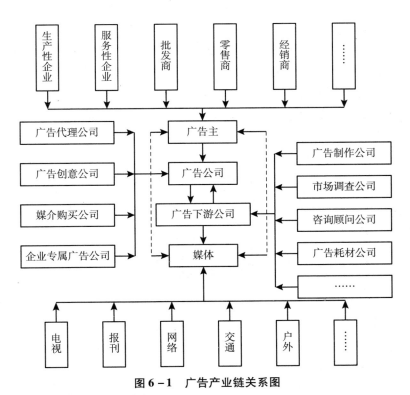

图6-1　广告产业链关系图

资料来源：根据有关资料绘制。

（二）广告业集群的层次与影响因素

广告业集聚形成的空间组织，根据其自身规模、功能定位及政策导向的不同，在不同的地域分布中呈现出明显"分层集聚"的特征。在"跨国"层面，产业集聚主要依赖于外资，中国加入世界贸易组织时签订的协议，允许外资在中国建立独自的广告公司，更多的外国广告公司倾向于在北京设立办事处、独资公司或合资公司，以获得与中国企业合作的更好机会、占领中国巨大的需求市场，例如外商4A级广告公司在朝阳区的聚集，所有的4A级广告公司都是规模较大的综合性跨国广告代理公司，如奥美、达彼思、天联、李奥贝纳等；在"国家"层面，国家范围内的广告产业集聚得益于一国对于支柱产业（广告业或文化创意产业）发展战略的制定，例如北京国家广告产业园区，这类产业园区更注重全国范围内的机构及企业之间的互动和协作；"城市"层面的广告产业集群重在展示城市的文化特色，多定位于大都市内部的机构与企业的互动和协作；"社区"意义上的广告产业集群，是广告产业集群中最小的"细胞"，它往往与城市居民的生活密切相关，客户群体和功能定位会更加狭窄。不同层次的广告企业几乎涵盖了所有的广告企业形态，这些企业形态往往以核心机构或者企业为中心，展开沿价值链上下游的垂直合作以及水平方向的合作，形成广告产业集群发展特有的形式——"轮轴式产业集群"。不同层次的广告产业集聚见表6-1。

表6-1 不同层次的广告产业集聚

集聚类型	功能定位	政策倾斜	举例
跨国层面	与中国企业合作的更好机会及中国巨大的需求市场	外资政策、WTO等国家组织相关政策	外商4A级广告公司国际传媒公司
国家层面	国家范围内的机构及企业之间的互动合作	一国对于支柱产业（广告业或文化创意产业）发展战略的制定	国家广告产业园区中央电视台
城市层面	展示城市文化特色，定位于大都市内部的机构与企业的互动合作	城市发展政策的扶持	北京电视台
社区层面	与居民生活密切相关，注重与行政区划或某一特殊区域内企业的合作	属地化的政策支持	众多小型广告公司

二、广告产业集聚的空间结构与形成演变机理

（一）广告业集聚空间结构含义

广告产业集聚的空间结构是指整个广告产业价值链中各个子系统、各要素之间的空间组织关系，包括要素在空间中的相互位置、相互关联、集聚程度和集聚规模。广告产业集群的空间结构更加注重集群主体间的接近性，形成生产者之间的产业联系和空间联系，这种接近性不仅仅指地理接近性，还包括社会接近性和行业接近性，其中最重要的是行业接近性，即企业主体处于相同或相近生产领域的特征。企业可以利用相似的工艺生产相同的产品，呈现一种横向的竞争关系，也可以位于整个广告产业价值链的不同阶段，表现出一种相互合作的纵向关系，多样性主体相互联系结网而存，就如同生存于同一个生态系统中并居于同一食物链的生物群落一样。

地理上的接近使广告产业主体之间形成紧密的产业联系，广告主与广告公司之间、广告公司与咨询调研等下游公司之间、广告主与媒体之间、广告公司与媒体之间的联系将广告产业的生产、流通和消费等环节联系了起来，"广告主—广告公司—广告下游公司—媒介"组成的复杂的竞争及协作关系以及各自可能到达的地理空间范围共同发挥作用，形成广告公司区位选择、空间流动的作用机制。如此紧密且复杂的产业联系使广告产业生产者网络的空间指向变得异常明朗，从而形成广告业集群错综复杂的空间结构，广告产业的空间布局呈现出了明显的区位特征，大型广告公司对大都市中心区内大型生产企业及大型媒体的追随、中小型广告企业对中小型生产企业的追随都或多或少体现出广告产业集群空间结构形成的趋势，即广告主和广告媒体是广告市场的重要支撑体系，他们是广告公司和下游公司的重要客户资源和媒体资源，广告产业集群可以选择广告主或广告媒体相对集中的区域，也可以根据自身的其他特性选择相对独立的区域，而仅在该区域设立办事处。任何一类主体的实力和地理空间位置的变化都对一个城市广告产业集聚的空间格局造成影响。

（二）广告产业集聚的形成与类型

从时间和空间两个维度来看，广告产业集群的空间结构亦是随着一个城市的社会经济活动发展而不断发展、变化。广告产业集群的起步较晚，

真正意义上的高速发展只有近三十年的时间，同时具有比其他生产性服务业更强的"效仿"特性，"西学东渐"、"国际化"、"规模化"等一度成为广告业的主题。随着跨国公司的进入以及本土广告公司对国外先进发展模式的效仿，广告产业走向了集群化发展的道路。当广告产业处于影响力高峰期时，往往会选择地产价格更高的区域，以获得"影响力期货"，对广告产业相关的产业链其他环节而言，选择跟随和聚集是一种最优的选择，与产业链上关键主体的地理距离的接近意味着拥有更多的机会。

广告产业的各个要素有着不同的功能分工，广告主在产生广告需求的同时，也有部分可以自行实施广告策划、设计、制作等业务；而广告公司则专门实施广告策划、设计、制作等业务，同时又具有为媒体代理等功能；广告下游公司则为广告制作提供辅助性服务，广告媒介则是广告面向消费者的中介。不同类型广告企业的不同功能形成了它们对要素的不同诉求，而不同的诉求又导致了广告产业集群的空间分布，同时形成了几种不同形式的广告产业集群类型：

1. 广告主主导型，该集群的广告公司一般追随制造业和商贸企业等广告主形成集群，为广告主实施广告策划、设计、制作等业务。广告公司的发展十分重视与客户建立的更加紧密和长期的合作关系，"贴身服务"往往是大型、国际、成熟的专业广告公司的区位决策依据，与广告主临近成为诸多广告公司区位选择的重要原则。

2. 媒体依赖型，在媒体周边的广告公司通常是媒体代理型广告公司，受媒体委托销售版面、时段、户外广告牌等产品，某些强势媒体如电视台、报社、网络等附近都会有一些媒体代理型广告公司聚集。

3. 产业关联型，严格来讲，前两种集群类型也属于一种产业关联型集群，但是这部分的产业关联更多的是强调广告业内部分工的高度细化，广告产业产业链的垂直分离联系、广告产业四大构成要素之间的博弈关系均可形成独特的集群形态，在这种集群类型中，产业链是重要的集群因素。

4. 其他类型，以上三种是广告产业集群的最主要类型，但由于各个广告企业的诉求不同，其选址的原因也各不相同，例如有些广告企业对于地价、交易成本等特别敏感，有些广告企业则比较看重周边环境、形象和声誉等，也有广告企业重视社会关系的建立，以此形成了广告产业集群的其他类型。

（三）广告产业集聚的演变趋势

广告产业是一个内部分工相当细致，同时又与相关媒体和设计、设备等服务提供商和配套产业共同构成的弹性生产体系，广告产业在不同地域内的集群分布是多种因素共同作用的结果，经济主体在地理空间上动态流动时会表现出暂时的平衡，而当广告产业处于明显的扩张期，原有区域的空间及其他条件便有所束缚（比如地价和租金），广告企业就会寻求迁往新的区域，这便会形成广告产业集群的演变。这种演变规律与广告产业经济活动密切相关，集中表现为广告公司结构的调整和业务的调整两个方面：

1. 广告公司的结构调整是指近年来外企和中外合资性质的广告公司、民营性质的广告公司不断增加，其中外企和中外合资性质的广告公司更多的是为国际著名企业或者国内著名企业服务，而民营性质的广告公司则一般为地区性企业服务。这种结构的不断调整引起了广告产业集群区域的演变，因为经营国际品牌广告的外企广告公司普遍倾向于在具有外国使馆和商务活动中心位置的 CBD 设置公司总部，这些公司对周边企业的形象和声誉考虑的比较多，而民营广告公司则会分散于城市较小规模的商务活动中心。

2. 广告公司的业务调整是指广告公司表现出来的业务专门化和业务延伸化的趋势。业务专门化是很多广告公司由综合性的广告公司逐渐转向专业公司，这些专业公司会根据自己的业务内容选择追随客户还是追随媒体或是追随其他要素，而业务延伸化则是指广告公司不仅帮助企业策划广告还帮助企业策划营销，这使得广告公司在区位选择上需要考虑的因素更多。广告公司的整体结构调整和业务调整使得广告公司对于各种要素的诉求不断发生变化，经济主体在地理空间上呈现出"平衡—再平衡"的动态流动态势。

第三节　北京市广告业集群空间分布及演变

本节使用 mapinfo 软件将北京市所有广告企业所在邮编区域在地图上找到相应位置，将每一个企业在地图上标记成点，通过地图上的点分布分析广告业的集群空间分布及演变。数据主要来自《中国电信 2003 年北京大黄页》及《中国电信 2012 年北京大黄页》，对于没有给出的企业地址，通过网络查询、电话咨询等多手段加以补充，并进一步统计和整理。由于2010 年北京城八区合并为城六区，为了统一统计口径，本节把原东城区和崇文区加总的数据作为 2003 年东城区数据，原西城区和宣武区加总数据作为 2003 年西城区数据。

一、2003 年北京市广告产业的空间分布

2003 年北京市广告业共分布在 128 个邮政编码区域内，比重前 15 位的区域如表 6-2 所示。

表 6-2   **2003 年北京广告业占比前 15 位邮编**

排名	邮编	企业个数	占比	区域
1	100029	97	7.44%	朝阳区
2	100020	84	6.44%	朝阳区
3	100027	51	3.91%	东城区
4	100011	41	3.14%	东城区
5	100013	39	2.99%	东城区
6	100088	39	2.99%	海淀区
7	100022	36	2.76%	朝阳区
8	100086	35	2.68%	海淀区
9	100044	34	2.61%	西城区
10	100089	34	2.61%	海淀区
11	100036	32	2.45%	海淀区
12	100137	31	2.38%	海淀区
13	100101	30	2.30%	朝阳区
14	100005	29	2.22%	东城区
15	100025	29	2.22%	朝阳区

数据来源：根据《中国电信 2003 年北京大黄页》整理、计算。

从统计表格 6-2 可以看出，北京市 2003 年的广告业主要分布的 15 个邮政编码中，有 5 个属于朝阳区，5 个属于海淀区，4 个属于东城区，1 个属于西城区。这说明朝阳区、海淀区和东城区是 2003 年北京市广告企业的主要集聚区。

朝阳区是北京市广告业集群最明显的一个区域，2003 年随着朝阳区 CBD 商务中心的崛起，广告业的集聚效应开始初步形成。其中建国门外大街（100020）、八里庄（100025）、延静里（100025）、安慧里（100101）为主要分布区，并向周围地区延伸，占 2003 年广告产业近 30% 的比重。其中广告业集聚最密集的区域是 100029，该区域企业主要集中于北三环中路、安定路、裕民路和惠新西街等地，是北京文化产业发展较早较快的地

区，也是北京市经济比较繁荣的地域之一。

海淀区同样集中分布着大部分的广告企业，依托区内的科技发展中心和各大高校及研发中心，吸引了大批的广告企业在此集聚，代表性区域有北三环西路（100086）、北洼路（100089）、复兴路（100036）、百万庄大街（100037）等地区。东城区也同样呈现出了集聚趋势，以朝阳门北大街（100027）、安定门外大街（100011）、和平里（100013）、建国门内大街（100005）等地区为代表，20 世纪 90 年代起成立的规模较大的广告业企业大多集聚于此。此外，西城区的广告产业集聚相对较少，其中车公庄大街（100044）及西直门大街（100044）地区较有代表性。

二、2012 年北京市广告产业的空间分布

2012 年北京市广告业共分布在 121 个邮政编码区域内，比重前 15 位的区域如表 6 – 3 所示。

表 6 – 3　　　　　　　　2012 年北京广告业占比前 15 位邮编

排名	邮编	企业个数	占比	区域
1	100022	86	8.47%	朝阳区
2	100025	48	4.72%	朝阳区
3	100020	47	4.63%	朝阳区
4	100029	47	4.63%	朝阳区
5	100101	39	3.84%	朝阳区
6	100007	32	3.15%	东城区
7	100011	31	3.05%	东城区
8	100102	29	2.86%	朝阳区
9	100028	24	2.36%	朝阳区
10	100026	22	2.17%	朝阳区
11	100089	20	1.97%	海淀区
12	100062	20	1.97%	东城区
13	100021	19	1.87%	朝阳区
14	100004	17	1.68%	朝阳区
15	100086	17	1.67%	海淀区

数据来源：根据《中国电信 2012 年北京大黄页》整理、计算。

由表 6 – 3 可以看出，2012 年北京市的广告业主要分布的 15 个邮政编

码地区中，有 10 个属于朝阳区，3 个属于东城区，2 个属于海淀区。

相比 2003 年，2012 年的广告业形成了十分明显的以朝阳区为主的集聚趋势。广告企业最密集的地区变成朝阳区的 100022，主要以建国路、东三环中路和百子湾路为主，形成典型的集聚区，表现为新兴广告企业在此设立及原有大型广告公司迁移至此。这与朝阳区的 CBD 商务中心的不断发展成熟有着密不可分的关系。建国路（100022）、朝阳路（100025）、东大桥路及光华路（100020）等地区广告业集聚程度及规模较 2003 年明显攀升。而安定路及北四环中路（100029），北苑路及安慧里（100101）等地区的广告企业规模与 2003 年相比保持了平稳的增长。东城区及海淀区的广告企业规模明显缩减，安定门外大街（100011）、东四十条（100007）和紫竹院（100089）等地区仍有较为明显的集聚。

三、北京市广告产业空间集聚演变：2003～2012 年

对比两个时间点，我们很容易看出诸多变化，而这些变化构成了北京市广告业空间集聚的演变特征。我们将上述聚集区绘制在了地图上，图 6-2、图 6-3 的对比反映出 10 年间广告业空间集聚的演变情况。

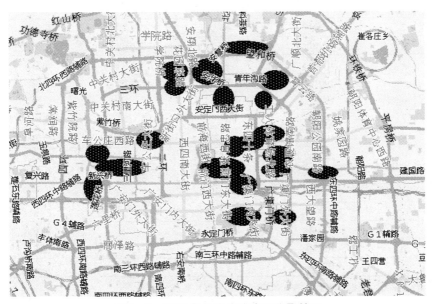

图 6-2　2003 年北京市广告业集聚情况

资料来源：根据《中国电信 2003 年北京大黄页》绘制而得。

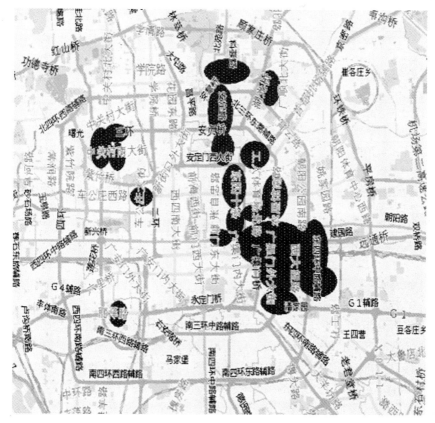

图 6 – 3　2012 年北京市广告业集聚情况

资料来源：根据《中国电信 2012 年北京大黄页》绘制而得。

　　进而，为了进一步分析北京市集聚演变的特征，我们整理了北京前十五大广告公司的地理分布，见表 6 – 4。

表 6 – 4　　　　　　　　　　北京前十五大广告公司地理位置

公司名称	地址	邮编
奥美广告公司（O&M）	通州区施园村 258	101113
中视金桥广告公司	海淀区阜成路 58 号	100037
梅高广告公司	朝阳区东环南路 2 号	100022
电通广告公司	东城区北三环东路 36 号	100013
李奥贝纳广告公司	朝阳区东三环北路 1 号	100027

公司名称	地址	邮编
北京未来广告公司	朝阳区建国路甲 92 号	100022
灵智精实（Euro RSCG）	朝阳区五里桥二街 1 号院	100024
互通国际广告公司	海淀区西直门外大街 168 号	101113
达彼思广告公司	朝阳区呼家楼京广中心	100020
观唐广告公司	西城区阜外北营房东里 13 号院	100037
中航文化股份有限公司	朝阳区南郎家园 18 号	100022
实力阳光传媒广告公司	朝阳区南三环中路 67 号院	100022
北京盟诺文化传播公司	海淀区万寿路南太平路 23 号	100036
北京五洲佳世传媒公司	朝阳区东三环中路建外 SOHO	100022
宣亚北京国际传播集团	朝阳区建国路甲 92 号世茂大厦	100022

资料来源：自行整理。

如表 6-4 所示，北京前 15 大广告业公司中，有 10 家位于朝阳区，3家位于海淀区，1 家位于东城区，1 家位于西城区，1 家位于通州区。这与之前所分析的北京市广告业企业主要集中于朝阳区的结论相契合。与此同时，海淀区的广告业也延续了优势，持续发展。而西城区的广告业却在逐渐衰退，部分旧广告公司已经向外迁移。由于广告业的特殊性，依赖于信息媒体，对面对面交流的要求较少，因而部分公司为了减少租金成本，也开始向郊区发展，通州区的广告公司的产生恰好说明了这一点。而且朝阳区的很多广告公司是近期迁入的，如宣亚国际传播集团的北京公司等，为了进一步扩展业务规模、更好地利用信息外溢效应、与其他相关产业更好地合作而相继进驻。海淀区高校及人才的聚集，成为海淀区广告业持续发展的重要因素，以海淀区的盟诺文化传播公司为例，该公司主要从事图书排版、画册设计、编辑出版、个人出版、书号申请等业务，各大高校是其主要客户。

第四节　北京市广告业空间集群演变的特征及动力机制

通过图 6-2、图 6-3 的对比，我们可以分析得出，北京广告业的空间布局及演变主要呈现以下特征：

一、各大广告企业纷纷向朝阳区集聚

通过对比可以看出，2003 年的集聚区的前 15 位邮编中，朝阳区虽然企业数目较多，但也只包括其中的 5 个集聚区，而东城区占有和朝阳区相近的比例，北京的广告业集群在朝阳区、东城区、海淀区分布较为均匀。在 2012 年，东城区的集聚区开始缩减到只有 2 个，而朝阳区一跃达到 10 个，并且囊括企业比重排名前五的邮编区域。朝阳区逐渐形成了以朝阳 CBD 为代表的规模庞大、功能完善、门类齐全的服务业体系，也产生了较为成熟的广告业集群区域。

典型的，建国路（100022）、广渠门外大街（100022）、朝阳路（100025）、八里庄（100025）周边的集聚最为明显，出现大面积的产业集聚区域。朝阳区不但拥有 CBD 中央商务区，还是 159 个大使馆以及世界银行等在中国的办公地，同时聚集了全国 70% 的外资银行，并拥有人民日报、凤凰卫视以及 90% 的驻京新闻机构（宋泓明，2007），是跨国及本地高端咨询业的聚集地，同时是高端广告公司的集聚地，中央电视台和北京电视台的迁入，为朝阳区广告产业的发展又增加了一股强劲动力，形成并带动了一个庞大的广告产业链，成为全市广告企业数量最多的区域。目前在朝阳区注册纳税的广告企业占全市总量的 1/3 以上。此外，国家级广告产业园区坐落于此，园区内 45 家广告企业 2011 年实现了年收入过亿元。按照规划，北京国家广告产业园区将以"功能带动，产业集群"为发展模式，引导产业龙头企业向园区聚集，力争"十二五"末园区年产值超过 500 亿元[①]。

以朝阳 CBD 内广告业为典型代表，描述广告产业集群形成的状态及所需要的外部条件。CBD 以发展现代服务业为目的，重点吸引跨国公司和地区总部，其中传媒产业在 CBD 中占据着主导地位，近年来，CBD 区内的广告业借助各种优势条件实现了快速发展。据统计，朝阳区 195 家具有规模的广告公司中有 130 家落户 CBD，约占 67%，并且随着中央电视台、北京电视台的正式东迁，形成并带动了一个庞大的广告产业链，与之相关的数以万计的上下游企业及传媒公司纷纷追随。

总体来说，CBD 广告产业集群区中囊括了广告产业链中的所有要素和

---

① 《北京国家广告产业园区开园》，中国新闻出版网，2012 年 6 月 8 日。

所有的企业形态，按照广告产业链来分，CBD 所聚集的企业形态包括：
（1）广告主。CBD 是国际金融企业总部的所在地，2004 年，CBD 区域内国际金融企业总部仅有 2 家，但目前沃尔沃企业金融（中国）有限公司、GE 消费金融集团等 12 家国际金融企业总部均落户于此，新韩银行、友利银行（中国）有限公司、德意志银行 3 家外资法人银行入驻，同时 CBD 还聚集了国际四大证券交易所、国际三大再保险公司及两家在国际金融市场广泛认可的信用评级机构；同时众多 500 强企业总部也在此聚集，目前已达到近 120 家，是我国目前 500 强企业集聚最多的地区之一，强大的客户需求成为广告产业在此集群的物质前提。（2）广告公司。CBD 的广告公司的数量可多达 330 家，涵盖国有企业、集体企业、股份合作企业、国有独资企业、有限责任公司、港澳台独资、中外合资等各种形式的投资主体（以有限责任公司为主）以及广告代理公司、广告制作公司、广告咨询公司、市场调研公司、媒体购买公司等各种业务类型的公司（以媒体代理及媒体型公司为主），其中在北京的 4A 级广告公司几乎都选择了 CBD 及其周边地区落户，如奥美、李奥贝纳、麦肯光明等规模较大的综合性跨国广告代理公司。（3）广告媒介。广告消费得以实现的手段——媒体也以各种形式在 CBD 内集聚。其中，平面媒体在 CBD 有 27 家，《人民日报》、《北京青年报》、《环球时报》、《中国时装杂志》等是其中具有较大影响力的报社和杂志编辑部；同时，还聚集有已进入中国的 167 家国际新闻机构，包括 CNN、VOA、BBC、《华尔街日报》等著名国际传媒机构，在国内传媒行业处于前列的北京广播影视集团总部、北京人民广播电台、中央电视台、北京电视台新址、凤凰卫视等①。另外，CBD 内还聚集了将近 40 家网络公司。传媒企业的聚集使得围绕这些机构从事生产加工及服务的上下游企业不断跟进，形成强大的规模效应及广告产业链。（4）北京国家广告产业园。2011 年 11 月 21 日，国家工商总局与北京市政府正式签署《关于推进首都广告业发展的战略合作协议》，国家工商总局全力支持北京市建设国家广告产业园区②。北京国家广告产业园区位于 CBD 内北京电视台新址南侧 200 米，其一期建筑将主要承载广告要素交易平台、一站式政府服务大厅等功能，二期为国家广告博物馆量身打造，将主要承载公益广告平台，三期将以影视拍摄、制作基地的形式实施建设，在空间上满足广告行业需求。目前，二期工程正在实施中，这是广告产业集群发展迈出的重

---

① 北京商务中心区网站：http：//www. bjcbd. gov. cn/.
② 国家工商总局门户网站：www. saic. gov. cn. 2012 年 7 月 10 日。

要一步。

CBD 内广告产业形成良好集群态势得益于以下几个因素，见图 6 - 4：

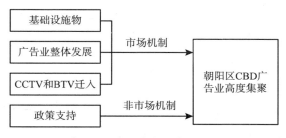

图 6 - 4　朝阳区 CBD 广告业高度集聚动力机制

1. 基础设施条件优越。第一，适合企业入驻的城区建设为广告企业的进入提供了良好的外部条件，大量的高档酒店和职能写字楼为广告产业的发展提供了优质的服务保障；第二，强大的市场资源，国际金融企业和 500 强企业的入驻为广告产业的集群提供了物质基础，企业集约办公的同时，也便于媒体采访、交流，从而吸引更多的广告媒介、中介服务商落户 CBD；第三，CBD 东起大望路、西至东大桥路、南临通惠河、北到朝阳路，周围交通便利且交通设施完善；第四，CBD 区域内还拥有诸多高等教育机构，如传媒大学、首都经贸等，这不仅可以直接向 CBD 输出高端人才，也为企业进行培训和创新提供便利。

2. 北京广告业的整体发展。北京市广告业整体发展是 CBD 广告产业集群加强的有力保障。尤其是 2008 年奥运会，很大程度上刺激了北京市广告产业的持续增长。朝阳区作为奥运会比赛场馆集中的地区（37 座中的 12 座），电视转播、报纸报道、网络传播及商务活动都主要在 CBD 内进行，这使得 CBD 具有更加浓郁的国际氛围，无形之中推动了国际知名广告企业的入驻。

3. 中央电视台和北京电视台的迁入。2008 年中央电视台（CCTV）和北京电视台（BTV）的迁入，使得大批与这两家电视台有业务联系的广告公司也随之迁入，从广告代理、节目制作、硬件及技术研究等各个环节广泛开展协作。据统计，目前以中央电视台和北京电视台为中心的下游企业就有 12000 多家，其中大多数跟随它们落脚 CBD，这两大电视机构带动了大量的电视制作公司、数字技术公司、设备租赁公司、节目发行公司、广告代理公司以及咨询公司等中小型专业服务企业相继入驻。

4. 政策支持。北京 CBD 管委会联合 CBD 区域及周边的 30 家驻京内外资知名文化创意企业共同发起和成立了北京 CBD 传媒产业商会，这为充分发挥 CBD 广告产业的优势及广告产业的持续健康发展提供了保障。同时北京市《关于促进北京市广告业发展的意见》、《关于推进首都广告产业发展的战略合作协议》等政策的出台也对 CBD 广告产业的发展起到了推动作用。

二、海淀区（中关村区域）新兴集聚区继续发展

2003 年的广告业在海淀区的集聚主要位于车公庄、三里河路周边，中关村区域并不明显，而在 2012 年，中关村区域形成了大规模的集聚。中关村坐落于北京市众多高校、研究机构的包围之中，是北京市的科学研究中心区域，对各行各业的发展有着巨大影响。自 2003 年起，在中关村已经出现了广告业集聚的征兆，但并不明显，而到了 2012 年，中关村形成了较大规模的广告业集聚区，这些广告业集聚区一般依托创意产业园区存在，海淀区目前已拥有的众多文化创意产业园区，大部分位于中关村附近，如：中关村软件园、中关村东升科技园、中关村创意产业先导基地、清华科技园等。它和朝阳区的 CBD 金融集群中心相互辉映，并彼此连接，构成了以它们为端点的城北集群脉络。

中关村附近文化创意产业园区的发展都依托中关村的独特区位优势。中关村作为全国第一个高新技术产业试验区，在不断的发展中不仅积累了技术和制度创新的基础，而且以雄厚的科技和文化资源为发展广告等创意产业提供了良好的条件。同时，中关村附近科研院所、高校的云集，为创意产业基地的发展提供了人才和研发供给，国家的政策支持使得产业基地得以着手实施，值得一提的是，中关村计算机、软件业的空前发达为以网络为重点的新媒体产业的集群和发展创造了良好的机会。

除了依托中关村的独特区位优势，清华科技园区文化创意产业集聚区还有着自身发展的独特优势。清华科技园文化创意产业集聚区包括位于清华大学东门外的清华科技园主园区以及位于海淀区闵庄路 3 号的玉泉慧谷园区，园区建于 1994 年，并于 2008 年被认定为北京市文化创意产业集聚区①。园区定位于以文化创意产业综合孵化器和专业新媒体孵化器为核心

---

① 清华科技园文化创意产业集聚区，中国经济网，2011 年 2 月 14 日。

的国际化文化创意产业聚集区以及专业新媒体基地，文化创意类产业主要以软件、网络、计算机服务、数字出版、新媒体、动漫网游、创意设计等为主导产业，尤其以新媒体产业为特色产业。该集聚区以清华大学为母体和依托，清华大学对清华科技园的支持不仅表现在人才和研发方面，还表现在空间支持、组织支持和资金支持等，其中空间支持指在中关村科技园区核心区土地资源极其宝贵的状况下，清华大学专门把东门外的发展预留用地作为清华科技园的主体区，同时以清华大学的名义积极协调在园区开发建设过程中出现的各种校内外问题；组织支持是指清华大学和政府领导共同建立相关职能部门，对清华科技园的发展给予宏观指导；资金支持则指清华大学不但在初期支持清华科技园的启动，而且在园区发展的关键时期注入了一笔高额投资。

三、传统集聚区的迁移和衰退

通过图6-3我们可以看出，与2003年相比，2012年东城区、海淀区、北三环中路及安定门大街周边的朝阳区等部分传统广告业集聚区，虽仍在继续发展，但已出现了明显的缩减和部分地区的迁移。

海淀区2003年排名前15位的邮编占5个，而到了12年只剩下2个，并且所占企业数目比重不是很大。具体来讲，2003年集聚明显的车公庄（100037）、三里河路（100037）在2012年已经逐渐消失；2003年集聚于三里河路（100044）、莲花桥（100036）的传统广告业，已经随着经济发展和科技进步，开始向中关村（100089）迁移，并形成了初具规模的集聚形式。作为经济依赖性较强的广告业，这显然与中关村的人文和地理优势密不可分。

同样的情况也出现在东城区，二环中心的广告业集聚区逐渐消失，部分向二环周边的东四十条地区迁移，大多为传统的广告园区，东城区内部王府井大街（100005）周边的集聚区域也开始明显减少，不断上涨的租金和交通压力成为其衰退和迁移的主要原因。

四、远郊广告产业集群初步形成

在图6-3中，丰台区开始出现了之前所未曾有过的广告业的集群现象，以丽华路（100079）周边为典型代表，这可能是该地区本身的发展导致广告需求量增加以及核心区域地租不断上升的结果。随着广告产业在北京市的蓬勃发展，丰台区广告业也在飞速成长，以服装设计展示为主要内容的大红门时尚创意产业集聚区和以历史文化为核心的卢沟桥文化创意产业集聚区均已获批市级文化创意产业集聚区。

第五节　本章小结

北京市广告业企业 2003～2012 年空间分布格局研究表明，北京市广告产业集群态势已相当明显，其空间结构的演变呈现出以下几种规律：（1）朝阳区逐渐形成了以朝阳区 CBD 为代表的规模庞大、功能完善、门类齐全的服务业体系，也产生了较为成熟的广告业集聚区域，并初步形成国家广告产业园区这种集群形式；（2）由于广告投放形式的发展，海淀区（中关村区域）逐渐形成以新媒体产业为主导的广告业集群；（3）部分传统集聚区逐渐消逝；（4）远郊广告产业集群初见形成。

研究表明，大部分集聚区并还没有形成像其他生产性服务业一样的大的产业园区或者组团，产业集群所具有的资源集约、人才集约、市场集约、信息集约等效应在广告产业集群中并没有完全发挥，系统、规范的广告产业集群管理模式并未产生。广告产业园区规划建设的成败关键在于能否适应现阶段广告产业链的发展趋势，能否促进广告产业链创新环节的良性聚集，使广告产业集群的效应充分发挥。为此，一方面要理性选择广告园区的定位和发展模式，在建立广告产业园区时要明确是单纯为了争"国家级"的头衔，还是打造自身的园区特色，要分析是发展客户导向型，还是资源依托型、产业基地依托型园区，不能违背市场规律，一哄而上；另一方面要加强广告产业集群区的品牌建设，发展专业化的广告公司，以扭转广告公司在广告主和广告媒介面前表现出来的弱势状态，使产业链各要素处于平等的竞争和合作地位。同时还要推动集群区内的企业与市场需求对接，打造集广告产业信息发布平台、广告企业资源深度合作平台以及广告项目招商合作平台于一体的综合信息网。通过不断的创新来满足客户不断变化的需求，提升广告产业集群的创意性与科技含量，使广告产业的聚集实现从静态聚集经济效益向有利于技术、知识创新和扩散的动态聚集经济效益的全面升级。

第七章

北京市科研业集群的空间结构及其演变[①]

科研业是一种向客户或社会提供具有一定知识水准的科学研究和技术服务的行业。依据 GB/T4754 - 94《国民经济行业分类》，科研业属于生产性服务业六大类行业之一，涵盖了科学研究、专业技术服务、科技交流与推广、地质勘查服务等。科研业是现代城市不可或缺的行业，其发达与否直接影响着城市的持续健康发展和竞争力的提升。在不断发展的过程中，科研业对区位的选择表现出不同偏好，在城市内部表现为向具有经济发达、人力资源密集等区位优势的区域集聚的倾向，呈现出产业集群发展的态势。

北京作为全国的政治、经济、文化中心，具有全国最大的高校和科研机构群，承担着全国大份额的科研项目，在中国的科研行业发展中占据着重要地位。作为知识性产业，科研行业更有利于发挥集聚效应，促进技术进步。因此，研究北京市科研行业的集聚与布局，具有很重要的现实意义。

第一节　相关文献综述

有关科研业集聚发展研究的文献主要集中在集聚原因上。集聚区内的不同主体在一定程度上形成相互协作关系，这种协作关系逐渐促成科研行业的集聚。赫楠（2006）建立了"战略—组织/行为—影响"的基本分析框架，研究表明，在战略层面，可以根据对不同战略目标的重视程度将我

[①] 本章观点及主要内容已经整理为此课题阶段性成果《北京科研行业的集聚发展与空间布局》一文发表在《海内海外》杂志 2013 年第 6 期和第 7 期（上）。

国的联合研发机构分为物质支持型、知识资源型、综合型和社会资产型，大学合作方的部分结构性特征对于联合研发机构的战略选择具有显著影响，在行为和组织层面，机构的主要行为包括在跨国公司的物质支持和合作下，开展基础研究和教学活动、联合培养研究生、开展技术培训等，知识产权交易和营利性合作行为还很少见；伊斯卡斯（1996）发现从周边大学传递到医院的新的医疗技术显著影响了手术技术的采用，减少了不确定性，增加了效率，由此提出技术和知识的共享对集群发展有重要影响；政府的决策行为又通常是"规划建设型"大学城形成的主要因素，何涛舟（2009）通过对比中国和日本大学城的发展，发现日本的筑波大学城就是在日本当地政府的决策下进行的整体搬迁，中国的大学城的建设基本上都是源于政府行为，即总体规划和大学城所在区（县）政府优惠条件共同作用的结果，如上海松江大学城、广州大学城等。

　　学者对于科研业集聚研究的区域重心以发达经济体为主。欧雪银（2007）指出美国的硅谷、台湾的新竹等广义大学城成功地产生了集聚经济效应，得出大学城集聚经济主要有合作创新机制、风险投资机制、自组织机制及人力资本机制的结论。范硕等（2011）分析了韩国创新体系经历的不同阶段，在政府引导阶段，韩国的政策核心是政府主导的技术引进和生产设备的进口，并通过建立研究机构帮助企业学习技术的应用。有关我国科研业集聚的研究文献较少，胡蓉（2006）认为资源共享往往是科研行业集聚的直接目的，提出"资源共享"是贯穿我国大学城建设和发展始终的灵魂。

　　综上，目前研究大多从科研业微观主体分析影响集群形成的因素，缺乏对科研业在城市内部不同区域的空间结构演变的探讨，而且也较少有对科研集群特征和动力机制的深入研究。北京市科研水平居全国领先地位，科研业发展迅速，其产业集群有自身独特的规律。本章以北京市科研集群为研究对象，利用电子地图对全市所有的科研企业进行定位，分析2003～2012年科研业集群的空间分布变迁，探讨其演变规律，既从微观地理区位上把握科研业集群布局，又从整体上把握北京市科研业集群的空间结构。

第二节　科研业集聚形成及空间演变机理

　　城市的现代化发展离不开科技的支撑和引领。科研业作为科技成果的主要提供者必然深刻影响着城市未来的发展方式和水平。随着知识经济时代的到来，在大都市追求建设"智慧型城市"的同时，大学、科研机构等不同主体不断融合、共同合作，在城市内部一定区域内形成科研业产业集群，为城市发展注入新的活力。

一、城市科研行业集聚的类型与影响因素

（一）科研行业研究范围及构成要素

结合《2002 年中国投入产出表》、《三次产业划分规定》的产业划分目录，本章对科研行业范围的界定为：研究与试验发展、专业技术服务业、科技交流及推广服务业、科技中介服务、地质勘查业等细分行业。其中，研究与试验发展是指为了增加知识（包括有关自然、工程、人类、文化和社会的知识）以及运用这些知识创造新的应用所进行的系统性、创造性的活动，该活动仅限于对新发现、新理论的研究和对新技术、新产品、新工艺的研制，包括自然科学、工程和技术、农业科学医学和社会人文科学几大学科；专业技术服务业则包括气象、地震、海洋、测绘、环境监测、工程管理服务、工程勘察设计、规划管理等；科技交流及推广、科技中介服务业包括技术的推广和中介、科技咨询等；地质勘探业是指对矿产资源、工程地质、科学研究进行的地质勘查、测试、检测、评估等活动。

表 7-1　　　　　　　　科研行业具体研究范围统计分类表

科研行业	科学研究及技术	高新技术产业	技术监督检测
具体分类	科研机构：社会科学研究、自然科学研究、农业科学研究、科学技术研究、医药卫生研究、自然科学研究、大学研究所	高新技术产业	技术监督
	设计：设计院（所）、工业设计、建筑设计	转基因技术	技术检验
	勘察	技术服务	质量监督检测
	水文地质	技术开发	质量认证
	测量绘图	粉体工程	卫生监督检验
	节能	防伪技术	药品检验
		水族工程	纺织品检验
			计量检测

资料来源：根据《中国电信 2003 年北京大黄页》、《中国电信 2012 年北京大黄页》整理。

影响科研行业空间结构演变的主要要素包括市场、人才、信息网络基础设施和政策四个方面。

1. 市场要素。市场要素主要涉及各种行政机关、制造业国企或跨国总部、各类现代服务业以及教育研究机构等科研需求方，这是所有科研核心企业、支撑企业、辐射企业得以发展的前提要素。对自主创新能力的追逐，使得各层级的产业部门，尤其是制造业产业，将原有的研发部门逐渐分离，形成独立的科研部门，这一举动是科研行业逐渐发展壮大的源泉。同时科研行业的情报信息，是通过科技人员之间的面对面交流、与同行业的接触以及与大学研究所等各类研究机构人员的接触而获得的，而大都市内高端产业对研发所形成的强大市场需求，使得这些技术、市场的最新情报信息更加容易获得，广阔的市场和逐渐挑剔的消费者，推动着科研行业竞争力的提升。

2. 人才要素。人才要素是指科研服务企业所处的环境中的人才要素及与该要素密切相关的各种社会现象的集合。与其他生产性服务业不同的是，科研行业是最典型的知识型服务业，它主要从从业人员的智力劳动中获得收益。人才因素是保障科研效率的重要条件，那么对于科研机构选址的区位条件，大学和研究机构自然会成为科研企业科技人员的来源保证，很多大学的继续教育又可以为科研企业提供便利的"充电"条件。在区位选择上靠近学校，同时与大学、研究机构等从事基础研究的机构进行合作，是其他科研企业选择区位时考虑的重要因素。

3. 信息网络基础设施要素。信息网络基础设施要素是指利于科研企业间相互交流和信息获取的各类基础设施的集合。不同类型的科研行业有着不同的分工职能，从事基础研究工作的大学及研究所、专门为制造业或服务业提供技术支持的科技园区、特定产业集群中配套的科研服务体系以及推广科研成果和技术的部门，这些构成了科研行业产业集群的五大主体，见图7-1。五大主体之间信息交流平台的建立离不开信息网络基础设施的便利。

4. 政策要素。政策要素是指由国家或地方政府制定的引导科研行业发展、提高自主创新效率的政策要素和法律系统。政策要素是保障科研行业生产经营活动的基本条件，同时政府也可参与到科研行业中，其主要途径有：政府委托有关科研机构或企业进行科研开发；政府支持企业就有关重要技术研究和项目建立联合开发，并为之提供优惠政策或保障性服务；

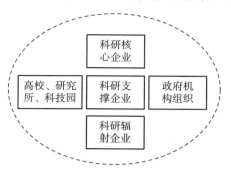

图7-1 科研行业产业集群主体

组织有关研究机构和相关企业共同进行重大项目的科研开发，政府提供一定的经费资助。

（二）城市科研行业集聚的类型与影响因素

一般而言，科研行业所进行的研发活动主要有两类：一是产业部门研发主体自身开展的内部研发活动，二是由高校、公共研究机构和非营利机构等非产业部门开展的外部研发活动。内部研发活动主要分布在各类科技园区，外部研发活动主要集中在创新资源密集区。生产性服务业是围绕生产者进行的，科研行业也不例外。两种类型的科研行业的各主体又根据所要追随的生产者的不同类型，形成了不同的功能定位和细分类型：大学、科研院所等基础研究机构，依附于制造业或服务业周边的综合化研究机构，特定产业集群中的专业化科研服务体系以及合作网络下的研究机构。四种不同类型的科研活动有着不同的功能定位和形成机制，共同组成城市科研行业的空间分布结构，见表7-2。

表7-2　　　　　　　　　　不同类型的科研活动

类型	主要功能	形成的动力机制	选择区位特点	代表性例子
基础研究型	完成基础性研究	历史因素 政府因素	位于大学、科研院所内部	各高校和人文社会、自然、农业等科研院所
需求导向型	满足制造业或服务业企业的研发需求，同时实现基础研究向应用研究的转化	主要源于分工和交易费用的产业集聚机制以及外部规模范围经济机制	分布于大型制造业及高端服务业企业内部或周边等，如工业基地、CBD商务中心	企业研发部门、商务中心的研发机构等

149

类型	主要功能	形成的动力机制	选择区位特点	代表性例子
专业配套型	为特定产业集群提供专业配套研发服务	主要源于关键要素的创新机制以及政府给予的园区内的区位利益	分布于高新科技园区、开发区等内部或周边集聚	上海张江高科技园区、北京环城科技园区、经济技术开发区等
合作网络型	完善科技创新与企业、政府共生共存的体制	源于对创新风险的规避以及对创新成果转化的保障	分布于大学、科研院所内部或企业、政府内部	学企合作官企合作产学官合作

资料来源：根据资料整理。

基础研究是所有科研活动的出发点，是提高一个城市或地区原始创新能力、积累知识资本的重要途径。基础研究主要依托大学、科研院所进行，科研主体从事人文社会、自然、医药、农业等学科的研究。该类活动产业集群的形成一方面会受到所在城市的历史科研水平和文化的影响，另一方面会受政府的引导和支持力度影响。

需求导向型科研部门主要是从制造业价值链内部形成的独立部门。这些科研部门一般依附于制造业（很多高端服务业也需要），为制造业和高端服务业提供技术支持。生产性服务业与制造业的分工主要通过服务外包体现出来，在竞争日益激烈的局势下，制造业企业专注于其核心竞争力，将原有的一些生产性服务部门（如研发部门）从企业中分离出来，减少企业的交易成本。这些生产性服务部门逐渐形成自己的产业链并发展壮大，外部规模范围经济逐渐发挥作用，部门集聚效应显现。

配套的科研服务体系的形成一般针对特定的产业集群，如高科技产业园区等，园区内集群的企业发展到一定的程度，技术要素特别是具有自主知识产权的关键技术就成为其实现创新发展的核心要素。此时，与这个产业相关的科研服务若能及时融入特定产业集群体系中，发挥关键要素的创新机制，就能随着整个产业集群的发展而壮大。不容忽视的是，企业科研机构向这些高新科技园区的集群主要是由政府导向作用所引致的，政府对于园区建设所施行的税收减免、公共服务水平提升、投资环境改善等区位利益，成为特定产业集群配套的科研服务体系在此集群的重大推动力。

基于合作网络科研活动形成的科研机构，一般占据某些科技含量比较高的领域，这些领域通常存在着很大的创新风险，大学和科研机构凭借自身的技术水平和人才优势来承担此风险，或通过与企业和政府合作，由企业和政府为大学和科研机构提供相应的支持活动或优惠政策，形成各种战略联盟，这种类型的科研机构在整个科研行业中占有很大比重。

二、城市科研行业的空间结构与集聚形成演变机理

（一）科研行业空间结构含义

科研行业空间结构，是指人们的科研活动在一定地域上的空间组合关系，是这个地域的核心、外围和网络等诸多关系的综合。科研行业的空间结构由空间维、时间维和结构维三个维度集成，揭示着科研行业空间分布格局的演变规律。空间维度强调不同空间尺度区域的科研空间结构的特征和成因、不同空间结构特征的转换及其机制，时间维度则强调科研行业空间结构形态的动态变化过程以及成因，而结构维度则侧重对这种演变机理的分析。科研行业的空间结构从抽象意义上来说由四大部分构成：研发中心、联系通道、空间梯度和研发扩散空间。其中研发中心是指在特定地域范围内，在区域科研活动中起主要作用的知识、信息中心；联系通道则是各科研类型内各研发中心之间实现知识、信息、技术逐级传递的各种途径，如技术、信息、人才及服务通道等；空间梯度反映的是特定研发类型的核心由于科研实力的差异客观形成的一定地域范围内的空间梯度；研发扩散空间则是研究成果所能辐射的地域范围。科研行业空间结构的四大构成部分相互作用、相互依赖，形成不断运动的动态系统。

（二）与城市产业空间耦合的科研行业集群形成

经典区位理论告诉我们，企业的选址不是随意的，而是综合考虑各种因素的结果，从空间、时间以及结构的维度上看，一个城市内部的科研行业的空间结构更容易受其他产业（制造业和高端服务业）空间结构变化的影响，城市内部空间结构随着城市的社会经济活动发展而处于不断的发展和变化之中，例如对于一些大企业（如制造业、金融和保险）的核心研发部门来说，一般总部和分部的分布都与城市的等级序列相对应，城市内部科研机构的区位选择也同样有这样的特征，存在着等

级性。

归根结底，影响科研行业集聚形成的因素仍在于资源的供给和服务的需求两个方面。科研行业是资金、知识和信息都十分密集的产业，其发展的关键是这些要素的有效供给及合理配置，人才供给、资金供给、土地供给、基础设施建设等不同要素的供给决定了科研行业集聚的规模大小。从这个角度上来讲，科研行业区位选择有着明显的集聚利益指向，即为了得到外部经济利益或减少不确定因素而在空间上集聚；而科研行业又以应用于各行各业为最终目的，科研行业所要服务的对象或群体（产业布局）同时决定着科研行业不同的功能定位、空间形态，准确把握行业动态是科研机构发展的关键，而与外部组织、政府、客户、关联企业等服务对象的接触则有利于情报和信息的收集和交流。

除此之外，科研机构的发展在特定的地点有时也具有历史的偶然性，形成路径依赖，这往往与城市的发展历史息息相关。

（三）与城市产业空间耦合的科研行业集群演变

城市空间结构体系是科研行业发展的物理载体，科研行业的空间演化在不同城市空间结构体系下具有显著的空间差异性。地理实体空间结构是科研产业空间演化的基础条件，这些基础条件不仅包括各类开发区、都市经济区、城市产业整合体、交通经济带的建立和发展，还包括资源禀赋、财政支持、基础设施、人才保障等各方面的提升和完善，同时科研行业本身的发展变化过程也会对其空间结构的演变发挥作用，如图 7-2 所示。

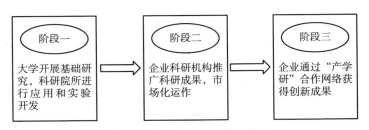

图 7-2　科研行业空间发展阶段

阶段一：由大学和研究所承担主要的科技研究与实验开发工作，基础研究主要由大学开展，而应用和实验发展主要由科研院所进行，大学和科研院所的研究成果明显与企业脱离；

阶段二：为使研究应用更加贴近市场，一些研究机构逐渐并入大型企业自有，一些院所直接转制为企业，企业内部的科研机构得到迅猛发展；

阶段三：企业内部的科研机构在发展过程中，逐渐暴露出研发能力不足的缺陷，通过产学研相结合的合作网络来寻求外部科研支持成为企业获得创新成果的有力途径。在这个过程中，大学和研究院所的作用较第一阶段加强。

在科研行业空间形成发展的第一个阶段，科研行业围绕大学、科研院所布局，这一阶段的科研单位的规模小，产品形式也相对单一，实际应用效果也不佳；在第二个阶段，产业结构的升级使得企业在技术环节难于应付，需要专业化分工意义下的信息和技术服务，集中提供服务是产业集群的关键甚至是必要条件，制造业和高端服务业如金融、信息、技术、物流等产业的建成是科研行业生存的土壤；在第三阶段，众多科研行业的集群区域形成，如科技园区等，并寻求各种类型科研机构之间的合作，在这个过程中，政策因素是各类型科研机构之间合作的保障。

从分散走向集聚是科研行业发展的必然结果，科研行业空间结构的演变表现出明显的与城市产业空间耦合的特征（尤其第二、第三产业，如制造业、金融、信息计算及软件业等），城市经济形态的转型引起城市空间结构的重组和科研行业资源的优化与城市空间的整合，从而促进城市科研行业空间的演化，科研行业内部基础研究、应用研究和试验研究这三种类型的研发活动在循环累积效应、因果机制作用下，强化发展。

第三节　北京市科研行业发展现状

本节将从国家政策和科研行业、企业、就业人数、投入与产出五个方面对北京市 2012 年底以前的整个科研行业发展状况进行细致、全面的描述。

一、国家政策对科研行业的促进作用显著

高等教育是对科研行业发展的有力支撑。"十一五"期间国家财政性教育经费比"十五"期间增长了 1.42 倍，占 GDP 比重提高了 0.64

个百分点。各级各类学校的办学条件不断改善。教育信息化水平保持全国领先水平。教师队伍建设得到加强，涌现出一大批师德高尚、业务精湛的优秀教师，适应教育现代化要求的高素质教师队伍正在逐步形成。教育功能不断拓展，学习型城市建设稳步推进，学习资源与载体不断丰富。①

二、北京市科研行业发展迅速，已成为部分地区的支柱产业

北京作为中国的首都、众多公司总部的聚集地，科研行业发展优势明显，加上政府战略规划的有效推动和政策的大力支持，截至 2011 年底，全市科研行业增加值 1135.5 亿元，占 GDP 比重从 2003 年的 4.92% 上升为 2011 年的 6.99%。表 7-3 呈现出 2003~2011 年北京市科研行业增加值的变化情况。

表 7-3　　　　　　2003~2011 年北京市科研行业增加值　　　　单位：亿元

项目	2003 年	2004 年	2005 年	2006 年	2007 年	2008 年	2009 年	2010 年	2011 年
GDP	5007.2	6033.2	6969.5	8117.8	9846.8	11115	12153	14113	16251
第三产业	3435.9	4092.2	4854.3	5837.6	7236.1	8375.8	9179.2	10600	12363
科研行业	246.2	276.5	347.4	438.6	566.2	706.7	816.9	941.1	1135.5

数据来源：《北京市统计年鉴 2012》。

三、企业数量不断增加，产业结构更加优化

根据北京市第二次全国经济普查结果，全市科研企业（机构）数 20451 个，占全市企业总数的 7.6%，比第一次经济普查增加 6623 个，增长 47.9%；全市科技服务业法人单位数量为 20451 个，占第三产业法人单位数量的 8.92%。不但企业法人个数增长迅速，企业法人类型也趋于多样化，表 7-4 为 2011 年科研行业法人和产业活动单位数统计表②。

---

① 资料来源：北京市"十二五"时期教育改革和发展规划。
② 资料来源：北京市第二次全国经济普查主要数据公报。

表 7 - 4	科研行业法人和产业活动单位数			单位：个
行业	法人单位数合计	单产业法人①	多产业法人②	多产业法人单位的产业活动单位数③
研究与试验发展	3185	3068	117	288
专业技术服务业	12481	12029	452	1411
科技交流和推广服务业	20361	20006	355	953
地质勘查业	268	253	15	23

注：①单产业法人：指仅包含一个产业活动单位的法人单位，该法人单位同时也是一个产业活动单位。

②多产业法人：指由两个及以上产业活动单位组成的法人单位，这些产业活动单位接受法人单位的管理和控制。

③产业活动单位：指位于一个地点，从事一种或主要从事一种社会经济活动的组织或组织的一部分。产业活动单位应同时具备以下条件：（1）在一个场所从事一种或主要从事一种社会经济活动；（2）相对独立地组织生产活动或经营活动；（3）能提供收入、支出等相关资料。

数据来源：《北京市统计年鉴2012》。

四、从业人数不断增加，人员素质更加优化

根据北京市第二次全国经济普查结果，全市科研行业从业人员平均人数52.3万人，比第一次经济普查增加13.4万人，增长34.5%，占第三产业法人单位从业人员平均人数的8.66%。①

中国统计年鉴2012的数据显示，截至2011年底，北京市科研行业城镇单位就业人数50.6万人，科研行业城镇单位就业人员工资总额478.3亿元，平均工资97658元。②

根据《北京市统计年鉴（2012）》，2011年科研行业研究与试验发展（R&D）人员110630人，比2010年增长8.07%，其中本科及以上学历96469人，比2010年增长11.55%。③

五、科技投入不断增加，科研成果丰硕

根据北京统计年鉴2012，2010～2011年科研行业地区生产总值为1135.5亿元，科技活动人员605980人，研究与试验发展（R&D）经费内部支出9366440万元，专利申请量77955件，专利授权量40888件，固定

① 资料来源：《北京市第二次全国经济普查主要数据公报》。
② 数据来源：《北京市统计年鉴（2012）》。
③ 数据来源：《北京市统计年鉴（2012）》。

资产投资 92.0 亿元，实际利用外资金额 44294 万美元。[①] 具体情况见表 7 - 5 至表 7 - 8。

表 7 - 5　　　　　2011 年北京市规模以上工业企业研究
与试验发展（R&D）活动情况

地区	R&D 人员全时当量（人年）	R&D 经费（万元）	R&D 项目数（项）
全国	1939075	59938055	232158
北京	49829	1648538	7048

数据来源：《中国统计年鉴 2012》。

表 7 - 6　　　2011 年北京市规模以上工业企业新产品开发机生产情况

地区	新产品项目数（项）	开发新产品经费（万元）	新产品产值（万元）	新产品销售收入（万元）	出口
全国	266232	68459430	1008904581	1005827245	202230938
北京	9238	2135861	35483108	34803252	6470514

数据来源：《中国统计年鉴 2012》。

表 7 - 7　　　2011 年北京市规模以上工业企业专利情况　　　单位：件

地区	专利申请数	发明专利	有效发明专利数
全国	386075	134843	201089
北京	13041	6997	7342

数据来源：《中国统计年鉴 2012》。

表 7 - 8　　　　2011 年北京市技术市场成交额　　　单位：万元

地区	2005 年	2006 年	2007 年	2008 年	2009 年	2010 年	2011 年
全国	15513694	18181813	22265261	26652288	30390024	39065753	47635589
北京	4895922	6973256	8825603	10272173	12362450	15795367	18902752

数据来源：《中国统计年鉴 2012》。

第四节　北京市科研业集群空间分布及演变

本部分所使用的数据主要来自《中国电信 2003 年北京大黄页》及

---

① 数据来源：《北京市统计年鉴（2012）》。

《中国电信2012年北京大黄页》，依据其提供的地址，通过网络查询、电话咨询等多手段获取其邮编，并加以统计和整理。由于2010年北京城八区合并为城六区，为了统一统计口径，我们将原东城区和崇文区加总的数据作为2003年东城区数据，将原西城区和宣武区加总作为2003年西城区数据。2003年涉及近3600家企业邮编数据，2012年涉及近5000家企业邮编数据。将所有的科研企业（机构）所属邮编利用mapinfo软件在北京市电子地图中找到相应位置；在地图中标记成点，通过科研企业（机构）在地图上的点分布，来分析科研业2003年到2012年的空间演变。

一、2003年北京市科研业的空间分布

根据《中国电信2003年北京大黄页》，2003年北京市科研行业共分布在219个邮政编码区域内，比重前20位的区域如表7－9所示。

表7－9　　　　　　　2003年北京科研行业排名前20位邮编

排名	邮编	企业（机构）个数	所属区域
1	100081	202	海淀
2	100083	171	海淀
3	100080	166	海淀
4	100085	139	海淀
5	100029	132	朝阳
6	100086	104	海淀
7	100044	99	西城
8	100037	98	西城
9	100089	97	海淀
10	100088	92	海淀
11	100036	88	海淀
12	100084	79	海淀
13	100020	63	朝阳
14	100101	63	朝阳
15	100011	62	东城
16	100013	54	东城
17	100070	47	丰台
18	100007	46	东城
19	100027	46	朝阳
20	100039	45	海淀

数据来源：根据《中国电信2003年北京大黄页》整理、计算。

由表7-9可以看出，2003年北京市的科研行业主要分布在城区，在20个主要分布邮政编码内，有10个地区属于海淀区，4个属于朝阳区，3个属于东城区，2个属于西城区，1个属于丰台区，这说明海淀区集中的科研行业最多，朝阳区次之。

最为密集的区域是100081，包括中关村南大街、皂君庙、太平庄等主要街区，集中了202家科研行业企业或科研机构、院所，其邻近区域（邮编100080、100083、100084、100085、100086、100088、100089）科研机构的集中度也较高，整体形成北京市科研行业集中度最为密集的区域。另外，海淀区复兴路、太平路地区（100036、100039），朝阳区建国门、朝阳门地区（100020），朝阳区与东城区交界的安定门地区（100029、100101、100011），东直门、三里屯地区（100027），东城区和平里地区（100013）和东四地区（100007）、西城区西直门、三里河地区（100044、100037），丰台区人民路地区（100070）7个区域也形成较小范围的科研集聚。

其他区域，包括近郊的石景山区、门头沟区、昌平区和远郊的顺义区、怀柔区、密云县、通州区、延庆县、大兴区、房山区没有形成明显的集聚区。

二、2012年北京市科研行业的空间分布

根据《中国电信2012年北京大黄页》，2012年北京市科研行业共分布在218个邮政编码区域内，比重前20位的区域如表7-10所示。

表7-10　　　　　　2012年北京科研行业比排名前20位邮编

排名	邮编	企业（机构）个数	所属区域
1	100085	282	海淀区
2	100083	269	海淀区
3	100080	265	海淀区
4	100081	235	海淀区
5	100029	142	朝阳区
6	100036	122	海淀区
7	100044	116	西城区

续表

排名	邮编	企业（机构）个数	所属区域
8	100070	116	丰台区
9	100101	113	朝阳区
10	100086	106	海淀区
11	100088	106	海淀区
12	100089	105	海淀区
13	100097	91	海淀区
14	100102	90	朝阳区
15	100084	85	海淀区
16	100022	83	朝阳区
17	100037	79	西城区
18	100039	73	海淀区
19	100020	72	朝阳区
20	100012	68	朝阳区

数据来源：根据《中国电信 2012 年北京大黄页》整理、计算。

由表 7-10 可以看出，2012 年北京市的科研行业主要分布的 20 个邮政编码地区中，有 11 个属于海淀区，6 个属于朝阳区，2 个属于西城区，1 个属于丰台区。

最为密集的区域变为 100085，但仍归属于海淀区，且与 2003 年最密集区域 100081 属于临近区域。北京市科研行业比重最高的前 4 邮编仍然全部归属海淀区。海淀区密集区个数增长 1 个，但密集区域中企业个数增长明显；朝阳区密集区域个数由 4 个上升为 6 个；丰台区密集区域仍为 1 个，但在前 20 中的排名有上升；东城区的 3 个密集区域在 2012 年都未能进入最高排名的前 20 位。海淀区增加西四环、杏石口路区域（100097），朝阳区增加北四环、望京地区（100102）和北苑路区域（100012）。

与 2003 年相同的是，其他区域，包括近郊的石景山区、门头沟区、昌平区和远郊的顺义区、怀柔区、密云县、通州区、延庆县、大兴区、房山区没有形成明显的集聚区。近年来大学城的外扩，预计在未来会形成相对集中的小范围科研行业集聚，但目前还未形成规模，在邮编前 20 的排名中没有体现。

三、北京市科研行业空间集聚演变：2003～2012 年

北京各个区县 2003～2012 年十年间科研行业比重最高的前 20 位邮编对应区域所属城区中企业（机构）个数及占总体企业（机构）个数的变化如表 7－11、表 7－12 所示。

表 7－11　　　　　**2003 年北京科研行业比重排名前 20 邮编所属区域**

区域	海淀区	朝阳区	东城区	西城区	丰台区
密集区个数	10	4	3	2	1
企业个数	1183	304	162	197	47
企业数占比	32.99%	8.48%	4.52%	5.49%	1.31%

数据来源：根据《中国电信 2003 年北京大黄页》整理、计算。

表 7－12　　　　　**2012 年北京科研行业比重排名前 20 邮编所属区域**

区域	海淀区	朝阳区	东城区	西城区	丰台区
密集区个数	11	6	0	2	1
企业个数	1739	568		195	116
企业数占比	35.09%	11.46%		3.93%	2.34%

数据来源：根据《中国电信 2012 年北京大黄页》整理、计算。

2003 年北京市科研企业（机构）共 3586 家，分布在 219 个邮编区域内，而到了 2012 年，该类企业（机构）的数量增加到 4956 家，分布在 218 个邮编区域内。2003 年北京市科研行业比重最高的前 20 位邮编包含企业（机构）1893 家，占总企业数的 52.79%；2012 年北京市科研行业比重最高的前 20 邮编包含企业 2618 家，占总企业数的 52.82%。

2003～2012 年，海淀区科研行业密集区域增加 1 个，企业（机构）个数增加 556 家，占当年北京市科研行业全部企业（机构）个数由 32.99% 增加至 35.09%，各企业密集区域之间的联系也更为紧密，呈现集聚增强的状态；朝阳区科研行业密集区域增加最多，由 4 个增加为 6 个，企业个数增加 264 家，企业（机构）个数占当年北京市科研行业全部企业

个数由 8.48% 增加至 11.46%，集聚程度进一步增强；西城区科研行业密集区域仍为 2 个，企业（机构）个数减少 2 个，占当年北京市科研行业全部企业个数由 5.49% 下降至 3.93%，但集聚向中心城区发生微小移动；东城区在 2003 年北京市科研行业占比最重的邮编前 20 中占 3 位，但在 2012 年都未能进入占比最重的前 20 位，安定门地区企业与临界朝阳区形成集聚；丰台区科研行业密集区域仍为 1 个，但企业（机构）个数增加明显，10 年时间增加 69 家，企业（机构）个数占当年北京市科研行业全部企业个数由 1.31% 增加至 2.34%。对比两个时间点，我们很容易看出诸多变化，而这些变化构成了北京市科研行业空间集聚的演变特征，可从图 7-3 和图 7-4 的对比中反映出来。

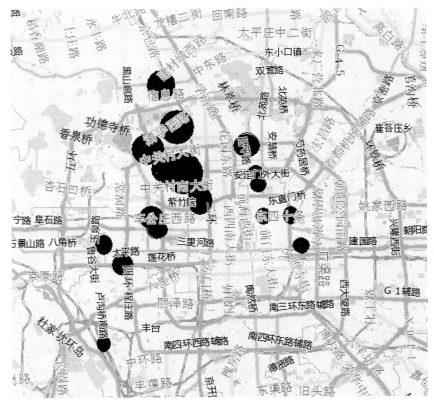

图 7-3　2003 年北京市科研行业集聚情况

资料来源：根据《中国电信 2003 年北京大黄页》绘制而得。

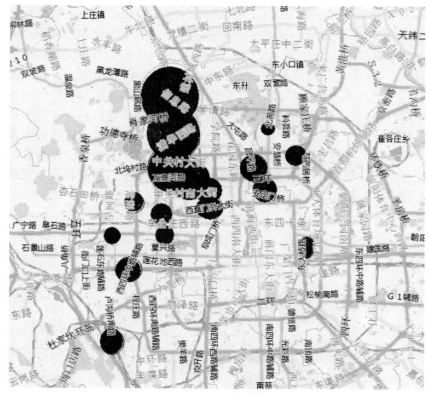

图 7 - 4 2012 年北京市科研行业集聚情况

资料来源：根据《中国电信 2012 年北京大黄页》绘制而得。

第五节 北京市科研业空间集群演变的特征及动力机制

通过对北京市科研业企业 2003 年、2012 年空间分布研究，本节总结北京市科研业空间结构演变的特征及动力机制。

一、北京市科研业空间集群演变特征

（一）传统优势区域集聚的强化

海淀区作为科研行业的传统集聚区，在 2003～2012 年 10 年间增加了

556 家科研企业，集聚程度进一步增强。该区不但占全市科研业的比重明显增大，而且每个集聚区域的企业个数显著增加，并且由数据可知，集聚区之间的联系逐渐加强，重合范围扩大，整体形成一个更大范围的科研行业集聚区域。目前，区域范围内已汇集了以清华、北大为代表的一批国家重点高等院校和以中科院、航天五院为代表的一批国家级科研机构（见表 7－13），拥有各类专业技术人员 37.8 万余人，住区两院院士 437 人，占全国院士总数的 36.0%，密集的高校和科研单位，成为海淀区发展的"人才蓄水池"。同时，还有以联想、北大方正、百度为代表的 1 万多家高科技企业。此外，海淀区政府将规划建立"中知学"科技研发聚集区：海淀将整合中关村、知春路、学院路三街道的科技资源，打造"中知学科技研发聚集区"，该区域以首体南路、学院路、中关村大街、知春路为框架，呈 H 形，总面积约 75 平方公里，将成为中关村国家自主创新示范区核心区的核心①。利用现有的科技资源优势，海淀把"中知学区域"定位为研发、技术服务和高端要素聚集区，使这一地区成为促进战略性新兴产业发展和高端技术研发服务的万亿级产业增长极。

表 7－13　　　　　　　　海淀区高校、科研机构

类型	数量	代表
高等院校	68 所	北京大学、清华大学、中国人民大学、中国农业大学、北京理工大学、北京交通大学、北京科技大学、北京航空航天大学
中央、市属及区属科研单位	219 个	中国工程院、中国科学院、中国科学院软件研究所、中国科学院计算技术研究所、中国铁道科学研究院
国家级重点实验室	57 个	信息安全国家重点实验室、计算机科学国家重点实验室、软件开发环境国家重点实验室、北京大学视觉与听觉信息处理国家重点实验室
大学科技园	14 个	北京林业大学科技园、北京理工大学科技园、北京科技大学国家大学科技园
技术转移中心	超过 1000 家	北京海淀中科计算技术转移中心、中国科学院北京国家技术转移中心

数据来源：根据《中国风险投资年鉴》整理。

---

① 《海淀将建"中知学"科技研发聚集区》，载《北京日报》2010 年 8 月 27 日。

朝阳区安定门地区十年间科研企业（机构）数量增加，分布更为集中，过去临近东城区的科研机构移至朝阳区，形成关系更为密切的空间分布格局，使区域的集聚效果和集聚优势得到强化。丰台区人民路地区，以首都经贸大学及周边科研院所为中心的科研行业聚集区，作为丰台区唯一进入占比最重前 20 的科研集聚区，10 年间集聚程度加强，范围扩大，排名也从 2003 年的第 17 名一跃成为 2012 年的第 8 名。

（二）新兴集聚区域的崛起

朝阳区的望京地区作为新兴集聚区域的代表，2012 年拥有企业（机构）90 家，成为科研机构在东部地区崛起的典型代表，同时在临近北苑路地区也形成相对较小但已初具规模的另一个新兴集聚区域。按照《北京城市总体规划（2004～2020 年）》要求，结合 CBD 东扩和通州国际新城建设，朝阳区发挥东部高校聚集学科专业优势，为发展高端商务、现代物流和文化创意产业提供人才和智力支撑，直接促进了新兴集聚区的兴起。区内聚集了大量的跨国公司总部及研发中心，众多世界 500 强企业的研发中心聚集在此，如率先进入的摩托罗拉、北电网络等。在它们的示范下，爱立信、索尼爱立信、朗讯、安捷伦、瑞士跨国电力、德国宝马汽车电子、ABB 集团等多家 IT 及通讯跨国企业也陆续来到望京建立自己的研发基地。除了跨国公司，望京还聚集了以金汉王通信公司、洛娃集团、天利科技等为骨干的 200 多家科技型中小企业为创新主体的非公经济科技型企业群体，还拥有国家级留学人员创业园，园区以每年递增 20 家的速度吸引海外优秀的留学人员来园创业。

与此同时，大兴区的北京科技园区、房山的良乡高教园区、昌平的沙河高教园区不断完善，随着大学城、高新技术产业的郊区化，科研行业也有部分向外迁移的趋势。

（三）部分集聚区域的消逝

2003 年，东城区拥有三个较为显著的科研行业密集区域，但到 2012 年，北京市科研行业比重最重的前 20 个密集区域没有一个归属于东城区，科研机构向北扩散至朝阳区，同时使北京东西区科研行业集聚的差距进一步拉大。根据《北京市东城区国民经济和社会发展第十二个五年规划纲要》，东城区要建成一轴两带五区的格局，打造首都文化功能中心区，科研行业并不是全区的工作重点，重点集聚区只有雍和园区一个。

二、北京市科研业空间集群演变动力机制

北京市科研行业集聚现象及演变特征主要是由历史原因与路径依赖、技术和资源、政府主导、规模经济四方面因素所导致的，如图 7 – 5 所示。

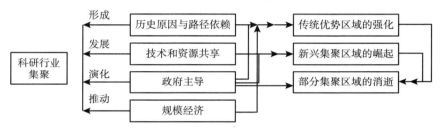

图7 – 5　北京市科研行业集聚与演变动力机制

（一）技术和资源共享因素

相较于其他行业，科研行业对信息和复杂决策的依赖程度最强，更需要空间布局的集中。首先，北京各高校之间形成了从学科到人才等多方面的资源共享与合作发展机制，建立了联合实验室和公共课堂，学术氛围浓厚，有利于提高各自的创新能力。其次，大学以及相应的产业孵化园可以向本地劳动力市场提供充裕的高素质人才，通过校企合作和加强职业教育实训基地建设，实现产学研一体化，有利于为企业实时注入新鲜血液，保持生命活力，提供最新的创意思维和最先进的科技手段。最后，相同企业和关联产业的集聚，有利于形成良好的产业氛围，企业自身获取新技术、新信息的途径更多更广，一方面有利于与该产业相关的市场、技术等信息与知识的积累和传播，另一方面也有利于提高存在竞争关系的企业搜集相关信息和知识的能力。

（二）规模经济因素

科研行业企业的集聚可以产生溢出效应，形成规模经济，带动成本节约和经济发展。集聚机制通过提高企业集聚的规模经济，形成规模报酬递增，提高投资回报。正是这种经济效应使得北京各城区科研行业企业不断集聚从而达到成本最小化以及利润最大化。科研行业的集聚还具有自我强

化的功能。某个区域一旦形成研发的集聚，其集聚可进一步增强对其他研发活动投资的吸引力，集聚产生的极化现象（"马太效应"）使区域外的企业不断涌入，区域内的新企业不断涌现，供应链进一步集中，规模经济不断扩张，集聚效应更加显著。传统集聚区由于发展较早，最先达到规模经济，因此形成很强的行业竞争力，抑制了科研行业在其他地区形成大范围的集聚。同时，集聚有利于专业化知识的形成，用于开发新产品和研制新技术，产生内部规模经济，给厂商带来垄断利润。

（三）政府主导因素

政府规划常常是"规划建设性"科研行业企业形成的主要原因。在政府总体规划和区（县）政府优惠条件的共同作用下，中国大部分科研行业企业的集聚都直接或间接受到政府行为的影响。北京市政府针对不同城区的不同特征与环境，制定了不同的目标与规划，促使北京各城区形成不同的科研行业集聚趋势。同时，对于重点发展的科技产业和地区，政府给予相应的优惠政策，比如，政府拨款给大学和实验室支持其进入研究和新技术的发明创造，或者为中小企业新技术提供融资担保，对有关产业提供减免税的优惠措施，对引进的高技术人才提供市民或超市民待遇，向获得重大研发成果的有关人员给予奖励等。

（四）历史原因与路径依赖因素

海淀区大学城的形成过程属于"自然发展型"，由于历史原因或特殊事件，一些有名且科研能力强的大学在这里建成，同时就会吸引大量其他高校或者科研机构向其周边集聚。大学城等基础设施要求高，且政府主导因素强的科研院所搬迁难度大，因此依托大学城形成的科研行业集聚区不会轻易消失。同时，由于大学以及科研机构可以直接建立衍生企业，成立大学科技园区，他们利用科研院所提供的廉价土地资源进行科研成果的商业化运作，还能够抢先吸收科研院所和众多高校毕业的高学历技术人才，所以这些公司的研发机构都依托于科研院所而存在。研发能力越强，创新能力越强，衍生出来的子公司越多，业务扩展越快，公司规模扩大越迅速。此外，集聚区域形成后，会带动该地区配套基础设施的完善，有利于提高生产效率和产业增加值，并且集聚区内产业链越完善，集聚区的结构越稳定，越有利于集聚效应的发挥和集聚范围的扩大。

此外，良好的创新环境、新兴产业与传统科研行业的不同选址要求等因素，由于只存在于个别企业范围内，不具有共性特征，故并未单独列出。

第六节 本章小结

一、主要结论

根据以上研究可以看出，2003～2012年北京市科研业集群有着鲜明特征：（1）传统优势区域集聚的强化，如海淀区；（2）新兴集聚区域的崛起，如朝阳区的望京地区；（3）部分集聚区域逐渐消逝，如东城区。北京市科研行业现已形成集聚发展和较为合理的空间布局，并成为带动全市自主创新、经济增长、人才聚集、就业增加和相关服务业发展的重要力量。

二、启示及建议

科研行业竞争激烈，技术、产品和服务变革日新月异。北京市的科研能力和水平要成为全国的领头羊，甚至走在全球前列，既要重视比较优势的培育，也要借鉴和吸收国外好的体制机制和先进成果，同时继续加大投入，重点扶持，合力攻关。

（一）利用比较优势，强化集聚发展战略

北京市的各区域的自然资源、基础设施建设等条件不同，科研机构的研究方向，人才队伍的培养方案、政府政策和地区规划等内容不同，在地区产业发展和企业区位选择的过程中，应结合地区特点和比较优势，集中优质资源发展适合的产业，让竞争力强的企业进一步提升效益，带动整个地区经济的发展。

对于已经形成密集科研行业的区域，由于发展所需的基础设施、工艺技能已经相当完善，应在原有区域强化发展，使其成为该区域真正的主导产业；对于新兴产业或正在形成集聚发展的科研行业，通过规划引导其快速成长发展为支柱产业，逐步建立起新的科研行业集聚区，借鉴业内成功经验，加快集聚区的建设和发展。

海淀区科技资源丰富，已形成科研行业集聚效应，应继续利用存量资源，将科研行业作为主导产业，并完善相关产业和政策的匹配，加快建设"中知学科技研发集聚区"，吸引世界500强企业在此设立研发机构。朝阳区综合实力强，知识溢出效应已向其拓展，科研行业集聚初步显现，初步形成了留学人员回国创业基地"望京科技创业园"，应进一步出台相关优惠政策，使其尽快成长为有较强实力的科研集聚区。

（二）加大科技投入，学习国外发展战略

北京市科研行业处于全国的领先水平，但2011年科研行业增加值也仅占GDP的6.92%[①]，2010年全市科技服务业法人单位数量占第三产业的比重仅为8.92%[②]，相比于其他生产性服务业，科研人员在总人口中占比较小，在总产值中贡献率也较低，面临人才有限、资金有限、基础较为薄弱的发展困境。

目前，各区域已经意识到科研行业的重要性，致力于发展总部经济，完善基础设施，吸引外来资本，提高贷款额度，升级产业结构，促进成果转化。

一方面，要继续加大在科技领域的投入力度，加大资金支持、项目扶持、政策支持的力度，加大教育投入、科研软硬件的投入，发挥规模经济和集聚效应；另一方面，加强国际的科技交流、学术交流和项目合作，吸收跨国公司的资金和国外高素质人才，学习先进的科学成果和应用技术，提高公司企业、科研院所对新知识和技能的学习、吸收与再创造的能力，走集聚发展的捷径。

（三）基于专业分工，交流融合发展战略

相同产业之间，注重产品的多样性和差异性，权衡产业需求和地区特点，实行错位发展，达到资源的合理分配和产品的专业化分工，形成良性的协调互动。对于需要面对面交流的科研行业，分布在核心功能区更有利于增强知识溢出效应，增强沟通者获得知识和信息的能力，提高企业的创新能力；对于可以通过高科技手段进行知识传递或者需要利用自然资源进行研究的科研机构，如气象监测、地质勘探业等，分布在发展新区更有利于研究的推进和成本的降低。

---

① 数据来源：《北京市统计年鉴（2012）》。
② 数据来源：第二次全国经济普查主要数据公报。

在此基础上，北京市不同类别的科研行业之间要交流融合，通过相互借鉴、相互支撑，提高科技创新能力；科研行业与制造业要交流融合，真正做到科研行业服务于产品制造业，占据产业链上的高附加值环节，进而又促使科研行业向更高层次发展；科研行业与教育机构要交流融合，科研行业引导教育机构的研究方向，教育机构为科研行业提供高素质的人才队伍；北京市科研行业要与外地的科研机构交流融合，巩固北京在环渤海地区的领导地位，加强与珠三角、长三角科研行业的合作。

（四）扶持重点产业，合力攻关发展战略

响应"科技北京"的战略目标，北京市"十二五"规划明确指出，要大力吸引国内外研发机构、科技型企业在京发展，加快发展研发设计服务、生物技术服务、数字内容服务和检测服务，进一步完善知识产权服务和科技成果转化服务体系，努力打造成为科技创新中心城市。

在海淀区和昌平区南部建立研发服务和高新技术产业发展带，在丰台区重点加强信息技术、生物技术、能源环保、新材料等领域的高端研发[1]，在西城区德胜科技园重点发展研发设计、文化创意、金融后台、高端交易等产业[2]。

纵观第三次工业革命发展的全球态势，中国在很多领域并没有走在世界的前列。中国在整个价值链中，研发环节动力不足，北京的科研行业在国际的吸引力和影响力也不很强，诸如清华大学、北京大学等国内知名高校在国际的排名和竞争力不高。

当前，美国大力扶植人类胚胎干细胞基础研究，特别制订了"分子生命过程研究计划"；澳大利亚正在研究开发多样化的 3D 打印材料，包括金属、蜡和塑料。发展中国家中，印度举国发展软件和信息服务业，南非则重点开发基于激光的大型 3D 打印机器[3]。鉴于此，北京市要想打造世界城市，跻身世界研发前列，必须突破"瓶颈"，进行核心技术的自主创新，集中最优秀的人才，建设最先进的研发基地，提供充足的资金保障，以实现重点行业的重大突破，从而使北京在第三次工业革命浪潮中处于主动地位。

---

① 资料来源：《丰台区"十二五"时期高技术产业发展规划》。
② 资料来源：《北京市西城区国民经济和社会发展第十二个五年规划纲要》。
③ 资料来源：《第三次工业革命发展全球态势》，载《瞭望新闻周刊》2013 年第 11 期。

第八章

北京市生产性服务业集群演变
总体发展规律及空间布局规划

第一节 北京市生产性服务业集群
演变的总体发展规律

一、北京市生产性服务业多中心结构模式的演化与差异

2003～2012 年 10 年间北京市生产性服务业的空间集聚发生了动态演变，呈现向中心城区外部结构性扩散的趋势：一些新的集聚区域形成，少数郊区中心集聚初现端倪，生产性服务业在北京城市内部多中心结构模式正在形成。与欧美国家大城市发展经历了一个市场化的过程不同，北京生产性服务业的空间扩张是在政府空间规划和引导下进行的。

北京传统中心城区（金融街、CBD 等区域）外围不断形成新的生产性服务业的集聚区和就业节点，成为城市形态的新组成要素和产业分布的新形态，这些集聚区在生产性服务业不同行业中形成模式和动力机制不同，最终形成了形态各异的、非均衡的多中心格局。这些新集聚区和节点形成机制及关系如表 8－1。

表 8－1 　　　　　　北京生产性服务业集聚区、节点演变及机制

集聚区	典型区域	形成原因
第一代集聚中心	CBD、金融街　中关村	历史、文化及早期政府规划
第二代集聚中心	CBD 延伸、金融街扩展区　中关村	城市中心地理位置
第三代集聚中心	丽泽商务区、中关村延展区	服务业功能扩展及城市规划
第四代集聚中心	空港物流	地理位置适合特定产业

资料来源：作者自行归纳总结。

从目前北京的发展看，生产性服务业已经呈现向城市边缘发展与扩散趋势，但不同行业表现存在较大差异，部分生产性服务业的增长仍然趋于集中在相对集中的区域以及相对少量的就业节点上，而不是整个都市区普遍扩散，中心城区集聚仍然是主导模式。

二、"城市中心区—外围" 二元空间结构演化的特征与逻辑

伴随着北京 CBD 和传统城市中心区的高度专门化以及商务成本上升所带来的"离心力"，一些空间依赖程度较低的企业选择迁离 CBD 和传统城市中心区。生产性服务业不同行业的离心程度不同，对北京市"城市中心区—外围"格局变化影响不同，体现为不同行业在北京市"中心—外围"二元空间结构的动态演化和非均衡发展。总体来看，北京城市中心城区仍然保持着传统的经济地位和重要性，生产性服务业仍然保持着高度中心化倾向，离心化趋势在部分行业已经体现，但还是在适度范围内。

由于北京市产业结构变革，尤其是服务功能的外包化，生产性服务业快速增长，不可避免在传统中心城区以外寻求发展空间，从而出现新的服务业功能中心，但这并不必然导致 CBD 等传统中心城区集聚衰落。目前，北京 CBD、金融街等仍保持着在服务等级体系的核心地位，保持着更高度集中的一些特定的高等级服务功能（如金融、法律服务）和高级管理职能，其专业化水平和国际化程度影响着北京在全球城市体系中的地位和竞争力。生产性服务业在城市内部空间结构分布受到诸多因素影响，面对面交流对"前台办公"的区位决策很重要，只要 CBD 和郊区的租金差异超过从诸如信息交换、劳动力可获得性和声望等无形要素中获取的利益，企业就会从 CBD 搬迁到郊区，而企业通常会由于害怕"联系断裂"，一般会选择趋向于短距离范围内的搬迁。基于对办公楼或区位知名度以及办公租金的权衡，大部分专业服务企业（如广告、法律服务、会计和保险服务）的空间迁移率较高，但都稳定在中心城市内部，一般主要集聚于商业金融中心附近的地带。大都市中心区仍保持着对生产性服务业的吸引力——巨大的潜在客户市场、在高速公路网中的优越地理位置、与高速火车站点一级国际机场的高质量衔接、公共交通的快捷可达性等。技术进步和全球化进一步强化了生产性服务业在北京市中心区及外围地区的中心集聚。

从课题分行业研究可以发现一些共性的规律：位于 CBD 和中心城区的高等级服务业也通常可以分为两种类别。一类是客户导向型企业，这类

企业需要通过一系列面对面的交流联系，为位于 CBD 和中心城区的企业总部及其他服务业企业提供中间需求服务，比如会计师事务所、律师事务所等；另一类是企业总部管理机构，主要为了增加企业集团的控制力及面向国内外联络而选择具有密集联系网络和丰富信息资源的商务区位。反之，越是最终需求导向的企业或非管理职能部门，区位中心性的选择倾向就会越弱。

因此，北京 CBD 及其他传统城市中心区在城市空间区位上仍然保持着专门化的功能地位，随着城市发展，新的中心（比如丽泽商务区）出现，对不同中心的功能及特色有一定的调整和补充，传统中心区核心地位并没有衰落。

三、北京市生产性服务业集聚演化的差异性

北京市生产性服务业内部各组成部门和企业在空间区位选择上表现出较大差异性，在一定程度上影响着城市内部二元空间格局。

企业内部和企业间交易成本的特征和水平影响了其空间选择与分布，企业的前台业务与后台业务由于通讯成本的降低获得了空间上的分离。具有前台办公业务特征的行业（如法律、管理、各种咨询服务、银行和其他金融服务）由于需要面对面的直接交流和接触才能完成服务的提高及交易，更趋向城市中心集中，而具有后台办公业务特征的行业（如物流业的城际储运中心）通常是标准化的常规活动，不要太多面对面，尤其是个人接触，因而选择在租金和土地价格低廉的城市边缘区。

复杂的客户类型和市场导向对生产性服务业企业区位决策也很重要。位于郊区的企业主要服务于大部分的郊区最终需求客户，即满足地方化市场需求，而中心城区集中的企业则大多面向区域、国家或者国际市场。

北京市生产性服务业企业在都市区内的区位选择与企业规模和企业特征也有很大关系。通常具有较高专业和大规模的部门倾向于选择中心区，以自主创业为主的小型企业则集聚在边缘区。具有消费者指向因素的生产性服务业（如金融、法律和保险）主要集中在中心区，而技术性的生产性服务业倾向于集中在中心城区外围的某些特定区域；劳动密集型企业表现出更强集聚和中心化倾向，而以资本代替劳动的企业则趋于分散。

由于生产性服务业各组成部门之间的专业化分工，生产性服务业在北京市内存在微观层面的地理集中现象，从而形成了生产性服务业多节点的

空间分布格局。同一行业内部也会出现专业化的空间分工，表现为不同服务环节和不同类别的服务提供商在不同区位集聚的倾向，比如广告业：从事设计的广告代理机构、印刷类广告企业以及传播类广告企业彼此之间形成紧密的分工与协作关系，并分别在都市区内部形成集聚区。

生产性服务业在全球、区域（国家）和都市区三个地理层面的非均衡发展已经十分普遍，但在不同区域和城市表现出了个性，反映了生产性服务业空间区位的复杂性。北京市生产性服务业多中心结构模式的形成意味着作为国际化大都市区内非均衡发展的生产性服务业经济的存在。伴随着北京到市区空间大规模的扩展以及信息技术的发展，北京市生产性服务业集聚经济是否会在更广泛的空间范围发生、产生多大程度的影响以及生产性服务业最终在空间上继续集中还是普遍分散，这些问题仍需要深入细致的研究。

当前，我国以北京、上海为代表的国际化大都市建设，正经历着产业结构和产业空间分布格局的转型，需要更多的城市个案研究，挖掘并总结中国特定城市发展背景下生产性服务业空间分布与演化的特殊性和规律性。在都市层面，进一步研究生产性服务业在都市区内部（尤其是中心城区）的空间分布与演化，探索其对都市区空间形态与结构的影响，并结合我国政府主导城市开发与规划的特殊背景，探讨生产性服务业在都市内部的空间集聚模式和集聚机理，为转型时期的城市经济发展、产业结构转型和城市空间开发、城市资源合理利用提供有价值的理论参考和现实经验。

第二节　面向国际化大都市发展定位的北京市生产性服务业规划布局

一、北京市产业发展和结构调整面临的机遇

（一）世界经济调整和国家经济结构调整的机遇

金融危机以及目前的欧美债务危机使世界经济出现了深度调整。危机之后，全球经济震荡复苏的同时伴随着世界经济结构的调整、发展模式的转型，并形成了"倒逼机制"。从国内看，2010 年以来，国家宏观经济政

策在保增长保就业方面的压力明显缓解，为调结构创造了难得机遇，内需支撑作用增强，战略性新兴产业较快发展，现代服务业发展态势良好，这为未来几年继续做好结构调整工作奠定了基础。北京要抓住这些机遇，促进首都产业结构升级和调整，加快淘汰落后产业。在经济的微观层面，危机引发的全球产业调整，加快了国际产业链的分工和重组，带来了大量并购和重组的机遇，驻京企业不仅可以利用资本优势在全球范围内进行产业整合，加速国际化进程，而且可以利用人才、技术、资本等优势资源，积极吸引产业高端环节，促进产业向高端化发展。

（二）京津冀区域经济一体化发展的机遇

京津冀区域合作为北京高端产业发展提供了更多机会。北京市对整个环渤海地区在技术层面都有很强的辐射力，有利于发挥首都在管理、科研、科技服务和金融领域的优势，参与京津冀区域协作，具有占据龙头地位的一系列资源背景和独特优势，环渤海经济一体化的发展为北京研发中心、总部基地等地位的巩固和高端服务业的发展都带来了良好的机遇。

（三）"十二五"规划实施的机遇

为促进经济长期平稳较快发展，中央提出了"十二五"时期以科学发展为主题，以加快转变经济发展方式为主线，坚持把经济结构战略性调整作为加快转变经济发展方式的主攻方向，提升制造业核心竞争力，发展战略性新兴产业，加快发展服务业，促进经济增长向依靠第一、第二、第三产业协同带动转变的战略布局。最近国家又公布了战略性新兴产业规划，提出支持节能环保、高端装备制造、生物、新材料、新能源汽车、新能源、新一代信息技术七个新兴产业发展和建立产业专项基金、搞重大产业创意工程、应用示范工程等相关政策，这是党中央三个转变政策的具体落实体现。"十二五"规划实施和相关产业政策的出台将成为我市产业结构和布局深度调整的难得机遇。

二、北京市生产性服务业空间集聚与布局的总体发展战略

北京市生产性服务业在产业空间布局方面，应该立足城市发展空间战略调整和功能优化配置，着眼于引导产业集群化、集约化发展，做强现有高端产业功能区，培育高端产业新区，提升专业集聚区，实现城市功能、

人口分布、资源环境与产业布局的协调发展。在产业发展路径方面，强调内涵式增长路径，并提出在更大区域范围内配置资源和拓展服务，着力缓解首都能源、资源及环境压力。

（一）"多中心、多极、多区"的空间布局

一是依托传统城市中心区的条件和资源优势，重点发展金融、咨询服务业、广告等行业，提高服务业的增值能力，形成"品牌企业规模化"、"功能街区专业化"、"产业板块特色化"的首都核心服务区，该核心服务区主要包括金融街金融产业功能区、CBD 集聚区。

二是以中心城区为核心拓展城市新兴生产性服务业商圈，主要包括朝阳区、通州融合服务带，这一核心区是疏散城市中心区产业的重要区域。依托新城和开发区，大力发展现代物流、会展和商务服务业等生产性服务业。

三是依托北京已有的环形城市规划，形成不同生产性服务业发展区的层次。"两圈"是指二环到四环、五环到六环之间所构成的圆形区域。在二环到四环所构成的环形区域主要发展金融服务业、咨询服务业、广告业等的总部中心以及展示中心。而在五环到六环之间布局物流服务业城际节点、发展服务业。

四是根据城市发展趋势，形成具有不同行业特色的新增长极。"三极"，指的西北极、东南极和东北极。其中，西北极主要是布局以上地科技园区、中关村高科技园区为中心的科技服务业以及卡机金融服务业。东南极主要是布局以亦庄新城为中心的科技服务业和物流服务业。东北极主展布局以顺义新城区为中心的会展服务业、空港物流业等。

五是面向北京城市发展的本地需求和全球性大都市需求形成多区发展格局。"多区"指的是多个特色生产性服务业集聚区，主要包括房山、大兴、丰台五里店等物流服务区、丰台科技园区、奥林匹克中心会展功能区、石景山商务等综合服务中心以及南苑科技服务区。

（二）生产性服务业城市涉及区面积的扩展

基于历史的经验和面向城市未来发展的考虑，北京生产性服务业从中心城区向郊区扩展，呈现持续扩大态势。根据"多中心、多极、多区"的发展布局规划，北京南部地区和新城大力发展现代服务业，符合北京作为国际化大都市整体产业布局集聚与分散共存的新趋势，也是破解当前北京

市生产性服务业过度集中于中心城区问题的解决方案。从长远看,北京市生产性服务业在新城、郊区甚至农村地区的适当分布与发展既符合生产性服务业本身发展规律,又会全面促进北京市服务业发展、产业结构调整以及经济增长方式的转变。

(三) 内部结构的深化与重构

随着经济发展、北京国际化大都市建设的推进,城市内部功能以及要素禀赋都将动态发展,不同类别的生产性服务业将会受利益驱动,结合自身产业特征发生地理集聚的变化。从整体上看,集聚与分散化将成为一个并存的发展态势。生产性服务业在北京的中心城区,尤其是 CBD 的集群化发展是其空间分布的主要趋势。伴随着信息通讯技术和交通设施的不断完善,生产性服务业也存在向郊区地方分散趋势,甚至形成新的集聚区。

北京的政治经济地位,决定了北京的生产性服务业应该按照立足首都、服务周边、辐射全国、面向国际的发展思路,其对经济增长、就业等指标的贡献是区域性的,但其影响将是全国性乃至国际性的。未来应该发挥北京的资源、区位优势,以提升知识型服务业、拓展外向型生产性服务业为重点。重点发展和建设产业相对集中、产业特点和优势明显、科技含量高、产业经济总量大、辐射和带动能力比较强的高端生产性服务业,这一部分应该全面提升服务质量与水平,包括园区的整体规划建设、硬件建设、政府管理服务的便利化以及园区景观、辅助设施的建设,将产业集聚变成有特色文化与环境的文明现代街区。

(四) 基于区域禀赋与特点的发展目标

北京市对城市区域进行细致规划、分类指导,做好机遇区域、强化区域和重建区域的发展规划。北京未来生产性服务业的发展应进行详细的分区规划,把城市分为机遇区域、强化区域和重建区域。目前,机遇区域主要分布在北京的东部新城区以及南部区域;强化区域则分布在市中心的某些仍然具有发展潜力的地域;重建区域则主要分布在一些尚未开发利用的远郊区或者农村地区。基于各地区不同发展情况,实施有针对性的生产性服务业发展战略,见表 8 - 2。

表8-2　　　　　　　　　　　不同区位功能地位及战略重点

区域类型	典型区域	功能定位	战略重点
机遇区域	东部新城区 南部区域	城市规划、交通便利拉动产业升级，打造新兴的生产性服务业聚集区	总部经济、现代物流、金融后台服务及技术服务
强化区域	CBD 金融街 中关村	已具影响力区域高端功能提升，提升"北京服务"国内外影响力和话语权	北京全国金融管理中心 亚太信息服务中心枢纽 全球商务服务网络节点 高端人才聚集中心 高端律师、会计师等中介服务
新建区域	城市郊区	城市规划、楼宇租金及园区引导具有后台办公属性的服务以及环节集聚	现代物流、软件制造、数据服务、金融后台、研发实验

资料来源：根据有关资料整理。

三、促进北京市生产性服务业空间合理集聚与布局实施路径及对策

（一）分类规划指导，破解制约不同区域生产性服务业发展的根本问题

1. 解决制约高端产业功能区品质提升的问题，打造国际一流的高端生产性服务业集聚。加强 CBD、金融街等高端区域城市基础设施和公共空间的综合管理协调力度，严格按照区域街道家具、户外广告、景观绿地规划，强化各部门之间统一协调力度，共同营造富有吸引力的城市公共空间，为提升 CBD 的商务环境质量、促进相关生产性服务业结构调整升级创造良好氛围。要结合 CBD、金融街拓展区建设，对地区交通规划进行全面论证和完善，妥善解决本地区交通拥堵问题。

2. 做好新兴区域的规划与准备工作。要兼顾生产性服务业新区的用地、居住用地、商业用地三者之间的平衡，适当增加住宅建设用地和商业用地，为妥善安置开发区就业人员、改善地区商务投资环境、促进生产性服务业聚集创造条件。比如，要及早做好北京经济技术开发区由制造加工基地向研发设计基地转型的前期规划，率先在南城地区建设示范性生产性服务业集群，为推进南城发展创造条件。

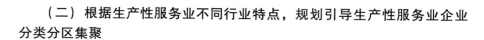

（二）根据生产性服务业不同行业特点，规划引导生产性服务业企业分类分区集聚

不同的生产性服务业行业其向心化聚集与郊区化程度往往存在显著的差异，需要规划区别对待。例如，银行、金融保险、法律咨询、广告、会计审计等高端生产性服务业更倾向于集中在城市中心区，而计算机数据服务业、研发实验室、设备租赁服务业、工程咨询、数据处理等行业则表现出较强的离心化趋势。

在不同生产性服务业行业区位选址需求的基础上，打破行政区划的界限，根据不同生产性服务业企业的特点，实行分类、分区规划。各生产性服务业聚集区实行"一区一业（核心产业）"吸引关联生产性服务企业入驻，引导生产性服务企业有针对性地"定点聚集"，加快打造比较明确的专业化生产性服务业聚集区，尽快改变目前生产性服务业混杂、无序聚集状况。

对北京市重点发展的优势生产性服务业部门，如金融、信息服务、研发科技服务、商务服务等实行全市统一规划，避免各区县为争夺税源，导致相关生产性服务业企业分散布局形成的聚集不经济现象，打破生产性服务业集群由于行政区划、财政分权体制形成的画地为牢、相互分割的局面。

（三）充分发挥市场配置资源的基础作用，促进生产性服务业向近郊区、落后城区转移和集聚

由于北京市中心城区的用地受交通、历史文化名城保护等诸多因素制约，中心城区生产性服务业的发展重点应该放在提升服务层次和专业化水平，强化中心城区在高端生产性服务业行业的管理和控制职能，而不宜进一步大规模引入和聚集新的机构。基于市场配置资源功能及企业追逐利润的自我选择，通过中心城区地价、租金、居住、通勤成本上升等经济杠杆，结合近郊区交通便捷化的条件以及居住用地、建筑容积率控制等规划手段，推动在中心城区已经失去和将要失去竞争优势的生产性服务业企业向近郊区转移，形成新的集聚区和功能区。

基于目前重点功能区建设都不同程度地存在发展空间不足的矛盾，规划部门要立足全市发展的高度，打破现有功能区规划边界的限制，在南城（如丰台、大兴）部分区域规划一批商业地产项目，探索把"筑巢引凤"

培育新的生产性服务业集群与"腾笼换鸟"提升现有的高端产业功能区发展水平结合起来，树立以生产性服务业集聚带动南城等落后地区发展的新思路，为推进首都区域经济平衡发展探索新出路。

作为全国经济全球经济的节点，北京的生产性服务业市场主要是面向全国，甚至是全世界，对本地市场的依赖程度相对较低，可以考虑在机场高速路沿线、机场周边等地区规划若干专业化的生产性服务业聚集区。

具体措施如下：一要加大对临空经济区基础设施的建设投入，提高地区公共服务设施配套水平；二要明确临空经济区规划范围内除绿化用地外，一律作为建设用地，为进一步吸引中心城区生产性服务企业向近郊区转移提供发展空间；三要重点依托重大基础设施项目建设，突出抓好物流、会展等生产性服务业向近郊区转移的步伐，力争率先培育一批功能突出、特色鲜明的生产性服务业聚集区，从而进一步带动相关生产性服务业向外转移。

（四）适度调整中心城区产业布局，优化中心城区生产性服务业结构

伦敦、纽约和东京等国际性大都市产业发展的演变路径表明，大都市城市中心区域曾经历了由商务和金融服务业为主导的经济功能向商务和金融服务业（公司总部经济）、创意产业、旅游业和文化产业等多种产业并进的多元化格局的转变过程。为了满足城市中心区产业发展的需要，上述国际性大都市都及时调整了中心城区土地利用方式，确保了城市中心区的有限土地空间能够发挥最大的经济价值。

由于历史原因，北京的中心城区集中了大量中央所属事业单位（主要为面向政府的研究和设计机构），这些事业单位往往呈现出"前院办公，后院居住"的格局，并且不同部门所属的事业单位之间相互分割，自成一体。上述中央事业单位的很大一部分本质上属于生产性服务业企业，现有的空间分布格局既不利于企业拓展发展空间，也无形中阻碍了生产性服务业企业的相互聚集，更为严重的后果是导致中心城区土地利用的巨大浪费，这些土地本应用于能够产生更高经济效益的商务办公、文化创意等功能。

要解决上述问题，规划部门应探索调整中心城区土地利用方式，面向国际化大都市建设以及"京津冀"一体化发展的大趋势，有针对性地推动一批关键性的生产性服务企业向郊区或者向天津河北转移，从而优化和提升中心城区生产性服务业结构和档次，加快郊区生产性服务业聚集。

（五）充分考虑突发性事件影响及安全性问题，推动城市内部生产性服务业空间适度分散

在纽约，"9.11"之前，曼哈顿南端、华尔街等几条重要街道集中了数十家大银行、保险公司、证券交易所以及上百家大型企业的总部。但是在"9.11"发生之后，金融服务业遭受了沉重的打击，包括人员伤亡、数据丢失、系统损毁等，于是许多金融机构纷纷选择在纽约周边地区建立完善的后备系统，如后台数据库。

（六）生产性服务业的发展需要多部门联动和政策联动

引导生产性服务业企业优化空间聚集，促进生产性服务业发展广泛涉及规划、建设、土地、发展改革、财政、市政、交通、环保等众多部门，大量问题涉及中央与地方之间、北京市所辖区县之间的相互协调，单纯依靠规划部门的力量很难实现预期目标。应进一步强化相关部门的政策联动，形成齐抓共管的推动合力。需要由市政府分管副市长牵头，规划、建设、土地、发展改革、财政、市政、交通、环保等相关部门主要负责人参加，组成北京市促进生产性服务业发展领导小组，全面负责推进北京生产性服务业发展的政策研究、组织协调、落实监督等工作。

第三节　典型行业的空间布局规划

一、面向未来的北京物流行业空间布局规划

（一）总体思路

面向未来北京市物流规划空间布局的总体思路应该是：继续完善"三环、五带、多中心"物流节点空间布局，发挥各物流节点的设施功能优势，引导物流资源在空间上的合理配置；适应未来五年物流业发展的实际需要，以加快物流业发展方式转变和服务水平提升为着力点，深化内涵、延伸发展，按照城市保障物流、专业物流、区域物流和国际物流的发展主线，强化本市物流业发展"广覆盖"、"多组团"、"立体化"的网络结构

特征，进一步优化全市物流空间布局。

（二）产业集聚区专业物流设施布局

服务本市高端产业功能区、工业开发区以及专业集聚区的建设与发展，在五环和六环周边新建和改造相对集中、功能完善、规模化的物流中心或配送中心，引导物流资源集聚，形成多个"组团式"的专业物流设施空间布局。

1. 东部组团。在潞城、张家湾、宋庄等地重点发展电子电器、食品饮料、图书音像等专业物流集聚区，可服务于通州经济技术开发区、电子商务总部基地等产业园区，以及机电、都市工业、新能源新材料、文化创意等产业。

2. 东南组团。在马驹桥、十八里店、亦庄、黑庄户等地重点发展电子、医药、快速消费品、家用电器等专业物流集聚区，可服务于北京经济技术开发区、中关村科技园区金桥科技产业基地等产业园区，以及电子信息、生物医药、环保、新能源新材料等产业。

3. 南部组团。在大庄、黄村、西红门等地重点发展医药、快速消费品、食品冷链、农产品、纺织服装、快递等专业物流集聚区，可服务于中关村科技园区大兴生物医药基地、大兴经济开发区等产业园区，以及生物医药、机械制造、印刷包装、服装等产业；配合北京新机场建设，合理规划预留物流发展的设施空间。

4. 西南组团。在房山区燕山、窦店、闫村等地和丰台区五里店、榆树庄、白盆窑等地重点发展农产品、石化、汽车、钢材、医药、图书、服装等专业物流集聚区，可服务于中关村科技园区丰台园、北京石化新材料科技产业基地、北京窦店高端现代制造业产业基地等产业园区，以及石油化工、机械制造、电子信息、生物医药、新能源新材料、汽车及配件等产业。

5. 西北组团。在南口、马池口、沙河、清河等地重点发展汽车、工程机械、新材料、生物医药、农产品等专业物流集聚区，可服务于中关村国家自主创新示范区核心区，包括中关村科技园区昌平园、未来科技城、国家工程技术创新基地、中关村生命科学园、中关村永丰高新技术产业基地等高科技园区，北京八达岭经济开发区、北京新能源汽车设计制造产业基地、北京工程机械产业基地等产业园区，以及汽车、新材料、生物医药、环保和新能源等优势产业和新兴产业。

6. 东北组团。在首都机场周边、赵全营、高丽营、李桥、庙城等地重点发展航空物流、保税物流、会展物流及电子、汽车、食品饮料、农产品、快递等专业物流集聚区，可服务于北京天竺综合保税区、北京天竺空港经济开发区、北京汽车生产基地、北京林河经济开发区、北京雁栖经济开发区等产业园区，以及汽车、装备制造、都市工业、临空经济等产业。

（三）区域物流设施布局

服务首都经济圈建设需要，发挥北京作为全国航空、铁路、公路枢纽的优势，依托物流基地、物流中心等重要节点，加强物流通道建设，发展多式联运，打造便捷高效、辐射力强的区域物流网络体系。

完善物流基地的设施条件，发挥其在区域物流网络中的重要节点作用。继续强化以航空货运枢纽型为特征的空港物流基地功能，加快推动马驹桥、马坊物流基地海陆联运体系建设，提升京南物流基地公铁联运的服务功能。

围绕规划新建的铁路、公路货运枢纽，布局建设服务区域、辐射全国的物流中心。依托昌平、房山等铁路中心站点，规划建设马池口、窦店等以集装箱运输为特点的公铁联运物流中心；依托东坝、豆各庄、马驹桥等临近六环路的八个新建公路货运枢纽，规划布局能实现甩挂运输的公路物流中心，形成城际间干线运输的重要物流节点。

二、面向未来的北京市软件和信息服务业空间布局规划

（一）总体思路

发挥区域特色和集聚效应，结合城市功能定位要求，形成聚散合理、分工互补的区域布局。充分发挥中关村国家自主创新示范区的引领作用，带动各区县发展。从总体上构筑"一城两园多基地"的产业发展布局，形成全市共同发展软件和信息服务业的局面。

（二）空间布局规划

1. 打造中关村软件城。以海淀区上地及周边地区为核心，积极推进中关村软件园三期工程建设，盘活区域内存量产业用地，推动区域业态调整，促进软件产业集中，建成覆盖面积约 30 平方公里的中关村软件城，

并在产业规模、公共服务能力、土地集约利用、综合配套水平、园区形象等方面达到国际领先水平。

2. 支持软件产业特色园区建设。在具备条件的中关村科技园区特色产业基地中，布局定位明确、职住一体的软件产业特色园区。发挥市场机制作用，调动各类投资主体的积极性，综合利用土地、规划、财税政策，将一批腾退的工业、商业企业用地提升改造为软件产业特色园区。政府有关部门在建设公共平台、建立服务体系、公共租赁住房配套以及各项手续办理等方面予以支持。

3. 降低小微软件企业创业成本。集中扶植一批软件企业创业孵化基地。对服务特色鲜明、领域聚焦的创业孵化基地实行挂牌制度，由市、区（县）政府加大支持力度。在海淀区开展"创业社区"试点，选择在智力资源密集、交通便利、商业配套成熟的社区周边，建立专门为初创企业服务的创业孵化基地。战略新兴领域的小微企业入驻政府投资的创业孵化基地，可享受低租金优惠政策。

4. 建立多个具有特色的专业基地。以主题楼宇、小型园区为载体，引导产业聚集、培育产业生态环境，重点建设数字动漫、信息安全、工业软件、云计算、物联网、导航和数字高清等具有明显技术特色的专业基地。

三、面向未来的北京市金融业空间布局规划

（一）总体思路

北京建设国际金融中心城市是为了满足国内外经济发展的需求，这也就决定了北京作为国际金融中心应该具备多重功能，不仅要满足国际经济合作和金融交流的需要，还要考虑与国内其他金融中心城市之间的分工，应特别注意与上海、天津的金融中心定位是否重叠，以避免资源浪费。因此，北京建设国际金融中心城市应该在国际、国内以及区域有三重定位。

1. 北京构建国际金融中心的国际定位。根据伦敦出版的《全球化金融中心指数》分类方法，国际金融中心按照覆盖区域面积大小分为三个级别：即全球性国际金融中心、洲际性（或区域性）国际金融中心和一国对外的国际金融中心。而北京则有可能依靠中国经济强劲增长及其独有的决策、管理和信息优势成为亚洲的国际金融中心。但北京金融产业发展起步

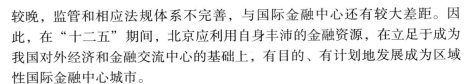

较晚，监管和相应法规体系不完善，与国际金融中心还有较大差距。因此，在"十二五"期间，北京应利用自身丰沛的金融资源，在立足于成为我国对外经济和金融交流中心的基础上，有目的、有计划地发展成为区域性国际金融中心城市。

2. 北京构建国际金融中心的国内定位。北京和上海是我国最国际化的两座特大型城市，两个城市在金融人才优势、第三产业发达程度、科技与文化发达程度等指标方面基本相当，都具备成为金融中心的条件，但两城市的优势各不相同。上海拥有全方位的金融市场体系，但是缺乏金融决策能力，城市金融功能更加倾向于金融市场的交易功能。而北京拥有源于决策中心和信息中心的优势，但缺乏金融产品交易能力，城市金融功能侧重于金融市场的宏观调节功能和信息集聚功能。因此，为了避免城市功能重叠造成资源浪费，在建设金融中心的过程中，两个城市应该充分发挥自身优势，在功能定位上有所区别，形成互补，上海应建设成为一个交易功能比较齐全的区域性国际金融中心，而北京有可能成为一个金融宏观调节功能和信息集聚功能比较强大的区域性国际金融中心。

3. 北京构建国际金融中心的区域定位。目前北京的金融资源主要集中于金融街与 CBD。金融街聚集了国家级金融监管和决策机构，是北京建设国际金融中心的核心区域；CBD 是北京国际化程度最高的地区，国际资源相当丰富，已成为国际金融机构进入北京的首选办公地。正是这两种金融资源的优势集聚，使北京作为国际金融中心的内涵更加丰富。因此，在把北京建设成为国际金融中心的过程中，应注重这两个具备不同金融资源的功能区之间的配合，充分发挥各自优势，形成集聚效应，同时还要处理好自身发展与周边津冀晋蒙经济发展之间的协调问题。

（二）空间布局规划

首都金融的创新力、辐射力和影响力进一步提升。高端金融创新要素进一步集聚。金融要素市场的国内外辐射力显著提升，全国场外交易市场在京设立并初步发展，首都要素市场实现高端化整合发展，逐步成为重要商品的价格形成中心，到"十二五"末，力争形成若干个万亿元级别和千亿元级别的交易所。加快发展碳金融要素市场，形成绿色金融体系。国家科技金融创新中心初步形成，金融产品和服务创新系统化推进，充分发挥对国家金融综合改革创新的示范引领作用。首都金融对内、对外联系进一步加强，形成国际金融活动、国内外高端金融机构总部聚集之都，每年举办国际性金融活动 10 余次，成为全球金融中心网络的重要节点。

进一步完善国家金融管理中心职能，进一步聚集总部金融机构，鼓励发展地方金融机构、新兴金融机构和各类中介服务机构，构筑链接世界、服务和辐射全国的金融组织体系。

1. 优化产业布局，提升空间承载力。统筹全市金融空间承载能力，进一步优化金融业空间布局，各金融功能区突出特色，实现协同发展。完善金融功能区综合服务，持续提升金融功能区品质，增强金融功能区的品牌影响力，强化金融功能区优势金融资源对周边地区的辐射带动。

依据各金融功能区的禀赋，对几个金融功能区的布局进一步细化和明确。北京市将提升高端产业功能区的辐射力，积极培育高端产业功能新区，构建"两城两带、六高四新"的创新和产业发展空间格局，使之成为全市高端产业发展的重要载体①。

2. 加快推进金融功能区规划建设。高标准、高效率推进金融功能区的规划建设，加快拓展金融发展空间。全面推进金融街拓展区、北京商务中心区核心区和东扩区、丽泽金融商务区的发展建设，在土地供应、规划布局、开发模式等方面加大支持力度。增强金融街的总部金融功能，向德胜科技园、广安产业园、丽泽金融商务区辐射，促进金融街与丽泽金融商务区连接，实现南北融合发展。推进金融后台服务产业集聚发展。增强中关村西区科技金融综合改革试验功能，深入建设中关村国家科技金融创新中心。

3. 促进金融功能区协同发展。加强统筹协调，明确金融功能区发展定位，不断提升品牌效应和国际影响力，使之充分发挥引领带动作用，成为"北京服务"、"北京创造"品牌的重要支撑。加快金融街发展建设，进一步集聚国家级金融机构总部，吸引资产管理机构，研究发布金融街金融指数，增强金融街作为首都金融主中心区的辐射效应。显著提高北京商务中心区国际化水平，推动跨国公司地区总部集聚。引导新兴金融机构入驻北京丽泽金融商务区，稳步推进国家金融信息平台项目建设，打造具有全国影响力的新兴金融功能区。增强东二环金融商务区绿色金融功能。进一步提升中关村西区科技金融功能。加快四个金融后台服务园区发展，引

---

① 这一产业发展格局概念中的"四新"是指通州高端商务服务区、丽泽金融商务服务区、怀柔文化科技高端产业新区、新首钢高端产业综合服务区。"四新"主要承接的是金融信息功能，还有一些新兴的金融功能。我们希望通过丽泽金融商务区的建设，一方面承接新的金融产业落地，另一方面也能够带动南城的发展。

导金融后台部门和金融服务外包机构集聚。

4. 完善金融功能区综合配套服务。完善园区基础设施，优先安排功能区及周边水电气热等基础设施建设，加快完善通讯、交通路网及配套设施建设，建立公共交通短驳系统。完善金融功能区的软件基础设施，加强金融产业信息化建设。注重各功能区服务提升和功能完善，改善功能区商业、会议、餐饮、文化、医疗、娱乐等配套服务。改善政府服务体制机制，建立健全政府服务绿色通道，进一步提升为金融产业集群提供特色、专业化服务的能力和水平，为各类金融机构提供高效、便捷的服务。

5. 传统金融集聚区与新兴功能区协同发展。为了避免同质化的发展模式以及区域发展的本位主义，可以将金融街、CBD 和丽泽商务区由同业竞争向协同发展推进，形成分层次、分类别的互相补充的功能和属性各异的金融中心。将金融街和丰台丽泽商务区建设协同考虑，把一些金融资源适当拓展到丽泽"新金融街"。一方面可以带动丽泽"新金融街"发展，另一方面也能够增强金融街的发展潜力。在空间布局上，丽泽金融商务区将与金融街在北京西部形成分而不离的双核心泛金融商务区，在北京西二环中南段，呈哑铃形分布。根据这一发展模式，一端是高度集中的资金聚集中心和金融决策中心，另一端则是市场服务功能齐全的金融投资、交易运营区；在产业选择上，金融街以金融管理机构为主，而丽泽商务核心区则以金融交易、投资类机构为主。

6. 重视金融业后台功能集聚区发展。北京作为中国金融监督和管理机构所在地，也是中国集聚金融机构总部最多的地区，发展金融后台服务有着得天独厚的优势。但从长远来看，随着金融后台服务区的不断完善发展，长期的拉动效应不可低估。金融后台服务的配套产业、金融设备的维护、大量的就业人口等将会给金融后台服务区带来巨大的发展商机。

7. 打造具有全球影响力的金融咨询中心。北京 CBD 同样瞄准整合丰富传媒资源的机遇，推动建立全球规模的财经资讯公司，打造有国际影响力的金融资讯中心。丽泽金融商务区则计划未来在金融服务外包中心上做些文章，打造类似陆家嘴论坛和达沃斯论坛的具有品牌影响力的商务论坛。

第九章

北京市生产性服务业
集聚专题研究

第一节 北京市主要城区生产性服务业 空间集聚适度性评价[①]

一、引言

产业集聚是指同一产业在某个特定地理区域内高度集中，产业资本要素在空间范围内不断汇聚的一个过程。从以马歇尔和韦伯为代表的新古典经济学到以克鲁格曼和藤田昌久为代表的新经济地理学，产业集聚理论研究越来越多地被集中于区域经济和产业经济的分析框架中。总体而言，产业集聚大多以制造业为研究对象，但目前来看，随着生产性服务业的快速发展，其集中趋势也势不可挡，像北京这样的国际性大都市往往都是生产性服务业密集的地区。集聚形成后，区域内各个市场主体会形成强烈的经济网络关系，但一旦市场集聚饱和，生产要素拥挤就会出现恶性竞争，从而出现"一损俱损"的局面。近年来，随着生产要素成本的不断上涨，我国很多地区的生产性服务业在发展过程中出现了"瓶颈"，效率损失严重，着重表现为对于流动资产、劳动力、固定资产投入多的地区，产值或许会高，但年利润总额、劳动生产率等却不高。这种生产要素投入不断增加，而产出效率却不断下降的现象更加强调了生产性服务业空间集聚适度性研

[①] 本节观点与主要内容已经整理为本课题的阶段性成果《生产性服务业空间集聚适度性评价——基于北京市主要城区对比研究》一文，发表于《城市发展研究》2013 年第 11 期。

究的现实意义。

二、文献回顾

事实上，目前尚没有一个明确的定义来诠释"集聚适度"，新经济地理学认为：随着产业集聚的过程演进，区域内劳动力、土地等生产要素成本上升，当生产要素成本的增加足以抵消劳动生产力提高给企业带来的集聚经济效果时，企业应当把部分技术含量低、劳动密集型产业迁往工资低的周边区域，否则产业空间集聚就会进入"非经济区"，这其中便暗含了"适度"的概念。即当区域产业规模在集聚适度点以内的时候，这种集聚是有效率的，可以为企业带来利润的增加，相反，当产业规模越过集聚适度点时，集聚效率下降，此时应当适度削减集聚规模；迪弛（Tichy G.）从时间维度考察了产业集群的演变，他在弗农的产品生命周期理论基础上提出了集群生命周期理论，认为集群过程划分为诞生、成长、成熟、衰退几个阶段。如果适度性可以用产业集聚的规模和效率两个指标的对比来衡量，那第一阶段意味着产业初步集聚在一起进行产品生产，通过集群内企业基于信息网络、分工协作以资源共享所产生的集聚经济获得竞争优势，在这一阶段，随着集聚的加强，集聚规模不断扩大，集聚效率也随之加强，但却存在着由于增长率高，企业没有压力创新，靠集中资源于最畅销的分支来维持这种集聚效率的风险；第二阶段，产业规模和集聚效率均达到最优点，集聚处于适度阶段，但存在着"过度竞争"的威胁；第三阶段，随着集聚规模的不断扩大，生产要素拥挤，企业收益下降，大量企业在集群中退出，即随着集聚规模的扩大，集聚效率却逐渐降低，规模不经济，产业聚集过度。

集聚适度性的焦点便集中于集聚规模和集聚效率两个名词上，已有的文献对服务业集聚规模的研究主要集中于对产业集聚度的测度，其测量方法也多种多样，例如：马凤华、刘俊利用产业地理集中指数以及自定义的五省市集中度，对我国 11 个服务行业 1998 年、2000 年、2002 年的集聚程度进行了测定；胡晓鹏、李庆科以长三角区域 25 个行政单位为样本，利用区位熵、变异系数及空间基尼系数等方法对长三角区域生产性服务业是否存在空间集聚趋势进行了实证研究；周蕾选用赫芬达尔指数（H）测算了浙江生产性服务业各行业内的企业集聚程度，并用区位熵法来测算浙江省生产性服务业的区域集聚分布特征；贺天龙、伍检古利用赫芬达指数和区位熵测度了珠三角九市的生产性服务业集聚程度；王雪瑞、葛斌华在分析我国生产性服务业空间发展的动因及其影响因素的基础上，进行了Moran 指数检验，运用 SLM 模型和 SEM 模型对我国生产性服务业空间效应进行了实证研究，并将研究结果与 OLS 模型和面板模型的结果进行了比较。而对于生产性服务业产业集聚效率的研究相对较少，主要方法集中于数据包络分析及产出效率分析等方面，如欧阳中海利用 1993～2002 年全国各省区第三产业分部门的增加值和劳动者人数数据研究了空间集聚和劳动生产率增长的内在联系；吴晓云选取除西藏外我国 30 个省区作为决策单位，运用数据包络分析方法对 2008 年各省区生产性服务业综合效率、纯技术效率、规模效率进行测算，发现我国生产性服务业生产总值主要依靠资源的大量投入，仍然是粗放式经营，存在大量的资源浪费；田家林、黄涛珍运用超效率 DEA 模型比较分析了我国各省市生产性服务业的产出效率，得出我国生产性服务业总体投入产出效率不高，东部地区明显高于中西部地区的结论，同时使用 TOBIT 模型考察了影响区域生产性服务业投入产出效率差异的影响因素。

可以看出，直接研究生产性服务业集聚适度性的文献很少，而在考虑集聚规模基础上研究集聚效率的研究方式也只出现在制造业集聚适度性的研究中。本书以北京市主城区为例，利用区位熵指数先对北京市生产性服务业各行业集聚规模进行测度，在此基础上利用突变级数法来研究其集聚效率，通过集聚规模和集聚效率的对比，判断城六区生产性服务业各行业是否处于集聚适度范围，进而检验城六区各生产性服务业行业是否还未发生显著集聚效应，或者已经集聚适度甚至过度。

三、研究方法及数据说明

（一）研究方法简介

突变级数法来源于系统新三论之一的突变理论。突变理论（Catastrophe Theory）是由法国数学家雷内·托姆（Rene Thom）创立的一门新的数学学科，建立在拓扑动力学、奇点理论等数学理论的基础之上，研究系统状态变量的特征对控制变量的依从关系。早期的突变理论广泛应用于物理、生物等领域。但近年来，利用其来研究经济系统的稳定性成为经济学界的热点，此理论可以应用于构建企业评价模型并对企业制定的经营者方案措施进行综合评价；还可以应用于经济系统或区域经济的潜在危机分析，并建立预警模型，比如金融系统的安全性评价、上市公司所存在的风险评价等；在产业经济学中还利用其对地区产业地理集中进行评价。其评价步骤主要有：

1. 构建突变评价指标。根据评价系统的内在作用机理，将评价系统分解成由若干评价指标组成的多层次系统，排列成倒立树状机构，自上而下依次为总指标、子指标、子指标的子指标……直到可以进行量化的指标，分解便停止，这样通过对最后一层指标的数据量化，系统评价总指标。

2. 确定指标体系各层次的突变系统模型。突变系统类型共有尖点突变、燕尾突变、蝴蝶突变、折叠突变、双曲脐点突变、椭圆脐点突变等多种类型，但最常见的是前 3 种，即尖点突变、燕尾突变、蝴蝶突变系统。各系统的特点和内容，参见表 9 - 1。

表 9 - 1　　　　　　　　　　**突变模型分类**

类型	尖点突变	燕尾突变	蝴蝶突变
模型	$f(x) = x^4 + ax^2 + bx$	$f(x) = \frac{1}{5}x^5 + \frac{1}{3}ax^3 + \frac{1}{2}bx^2 + cx$	$f(x) = \frac{1}{6}x^6 + \frac{1}{4}ax^4 + \frac{1}{3}bx^3 + \frac{1}{2}cx^2 + dx$
图示			
变量	a, b	a, b, c	a, b, c, d
分叉方程	$a = -6x^2$, $b = 8x^3$	$a = -6x^2$, $b = 8x^3$, $c = -3x^4$	$a = -10x^2$, $b = 20x^3$, $c = -15x^4$, $d = 5x^5$
归一公式	$x_a = \sqrt{a}$, $x_b = \sqrt[3]{b}$	$x_a = \sqrt{a}$, $x_b = \sqrt[3]{b}$, $x_c = \sqrt[4]{c}$	$x_a = \sqrt{a}$, $x_b = \sqrt[3]{b}$, $x_c = \sqrt[4]{c}$, $x_d = \sqrt[5]{d}$

在表 9 - 1 中，x 为状态变量，a，b，c，d 为控制变量，如果一个指标仅分解为两个子指标，则为尖点突变模型，如果分为三个子指标，则为燕尾突变模型，若分为四个子指标，则为蝴蝶突变模型。

3. 由突变系统的分叉方程导出归一公式。分叉集方程式不能直接用来分析评价，必须通过其导出归一公式，从而把系统内诸控制变量不同的质态化为同一质态。具体做法为把各突变模型中状态变量、控制变量的取值范围限制在 0 ~ 1 内，即归一化。

4. 利用归一公式进行综合评价。在归一化公式中，x_a，x_b，x_c，x_d 分别表示对应 a，b，c，d 的值。对 x 值采用"大中取小"的原则或取平均值。"大中取小"原则是指如果系统的诸控制变量之间不可相互弥补不足，则从 x_a，x_b，x_c，x_d 中选取最小的一个作为整个系统的 x 值；取平均值是指当系统的各个控制变量之间可以相互补充其不足时为使 x 值达到较高水平而采取的办法。

(二) 数据说明

本书选取北京市城六区（海淀区、朝阳区、东城区、西城区、丰台区、石景山区）第二次全国经济普查中生产性服务业六个行业（交通运输仓储和邮政业、信息传输计算机服务和软件业、金融业、房地产业、租赁与商务服务业、科学研究技术服务和地质勘探业）相关数据指标，对生产性服务业各个行业的集聚程度和集聚效率进行对比，以此观测北京市主要城区生产性服务业空间集聚适度性，所用到的数据来源于北京市城六区第二次全国经济普查数据公报（2010）及各城区统计年鉴（2011）。

四、实证分析

(一) 集聚程度的测度——区位熵指数

我们用区位熵指数来考察北京市生产性服务业内部的集中程度，选取 2010 年的数据样本，引入区位熵指数，即：$\beta_{ij} = \dfrac{q_{ij}/q_j}{q_i/q}$。其中，$q_{ij}$ 表示地区 j 的产业 i 的产值，$q_j = \sum\limits_{i=1}^{n} q_{ij}$ 是地区 j 的全部生产性服务业产值，$q_i = \sum\limits_{j=1}^{n} q_{ij}$ 是产业 i 的北京市总产值，$q = \sum\limits_{j=1}^{n}\sum\limits_{i=1}^{n} q_{ij}$ 是北京市生产服务业总产值。β 系数的分子是地区 j 的产业 i 占该地区生产服务业的份额，分母是北京市产业 i 占生产服务业的份额，具体的测算结果见表 9 - 2：

表9－2 北京城六区区位熵指数测度结果

区域 行业	朝阳区	海淀区	西城区	东城区	丰台区	石景山区
交通运输、仓储和邮政业	0.882584	0.101528	0.255415	0.302925	0.900158	0.493568
信息传输、计算机服务和软件业	0.570572	2.207244	0.323245	1.04583	0.532719	1.825756
金融业	0.698908	0.624555	2.317031	1.088742	0.709841	0.634613
房地产业	1.472853	0.71308	0.51141	0.814818	0.99787	1.443604
租赁和商务服务业	1.906845	0.510094	0.868396	1.390477	1.217663	0.64518
科学研究、技术服务和地质勘探业	0.814847	1.668834	0.484203	1.095079	2.034769	0.926355

注：表中阴影为集聚程度较高地区。
资料来源：各城区统计年鉴计算而得。

分析表9－2可知，从行业看，北京市生产性服务业中，交通运输、仓储和邮政业城六区区位熵指数都小于1，但朝阳区、丰台区接近于1，说明它们虽然迅速发展，但尚未具备强烈的规模优势与集聚优势；对于信息传输、计算机服务业和软件业，海淀区、石景山区、东城区区位熵指数大于1，说明集聚程度较高；对于金融业，只有西城区和东城区集聚程度较高；对于房地产业，只有朝阳区及石景山区集聚程度较高；而租赁和商务服务业，集聚程度较高的有：朝阳区、东城区和丰台区；科学研究、技术服务和地质勘探业，丰台区、海淀区、东城区处于集聚程度优势地位。

（二）集聚效率的测度——突变级数法

1. 生产性服务业空间集聚效率指标。生产性服务业产业集聚效率的优劣应该全面衡量，目前此问题的研究尚处于初级阶段，也有的方法只用一两个特定的指标进行定量测算，这无疑会影响到评价的科学性。本书考虑到所研究的问题以及数据的可获得性和可靠性，在制造业产业集聚效率指标体系的基础上，分别从效益、产出、投入三个方面选取8个指标，构建生产服务业产业集聚效率评价指标体系，见表9－3。

表 9 - 3　　　　　　　　生产服务业集聚效率评价指标体系

一级指标	二级指标	三级指标	单位
集聚效率	效益 A_1	劳动生产率 B_1	千元/人
		利润总额 B_2	千元
		资产利润率 B_3	%
	投入 A_2	就业平均人数 B_4	人
		实收资本 B_5	千元
		总资产 B_6	千元
	产出 A_3	总产值 B_7	亿元
		主营业务收入 B_8	千元

根据突变级数法的基本原理，由下至上依次给出评价目标体系各层指标的突变系统类型。

（1）二级指标系统。效益指标 B_1，B_2，B_3 属于燕尾突变系统，为互补型；投入指标 B_4，B_5，B_6 也属于燕尾突变系统，为互补型；产出指标 B_7，B_8 属于尖点突变系统，为互补型。

（2）一级指标系统。集聚效率总指标分解为效益 A_1、投入 A_2、产出 A_3 三个一级指标，其系统为燕尾突变且互补。

2. 原始数据的无量纲化处理。根据突变级数法的要求，控制变量必须取 0 ~ 1 之间的数值，而且能够分出各被评价对象在该指标上的等级，故利用 $y_{ij} = \dfrac{x_{ij} - \min\limits_{1 \leq j \leq n} x_{ij}}{\max\limits_{1 \leq j \leq n} x_{ij} - \min\limits_{1 \leq j \leq n} x_{ij}}$ 对原始数据进行标准化处理。式中：$i = 1$，2，K，m（m 为指标个数）；$j = 1$，2，K，n（n 为评价对象的个数）。

3. 突变综合评价。本书以朝阳区交通运输仓储邮政业的数据为例说明计算过程。

（1）二级指标系统。对于指标效益 A_1 分解的指标 B_1、B_2、B_3 有燕尾突变模型，则：

$x_{B_1} = \sqrt{B_1} = 1$，$x_{B_2} = \sqrt[3]{B_2} = 1$，$x_{B_3} = \sqrt[4]{B_3} = 0.965316$，其为互补型系统，按互补求均值原则，对效益 A_1 有：$x_{A_1} = (x_{B_1} + x_{B_2} + x_{B_3})/3 = 0.98844$

对于指标效益 A_2 分解的指标 B_4、B_5、B_6 有燕尾突变模型，则：

$x_{B_4} = \sqrt{B_4} = 0.52706$，$x_{B_5} = \sqrt[3]{B_5} = 0.614401$，$x_{B_6} = \sqrt[4]{B_6} = 0.883286$，其为互补型系统，按互补求均值原则，对效益 A_1 有：$x_{A_2} = (x_{B_4} + x_{B_5} + x_{B_6})/3 = 0.674916$

对于指标效益 A_3 分解的指标 B_7、B_8 有尖点突变模型，则：

$x_{B_7} = \sqrt{B_7} = 1$，$x_{B_8} = \sqrt[3]{B_8} = 0.75805$，其为互补型系统，按互补求均值原则，对效益 A_3 有：$x_{A_3} = (x_{B_7} + x_{B_8})/2 = 0.87903$

（2）一级指标系统。集聚效率总指标按照突变级数法分为了效益、投入和产出三个一级指标，为燕尾突变模型，则：

$x_{A_a} = \sqrt{x_{A_1}} = 0.9942$，$x_{A_b} = \sqrt[3]{x_{A_2}} = 0.8771689$，$x_{A_c} = \sqrt[4]{x_{A_3}} = 0.9682799$，其为互补型系统，按互补求均值原则，对朝阳区交通运输仓储邮政业集聚效率有：

$$x = (x_{A_a} + x_{A_b} + x_{A_c})/3 = 0.9465493$$

按照上述同样步骤和方法，可分别计算出北京城六区生产性服务业六个行业的集聚效率评价结果，见表 9-4。

表 9-4　　　　　　　　北京城六区集聚效率评价结果

区域 行业及排名	朝阳区	海淀区	西城区	东城区	丰台区	石景山区
交通运输、仓储和邮政业	0.946549	0.887090	0.802605	0.750869	0.703221	0.273487
排名	1	2	3	4	5	6
信息传输、计算机服务和软件业	0.728783	0.813978	0.814687	0.795620	0.594722	0.248909
排名	4	2	1	3	5	6
金融业	0.826063	0.644333	0.907642	0.765092	0.688410	0.285094
排名	2	5	1	3	4	6
房地产业	0.998436	0.889087	0.876003	0.853790	0.750306	0.192450
排名	1	2	3	4	5	6
租赁和商务服务业	0.977855	0.7846639	0.881310	0.925270	0.725656	0.173291
排名	1	4	3	2	5	6
科学研究、技术服务和地质勘探业	0.912401	0.7535464	0.673339	0.771777	0.838333	0.109352
排名	1	4	5	3	2	6

数据来源：由突变级数法计算而得。

（三）集聚适度性——集聚程度和集聚效率的对比

前文分别对北京城六区生产性服务业各个行业集聚程度和集聚效率进

行了测度，现通过两者对比，来分析北京市城六区生产性服务业各个行业的集聚适度性。可以看出：六大生产性服务业产业集聚规模与集聚效率并非存在明显的正相关关系。

1. 北京城六区交通运输、仓储和邮政业虽然发展迅速，但尚未具备强烈的规模优势与集聚优势，集聚效率和集聚适度性更无从谈起。

2. 西城区信息传输、计算机服务业和软件业规模太小以至于形不成集聚规模，但如此小的集聚规模却获得了较高的集聚效率；海淀区和东城区既保持一定的发展规模，又保持这发展的合理性，从而使产业集聚的效率得以体现，处于集聚适度性范围之内，是信息传输等行业发展比较理想的地区；石景山区虽然有着较高的集聚程度，但集聚效率却处于城六区的最后一位，说明石景山区的信息传输、计算机服务和软件业过度集聚及效率损失等现象显著。

3. 西城区金融业发展具有较高的集聚程度和集聚效率，处于集聚适度性范围之内，较合理；其他地区此行业集聚规模和效率都相差不大。

4. 朝阳区房地产业发展具有较高的集聚程度和集聚效率，处于集聚适度性范围之内，较合理；石景山区虽然有着较高的集聚程度，但集聚效率仍处于城六区的最后一位，说明石景山区的房地产业过度集聚及效率损失等现象显著。

5. 朝阳区和东城区租赁与商务服务业发展具有较高的集聚程度和集聚效率，处于集聚适度性范围之内，较合理；西城区此行业集聚程度比丰台区要小很多，但集聚效率却比丰台区高很多。

6. 丰台区、海淀区、东城区的科研发展具有较高的集聚程度和集聚效率，处于集聚适度性范围之内，较合理；朝阳区的区位熵指数接近于1，意味着集聚规模接近形成，但集聚效率已位居城六区首位；而石景山区的区位熵指数也接近于1，但集聚效率却落后到城六区末位，这说明石景山区科学研究等行业效率损失现象已相当严重。

五、结论

综上所述，本书选取北京市城六区（海淀区、朝阳区、东城区、西城区、丰台区、石景山区）第二次全国经济普查级各城区统计年鉴中生产性服务业六个行业（交通运输仓储和邮政业、信息传输计算机服务和软件业、金融业、房地产业、租赁与商务服务业、科学研究技术服务和地质勘探业）相关数据指标，首先利用区位熵指数对城六区生产性服务业各行业集聚规模进行测度，在此基础上利用突变级数法来研究其集聚效率，通过集聚规模和集聚效率的对比，判断城六区生产性服务业各行业是否处于集聚适度范围，进而检验城六区各生产性服务业行业是否还未发生显著集聚效应，或者已经集聚适度甚至过度。我们可以得出以下主要结论：（1）北京城六区交通运输、仓储和邮政业虽然发展迅速，但尚未具备强烈的规模优势与集聚优势；（2）海淀区和东城区信息传输、计算机服务业和软件业既保持一定的发展规模，又保持这发展的合理性，从而使产业集聚的效率得以体现，处于集聚适度性范围之内；是信息传输等行业发展比较理想的地区；（3）西城区金融业、朝阳区房地产业、朝阳区和东城区租赁与商务服务业、丰台区海淀区及东城区的科学研究技术服务和地质勘探业发展也处于集聚适度性范围之内；（4）石景山区信息传输计算机服务和软件业、房地产业及科学研究技术服务和地质勘探业，虽然有着很高的集聚规模，但集聚效率太低，产业过度集聚及效率损失等现象显著。因此，对集聚态势还未形成的城区，要充分利用本地的某种优势来形成生产性服务业产业群体，发挥产业集聚的规模经济效应，提高本地区与其他地区产业相比的竞争力。而对于集聚过度的城区，应当采取切实可行的措施进行产业结构调整或制定有效的产业转移政策，杜绝"一窝蜂式"的发展模式，使产业集聚效率得到最大的体现，最终促进北京市城六区生产性服务业产业集聚的升级。

第二节　北京市金融产业集聚对区域经济增长影响[①]

一、引言

国际金融资源在不同地区之间的迅速传递使得金融活动在某一中心城市集聚的现象愈发普遍，金融业的集聚可以加强金融机构之间的合作，达到提高周转资金效率的效果，同时不同类型金融机构的集聚还可以带来信

---

① 本节观点与主要内容已经整理为本课题的阶段性成果《金融产业集聚与区域经济增长》一文，发表于《晋阳学刊》2013 年第 6 期。

息、知识等要素的外溢，形成资源、信息、人才等的共享，对地区的经济增长起着不可忽视的作用。从理论上来讲，某个产业的集聚度越高，该产业的竞争能力就越强，与所在地区或国家的经济发展的联系也越紧密（陈文锋、平瑛，2008）。而现实情况也充分证明了这一点，目前，全球范围内形成了以纽约、伦敦和东京为代表的三大国际金融中心，我国亦形成了如北京金融街、上海浦东金融区等金融高度集中的区域，这些区域利用中心地区辐射效应带动着周边区域经济的发展，从而使整个经济朝着均衡稳定的方向发展。

二、相关文献综述

本部分在对现有金融业集群理论进行综述的前提下，重点回顾了目前对金融业集聚与区域经济增长之间关系已有的研究。

（一）金融业集聚的趋势及促发因素

对于金融产业集聚的理论研究主要集中于探究金融业集聚的各种因素方面。从历史上看，金融集聚的形成往往源自于各种基础性的因素，如区位因素、信息因素、向心力因素、资源禀赋因素（人才、资金）以及政治因素等，在此本部分列举有颇有代表性的一些研究。国外研究比较早的是金德博格（Kindleberger，1974），他发现金融市场组织中存在着规模经济，这促使银行及其他金融机构选择一个特定的区位，形成了金融市场的集聚力量；随后，戴维斯（Davis，1990）通过对金融服务业领域的调查发现，在大都市区域里，大、中、小型的金融服务产业都倾向形成集聚；波蒂厄斯（Porteous，1995）运用信息流理论分析表明，信息外在性、信息腹地、路径依赖和不对称信息这些背后力量是金融集聚区兴衰的决定因素；此外，格里克（Gehrig，2000）从金融产品流动性和信息敏感程度角度分析认为，对信息较为敏感的金融交易更可能集中在信息集中与交流充分的中心地区，从而形成金融产业集聚；潘迪特（Pandit，2002）对纽约金融中心进行了研究，认为美国纽约最终成为国际金融中心而不是费城和华盛顿，其金融批发功能决定性地依赖于纽约的交通地位和信息优势；泰勒（Taylor，2003）等通过对伦敦金融服务业集群的实证研究，结果表明由地理邻近和面对面接触而发展密切的人际关系是伦敦金融服务业集群持续发展至关重要的过程。金融业集聚的趋势已不容置疑，而区位因素、规

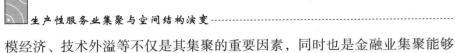

模经济、技术外溢等不仅是其集聚的重要因素，同时也是金融业集聚能够对经济增长产生作用的原因所在。

（二）金融业集聚与区域经济增长的关系

国外研究主要从金融业不同业态对经济增长影响的微观角度来解释金融集聚对经济产生的影响。如莱文和塞沃斯（Levine and Zervos，1998）研究了股票市场流动性和银行的发展对经济增长的影响；卢梭和沃弛特尔（Rousseau and Wachtel，2002）利用差分面板计量分析对47个国家1980～1995年间的年度数据进行的分析表明，银行和股票市场的发展都能在一定程度上解释经济增长。国内学者对于金融产业集聚与经济增长之间的关系研究从集聚整体维度上做出了突出贡献。如连建辉等（2005）认为，金融企业集群是复合性金融产品生产与交易的中间网络组织，金融企业集群的自身优势能够为区域内金融企业带来租金，也能够为区域经济金融发展提供强劲的成长动力，由此成为现代金融活动的基本组织形式和栖息地；刘红（2008）从金融资源的空间集中和地域扩散两个角度建立了金融集聚的评级指标体系，并对上海、杭州、南京三城市的金融集聚度进行了因子分析，论证了金融集聚会对本地区经济产生增长效应，对周边地区经济具有辐射效应；刘军、黄解宇等（2007）研究表明金融集聚可通过金融集聚效应、金融扩散效应以及金融功能促进实体经济增长；林江鹏、黄永明（2008）分析了金融产业集聚促进区域经济发展的一般机理，并以我国金融中心城市建设为例，对金融产业集聚进行了实证考察，提出推动金融产业集聚、促进区域经济发展的政策建议；姜冉（2010）通过计算泛珠三角地区的赫芬达尔指数，发现泛珠三角地区的金融业存在集聚现象，而且金融发展很不平衡；丁艺、李静霞等（2010）采用区位熵从银行、证券、保险三个方面分析了中国金融集聚程度，发现东部地区的金融集聚程度要明显高于中西部地区。

从现有的研究成果来看，金融业集聚的促发因素、与区域经济的关系等方面已有大量有价值的研究，但是针对金融集聚与区域经济增长关系，以往的研究主要是把区域经济作为一个整体来说明金融的作用，而对于具体城市具体情况的研究尚不完善。本书则以北京市作为研究对象，细化到具体城区、具体商圈，并且重点分析金融集聚对经济增长的作用机制，以完善现有研究的不足。

三、金融集聚对经济增长的影响机理

金融产业集聚不仅是金融产业发展量的积累，也是产业质的提升。量的累积表现为金融组织体系在经营规模、业务种类、服务领域等方面的增长，逐步形成了多层次的网络结构，金融资产总量不断增加；而质的提升是指金融组织体系运行效率的提高，并使得金融体系内资源配置得到优化，金融的功能也随之提升，金融产业集聚也呈现由低层次向高水平方向发展的趋势。伴随着这种"量的积累"和"质的提升"，金融产业集聚可以通过金融集聚效应、金融扩散效应以及金融自身功能促进实体经济增长。

（一）金融集聚效应对实体经济的影响

金融产业在某一区域的集聚，可以形成规模效应、技术外溢效应及网络效应等，这些效应都对实体经济产生着深远的影响。（1）金融集聚的规模效应，随着金融市场规模的不断扩大，证券的流动性逐渐也逐渐增强，吸引了其他地区的贷款人和借款人将他们的总需求和总供给转移到这个市场，如此便可节约周转资金余额，提供融资和投资便利，同时降低融资成本和投资风险，而当大量金融机构集中于较小空间时，商业银行与投资银行之间、商业银行与保险公司之间、保险公司与证券公司之间都可以开拓出众多的跨专业业务合作关系，达到金融机构之间的有力合作及辅助性产业的发展与共享。（2）信息外溢与学习创新效应，金融机构空间位置接近，因此可以更方便快捷地掌握更丰富的信息。专业的金融中介的参与，使得金融行业与需要金融服务的企业家之间信息交流更充分，进而提高了整个金融服务链流转的速度，促进了整个经济发展。而且金融行业的很多知识是隐性的，这些隐性知识的传播则更加需要面对面的接触和交流，金融产业的集聚便提供了这种便利，这有效降低了金融业企业的学习和创新成本，为企业创新活动创造了基础，利用技术创新效率的提高，而技术创新则是经济增长的最重要因素之一。（3）网络效应，金融业的集聚使得网络成为金融服务商和客户信息流动的渠道，这不仅降低了交易费用，也促进了企业间信誉机制的建立，而这种信任与合作对于金融机构尤为重要。

金融集聚所产生的这些效应相互关联、相互影响，共同作用于经济实体，各种效应综合作用的发挥，降低交易成本，同时倍增金融机构个体效

益，使金融集聚区的经济实体出现报酬递增，从而促进区域经济快速增长。金融集聚效益对实体经济影响的传导机制过程可由图9-1显示出来。

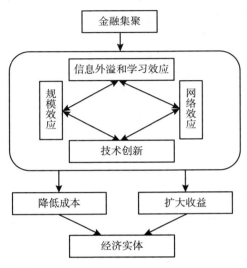

图9-1　金融集聚效应对实体经济的影响

（二）金融集聚区扩散效应对实体经济的影响

集聚区的扩散是产业集聚的又一特点，这种扩散表现为集聚区对周边地区的辐射效应，起初，由于"极化效应"，周边区域金融差异会不断加大，但随着区域、市场和产业的发展，金融集群区的金融资源集中会对周边地区产生民享的福利补偿效应，周边区域会随着中心区的发展、基础设施的改善等情况，获得资本、技术等，获得本地区经济的迅速发展，使得区域间的金融差距不断缩小，地区经济实现全面平衡发展。具体而言：（1）技术外溢效应，伴随着金融资源向边缘区的扩散，技术信息区域的流动速度会加快，一些新的技术很有可能传播到边缘区的企业，直接推动边缘区域的技术进步；（2）资本积累效应，金融资源向边缘区扩散，金融机构数目会增加，这给金融交易带来了更广阔的地域分布，一方面有利于储蓄主体获得更为全面的金融交易信息，另一方面规模的扩大、实力的增强，使得其承担和处理流动性风险的能力也会有所提高；（3）产业转移，在产业变迁进程中，一些在中心区域丧失比较优势或因过度集聚而不经济的金融部门或逐步向周边地区转移，例如，部分企业因中心区办公楼租金过高而向外围的扩散，这种转移会直接形成中心区域集聚的精简及周边区域企业的示范；（4）产业关联，随着核心地区金融的发展，将会扩大对周边不发达地区的原材料与初级产品的购买量，如此区域间产业结构便形成了投入产出相互衔接的互补型关系。金融业集聚的扩散效应带来中心区域与周边区域的互动，用图形简明表示为图9-2。

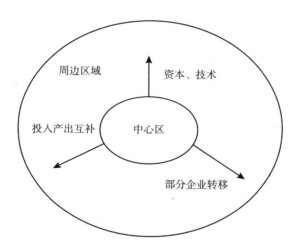

图9-2　中心区域与周边区域的互动

（三）金融自身功能对实体经济的影响

莱文（Levine，1997）认为金融有五个基本功能：便利风险的交易、规避、分散和聚集；配置资源；监督经理人、促进公司治理；集聚储蓄；便利商品和劳务的交换。这些功能能够加速区域资本转化、积累及推进技术进步，从而影响经济的增长。

从功能观视角来看，金融集聚的过程同时也是金融功能不断深化的过程，这种视角较传统视角更能清楚地阐明金融集聚在实体经济发展中的作用与地位。（1）便利的风险管理降低交易成本，金融机构在区域内的集聚通过范围经济等效应，使金融体系具备了风险分散化的能力，并通过改变资源配置水平增强资产的流动性、降低交易成本。（2）信息揭示功能提升资源配置效率，投资往往因高昂的信息成本而不能流向可以实现其最高价值的地方，而金融业的集聚使得金融中介获取信息的成本降低、金融中介对各类投资机会信息的收集便利，使其更易识别有利的投资机会，从而改善了资源配置的效率，同时证券机构和市场的集聚也能影响公司信息的获取与传播，当证券市场的规模和流动性变大时，市场参与者获取上市公司信息的激励也就越大，这样更大规模和更有流动性的股市可以提高资源配置而促进实体经济增长。（3）降低事后监督成本，除了降低事先获取信息的成本外，金融集聚还降低了事后监督成本，提高公司治理水平，间接利于经济的快速增长。（4）集聚储蓄同样可以促进资源有效配置，集聚储蓄是把分散的储蓄汇聚成资本并转化为投资，促使许多生产过程达到有效率的规模水平。在金融集聚区内，金融机构云集，通过金融区域的资源共享效应、品牌效应等来有效降低信息成本和交易成本，使储蓄者愿意把钱放入中介机构。金融集聚的资金集聚能力会对经济发展产生重大影响。（5）便利交换促进专业化分工，亚当·斯密在《国富论》中指出，劳动分工是提升生产率的最主要因素。金融集聚使企业间的分工代替了企业内的分工，通过企业之间的竞争与合作关系，借助于市场交易，促进了金融和制度更高层次的专业化和创新。通过这种方式，市场交易提高了生产率。

金融的五大功能并不能严格分开，它们往往同时发挥作用，通过金融资源的集聚，实现了集群内的金融深化，促进了经济增长。

四、研究方法及数据说明

（一）研究方法简介

本书以北京市六大主城区为研究对象，选取 2008～2011 年数据，在检验金融业集聚对经济增长影响实证方法上选取传统的 C－D 函数的演变（潘辉等，2013），传统的 C－D 函数可以表示为：

$$Y_{ij} = A_{ij}K_{ij}^{\alpha}L_{ij}^{\beta} 且 \alpha + \beta = 1 \tag{9.1}$$

其中 Y_{ij} 表示北京市及各个区县的生产总值，A_{ij} 表示技术进步，K_{ij} 表示资本投入，L_{ij} 表示劳动投入，α 和 β 分别表示资本和劳动的产出弹性，i 和 j 分别表示不同区县和不同年份。

而为了考察金融集聚对经济增长的影响，将原生产函数中加入金融集聚及区域开放度两个变量，构成新的内生增长模型，若用 Q_{ij} 表示北京市及各个区县的金融集聚，用 E_{ij} 来表示各个区县的开放程度，则原 C－D 函数可以转变为：

$$Y_{ij} = AK_{ij}^{\alpha}L_{ij}^{\beta}Q_{ij}^{\lambda}E_{ij}^{\mu} \tag{9.2}$$

函数两边分别取对数得：

$$\ln Y_{ij} = a + \alpha\ln K_{ij} + \beta\ln L_{ij} + \lambda\ln Q_{ij} + \mu\ln E_{ij} \tag{9.3}$$

由于在数据选取时，K_{ij}、L_{ij}均采用实值，而Y_{ij}、Q_{ij}、E_{ij}均采用比值形式，因此在数据应用时，要对K_{ij}、L_{ij}采取对数处理，故应采用半对数面板计量模型设定如下：

$$Y_{ij} = a + \alpha\ln K_{ij} + \beta\ln L_{ij} + \lambda Q_{ij} + \mu E_{ij} + \varepsilon_{ij} \tag{9.4}$$

其中a和ε_{ij}分别表示截距项和随机干扰项。

在对面板数据进行建模时影响形式通常分为三种类型：Ⅰ．混合面板回归模型，这类模型假设所有的横截面个体在各个不同时期的斜率和截距都是相同的，即在不同个体从时间上看不存在显著性差异，并且不同截面之间也不存在显著性差异；Ⅱ．固定效应回归模型，此模型假设解释变量中不包含一些影响被解释变量的不可观测的确定性因素，即无法观测到的地区差异构成的残差项与自变量相关；Ⅲ．随机效应回归模型。假设解释变量中不包含一些影响被解释变量的不可观测的确定性因素，即无法观测到的地区效应构成的残差是随机分布的，并与自变量严格不相关。每种回归模型的回归结果不同，通常以F统计量来比较混合回归模型及固定效应模型，以豪斯曼检验来比较固定效应模型和随机效应模型，具体的模型类型筛选过程将在实证分析部分给予详细的说明。

（二）数据来源及说明

对于指标的选取，本书用人均 GDP 来代表实际产出，即Y_{ij}；用全社会固定资产投资来代表资本投入，即K_{ij}；用就业人数来代表劳动投入，即L_{ij}；用区位熵来代表金融集聚程度，即Q_{ij}，其表达式为：$Q_{ij} = \dfrac{q_{ij}/q_j}{q_i/q}$。其中，$q_{ij}$表示区县$j$的产业$i$的产值，$q_j = \sum\limits_{i=1}^{n} q_{ij}$是地区$j$的总产值，$q_i = \sum\limits_{j=1}^{n} q_{ij}$是产业$i$的北京市总产值，$q = \sum\limits_{i}\sum\limits_{j} q_{ij}$是北京市总产值。$Q_{ij}$系数的分子是地区$j$的产业$i$占该地区总产值的份额，分母是北京市产业$i$占总产值的份额；同时以区县商品出口至占该地生产总值的比重来衡量区县的对外开放程度，即E_{ij}，在计算过程中各区县的商品总出口额用当年的人民币兑换美元的年平均中间价格进行了折算处理。所有的数据均来自各年《北京市统计年鉴》及六大城区统计年鉴。

五、实证分析及结果

（一）主要变量的数据特征

本部分先对北京市六大主城区的五组变量的数据进行描述性分析，分析结果如表9-5所示：

表9-5　　　　　基于北京市六大城区的数据描述性统计结果

变量	样本数量	均值	标准差	最小值	最大值
Y_{ij}	24	19.3397	4.9107	9.283	27.526
$\ln K_{ij}$	24	5.8392	0.7592	4.4356	7.1153
$\ln L_{ij}$	24	13.3776	0.6916	11.953	14.183
Q_{ij}	24	1.1430	0.9035	0.37988	3.0411
E_{ij}	24	0.23575	0.1323	0.0713	0.5021

（二）单位根检验

在利用面板数据建模时，首先要进行单位根检验，以分析数据的平稳性，本部分利用 LLC、ADF 和 PP 方法对各组变量进行检验，检验结果见表9-6所示：

表9-6　　　　　　　　　　单位根检验结果

变量	LLC		ADF		PP		结果
	stat.	prob.	stat.	prob.	stat.	prob.	
Y_{ij}	-7.59387	0.0000	79.0235	0.0014	150.514	0.0000	平稳
$\ln K_{ij}$	-5.4022	0.0000	13.0753	0.0336	21.1763	0.0479	平稳
$\ln L_{ij}$	-34.2589	0.0000	24.3636	0.0181	23.0229	0.0275	平稳
Q_{ij}	-2.06281	0.0196	11.0750	0.0225	16.5797	0.0496	平稳
E_{ij}	-8.37082	0.0000	17.4614	0.0330	27.1521	0.0073	平稳

由表9-6可知，五组数据均为一阶单整序列，说明有很强的平稳性，这符合做协整检验的前提。

（三）协整检验

由于五组数据均为平稳序列，因此本书直接对五个变量进行 pedroni 协整检验，检验结果如表 9 - 7 所示。

表 9 - 7　　　　　　　　协整检验结果

变量	Panel v – Statistic		Panel rho – Statistic		Panel PP – Statistic		PanelADF – Statistic		结果
	stat.	prob.	stat.	prob.	stat.	prob.	stat.	prob.	
Y_{ij} 和 $\ln K_{ij}$	1. 5475	0. 0469	− 0. 3101	0. 0378	− 2. 5491	0. 0054	− 2. 6187	0. 0044	协整
Y_{ij} 和 $\ln L_{ij}$	2. 0453	0. 0642	2. 0058	0. 0435	− 2. 3947	0. 0083	− 2. 6575	0. 0039	协整
Y_{ij} 和 Q_{ij}	2. 0887	0. 0440	− 3. 1788	0. 0011	− 5. 7914	0. 0000	− 6. 8917	0. 0000	协整
Y_{ij} 和 E_{ij}	2. 0806	0. 0436	− 4. 4083	0. 0000	− 4. 4083	0. 0000	1. 1856	0. 0389	协整

（四）模型选定

在研究方法中，已设定适合面板数据的一般模型，即式（9.4），从模型的建立描述了各个变量之间的线性关系，本部分将通过对各个变量的数据回归来检测本书所适合的面板模型的类型。

混合模型的估计方法：使用最小二乘 OLS，对北京市六大主城区 2008 ~ 2011 年的数据进行回归，得到如下模型结果：

$$Y_{ij} = 2.97032 + 5.00107\ln K_{ij} + 2.90229\ln L_{ij} + 1.4632Q_{ij} + 35.7086E_{ij}$$
$$(9.5)$$

$$t：(0.142^{**})(1.682^{*})(1.169^{**})(0.801^{**})(3.043^{*})$$

$$R^2 = 0.916 \quad SSE_u = 253.646$$

其中，** 表示变量通过了 5% 显著水平的检验，* 表示变量通过了 10% 水平的检验。个体固定效应回归模型的估计方法：假设建立的个体固定效应模型为：

$$D_i = \begin{cases} 1, & \text{如果属于第 } i \text{ 个个体，} i = 1, 2, \cdots, 6 \\ 0, & \text{其他} \end{cases} \quad (9.6)$$

$Y = \beta_0 + \beta_1 D_1 + \beta_2 D_2 + \cdots + \beta_6 D_6 + \mu$，引入的虚拟变量 D_1，D_2，$\cdots$，D_6，其定义为：i 表示北京六大城区。当 $i = 1$ 时 $D_1 = 1$，$D_2 = D_3 = \cdots = D_6 = 0$，当 $i = 2$ 时，$D_2 = 1$，$D_1 = D_3 = \cdots = D_6 = 0$，$\cdots\cdots$

将 Eviews 模型估计截距项选择区选 Fixed effects（固定效应）得到相应的结果：

$$Y_{ij} = 79.1329 + 1.8489\ln K_{ij} + 5.9639\ln L_{ij} + 8.3788Q_{ij} + 9.2302E_{ij}$$
$$+ 2.7075D_1 - 12.2476D_2 + 2.8449D_3 - 16.5174D_4 \quad (9.7)$$
$$- 4.9169D_5 - 33.5445D_6$$

$$R^2 = 0.9420 \quad SSE_r = 32.144$$

假设：H_0：$\alpha_i = \alpha$，模型中不同个体的截距相同（真实模型为混合回归模型），H_1：模型中不同个体的截距项 α_i 不同（真实模型为个体固定效应回归模型）。

F 统计量的定义为：

$$F = \frac{(SSE_r - SSE_u)/(N-1)}{SSE_u/(NT-N-k)} = \frac{(32.144 - 253.646)/(6-1)}{253.646/(24-6-4)} = -2.445$$
$$(9.8)$$

$$F_{0.05}(5, 14) = 2.96$$

所以接受原假设，固应建立混合回归模型更合理。

综上所述，本书应当采用混合模型来分析北京六大主城区金融集聚与经济增长的关系，并得到相应的表达式为：

$$Y_{ij} = 2.97032 + 5.00107\ln K_{ij} + 2.90229\ln L_{ij} + 1.4632Q_{ij} + 35.7086E_{ij}$$
$$(9.9)$$

$$R^2 = 0.916$$

（五）结果分析

由模型测算结果 $R^2 = 0.916$ 可以知，四组解释变量与经济增长之间有着很强的相关性，其中：资本投入对北京市实体经济的正效应明显，即资本投入增加 1%，会引起经济增长 5.001%；劳动投入对区域实体经济的正效应也很明显，劳动投入每增加 1%，会引起经济增长 2.902%，且资本投入对经济增长的作用要大于劳动投入对经济增长的作用；六大主城区金融产业集聚对经济增长有正向促进作用，金融集聚程度增加 1，会带来经济增长的 1.5 倍增长，同时对于北京市来讲，对外开放程度对经济增长的作用要远远大于其他变量。

六、结论及政策启示

（一）主要结论

本书在对金融产业集聚对经济增长影响机理分析的基础上，描述了北京市金融产业集聚的现状，基于北京市六大主城区的数据，利用混合面板模型对金融产业集聚对经济增长的影响进行了实证研究，研究发现：（1）北京市金融业已形成良好的金融业集聚态势；（2）北京市六大主城区金融产业集聚状况存在明显差异；（3）北京市金融集聚对北京市经济增长有着明显的正向促进作用。

（二）政策启示

北京金融产业集群的发展，对促进北京金融业的崛起，带动北京及周边经济增长具有明显的推动作用，强大的金融主功能区与北京本已有限的金融资源和尚不完善的金融体系形成鲜明的对比，长此以往不同部门间的利益矛盾很可能导致各功能区之间难以协调发展，甚至产生不必要的竞争和内耗，集中优势资源发展好一个具有国际影响力的金融中心，成为日后努力的方向。

1. 发展核心竞争优势。不同城市的基础条件及软硬件差异较大，因此以建设金融集聚为战略的不同城市要发展本城市独特的核心竞争优势，打造自己的优势品牌，北京亦是如此，构建多层次金融中心战略，同时注重金融集聚的发展阶段，运用不同发展阶段的特点及对周边地区的扩散、辐射效应，挖掘不同的核心竞争力。

2. 完善健全北京金融市场体系。以保持传统金融市场优势为前提，提倡金融创新，同时要完善金融法律法规，金融集聚一般发生在市场秩序良好、经济运行效率较高的城市，尤其是良好的法律环境对金融产业集聚起到强有力的推动和保障作用，因此要以市场为基础，完善银行信贷市场、金融创新市场及与金融企业破产、投资者利益保护等相关的法规规章，尽可能地为金融产业集聚创造优越的外部环境。

3. 大力优化北京信用环境的建设。信用是金融业的发展的基础与灵魂，加强信用建设，提高全市诚信和风险意识，可以有效地吸引金融市场资源，促进北京市金融产业的进一步集聚。

4. 政府推动，完善金融集聚区建设。在金融产业集聚发展的路径选择中，不管是市场主导型还是政府推动型，政府在其中的作用都不容忽视。要发展国际金融中心，人才是关键，北京市要吸引一批金融专业人才加盟，除了要提升区域的金融竞争力之外，政府应当制定优惠政策和措施给予支持；同时政府应加强配套设施的建设，为北京市金融功能区的发展搭建先进便捷的后续服务平台。

第三节　北京市金融业集聚影响因素的实证研究

一、引言

在金融业集聚影响因素方面，国内外学者，金德博格（Kindleberger，1974）、戴维斯（Davis，1990）、任英华（2010）、潘英丽（2003）、梁颖（2006）等从定性的角度对其进行了研究，总结一下金融业集聚的影响因素包括：产业发展需求、政府的规划和政策、基础设施条件、规模效益、通讯信息技术等。在计量分析方面，张志元（2009）采用 2001～2006 年的数据对中国省域金融产业集聚影响因素进行了空间计量分析；任英华（2010）采用以我国 2002～2007 年数据为基础，从区域创新、人力资本、经济基础、对外开放这几个方面对我国 28 个省域金融集聚影响因素进行空间计量分析根据；由于本书研究的是北京市这一区域的金融业集聚，所以在其研究的基础上，本部分采用面板数据分析方法对北京金融业集聚的形成机制进行计量分析。

二、金融业形成集聚的机制：引力因子

引力是有利于促进金融业集聚形成和发展的因素，在金融业集聚演变过程中表现为形成引力和发展引力。金融产业集群是在比较稳定的非正规学习、竞争与合作、网络协作等关系的驱动下得以发展并显示出强劲的竞争优势。金融业集聚的引力因子：

（一）区域因素

阿尔弗雷德·韦伯（Alfred Weber）将影响工业区位的因素称为区位因素，研究了各种区位因素对产业分布的引力作用。区位因素指的是，在特定区域或在某几个同类区域进行经济活动比在其他区域进行同种经济活动可能获得更大效益的因素。阿尔弗雷德·韦伯（Alfred Weber）将区位因素分为由区域本身因素和由于集聚本身而产生的集聚因素。从金融业集聚的角度来看，可以将区位因素分为由区域本身的自然条件、社会经济条

件所决定的区域因素和由产业的集聚带来与其他区域相比的优势。金融业集聚的区域因素主要有：

1. 区域经济和产业发展的需求。经济的快速发展要求金融服务提供更多服务以及具有更高层次的服务水平，这改变了金融业的供给结构，相应的金融机构需要不断扩张，金融市场的规模不断扩大，需要完善相应的金融制度和金融法规。所以，可以说经济的快速发展促进了金融业的扩张，目前，世界上几个主要的国际金融中心均位于经济发达的地区，很明确地说明了这个问题。爱德华·肖（Edward Shaw，1973）指出，"如果离开实体经济发展的来龙去脉，金融发展难以理解"。由此可见，经济发展与金融发展是相辅相成的。产业集聚和金融业集聚的关系，从根本上说是宏观层面的经济发展和金融发展的关系在中观层面的反映，产业集聚为金融业集聚提供了承载的空间，要求金融业通过集聚满足其金融需求。根据古典经济学理论，内生技术进步决定经济的持续增长，而投资与资本的增加是技术进步的内生源头。主要是因为：第一方面，金融业集聚群体中通过储蓄—投资转化机制，满足产业资本需求，促进产业的发展，随着金融业集聚过程中金融机构规模的扩大和种类的增加，可以降低企业间的交易、信息成本；第二方面，金融业集聚群体可以利用利率杠杆以及多样化的金融资产来对储蓄进行有效的分配，从而使储蓄流向高收益的金融资产，最终达到提高经济的整体效率的目标；第三方面，资本市场可以通过对金融资源的集中配置达到分担相关的成本以及降低风险的目的，最终可以推动整个产业集群的发展进程（滕春强，2006）。

所以，集聚是伴随着其所在地的经济发展而发展的，如果金融业集聚所在的地区经济发展较好，则金融业集聚也趋于繁荣；如果该地区经济发展不好，集聚则会受到负面影响，甚至不会出现金融业的集聚。

2. 区域的基础条件。金融业集聚区域内一般需要便捷的交通、丰富的信息来源、即时的通讯工具、高质量的办公设施以及良好的金融和商务环境，能够大大节约运行管理和交易成本，能够有力地吸引本地金融机构、跨国金融机构、跨国公司总部与地区分部落户；能够吸引腹地巨额的资金，促进贸易和投资，刺激商务活动的增加、发展和多样化。同时，城市中大剧院、餐馆、历史古迹等城市文化元素也对金融业起到加速集聚的作用。城市先进的基础设施可以促进金融业形成集群，表9-8是城市基础条件对金融业集聚的影响：

表9-8	城市基础条件及影响方式
基础条件	影响方式
高科技和信息技术	高科技和信息技术使金融业集群扩大了与其他地区的联系与交往，提高了效率，降低了成本，形成了新的竞争优势
便捷的交通	便捷的交通，方便金融人员出入于不同城市，与客户进行交流，吸引金融机构的投资和进入
高质的居住环境	高质的居住环境吸引了更多的高级金融人才和优秀的职业经理人，金融企业也愿意在环境良好的城市设立区域总部和分支机构

资料来源：根据科尔尼管理顾问公司（2008年）整理。

3. 政府的政策。由于金融业是经济发展血液，可以促进一地区经济的发展，所以地方政府可以通过金融业集聚提高本地区的经济实力，就会出台一些政策促进金融业集聚。新加坡就是依靠政府政策推动成为金融中心的。通常金融监管机构、金融交易所周围会存在一些金融机构，减少其审批成本和交易成本。

潘英丽（2003）解释了政府促进金融产业集聚政策，分别是降低金融机构经济成本方面的政策、人力资源开发方面的政策、完善的监管环境方面的政策以及电讯设施及其可靠性方面的政策。此外，对于外资金融机构集聚，张幼文（2003）认为，为国际金融机构提供有利的经营环境、税收优惠、外资金融机构不受歧视和干预、符合国际惯例的严格的监管制度等。

由于政府是宏观调控的，所以政府在促进金融业集聚时要解决"市场失灵"的问题，政府出台强有力的政策刺激本地金融企业实现产品的经营和联合，支持区域内金融集聚区内金融企业的创新，减少区域内金融机构的摩擦，进而提高本地金融业的效率和竞争力（滕春强，2006）。

4. 人才因素。金融人才是金融行业创新的关键，主导着金融决策和日常的金融服务。经济发展对金融服务提出了高层次的需求，人才是金融业集聚发展过程中血液，集聚的金融机构，需要有一批优秀的人才来运作和经营，尤其需要一批具有深厚学识的金融专家作为智囊团。金融业与其他行业相比，要吸收一大批高学历高知识人才，这些投资银行家、基金经理、交易员群英荟萃，他们在寻找投资机会、发现客户、设计产品、交易等方面优势互补，带来了金融行业的创新。金融行业面临的风险因素比较多，对人才的要求比较高，不仅需要具备一流的金融和商务知识，而且需要法律、会计、统计、数理经济学、管理、信息等方面的知识。

如果一个地区具备一大批高等学府，在人才上占据优势，那么将成为金融业集聚赖以发展的支柱。

（二）集聚因素

集聚带来的集聚效应是某一区域内由于产业集聚而为特定产业的生产经营活动带来的优势。它随着企业的聚集而变化，并由多种因素所决定。在一定的范围内，聚集的企业越多，集聚效应越强。

1. 金融业本身的特征促进金融业的集聚。金融业本身具有以下特征：（1）金融企业的异质性；根据企业异质理论，那么金融企业存在异质性，各类金融机构根据特有的生产要素、经营理念、服务方式组织生产，形成了各自特有的核心能力，在各自能力不相似且存在互补的情况下，通过集聚的形式进行金融交易，有利于企业吸收更多的知识进行创新；（2）金融业集聚本身正反馈机制；集聚一旦形成，能够通过发挥规模经济和范围经济的优势以及区域创新环境弥漫的"产业空气"促进区域内部新金融机构的衍生，增强对区域外部金融机构的吸引力，从而使得集聚的规模不断扩张，优势持续积累，体现出一种"路径依赖"和"累积因果"的自我加强过程（滕春强，2006）。

2. 正式或非正式联系。由于金融机构之间可以通过频繁的跨行业的业务合作，发展出众多的合作项目和业务，发现新的客户群、开拓新的市场、发现新的盈利增长点；这就要求各类机构能够在一定地域范围内集聚，能够迅速通过正式或非正式的商务活动进行会面；集群内非正式的联系，可以使得集群内知识流动起来，提高不同知识源的碰撞、整合的频率，促进行业的创新。

3. 内外部的竞争压力。随着金融市场快速发展，金融企业活动的外部竞争环境也在不断发生变化。一方面，随着居民收入的增长和企业规模的扩张，衍生出对复杂、多样金融产品和服务的需求；另一方面，随着金融对经济渗透力的增强，金融机构之间的竞争更加激烈化。尤其是随着2006年外资金融机构的全面进入，对我国金融机构带来更大的冲击，外资银行的业务重点将逐步从外币业务转向本外币业务并重。外资银行带来了先进的技术、多样的创新产品、科学的组织结构、创新的管理方式，全方位、高质量的银行服务给金融服务需求者提供了更多的选择范围，金融服务已由原先的卖方市场向买方市场转变。中资银行将面临外资银行的全面竞争，这促使区域内金融机构进行空间上的集聚，通过规模经济、范围经济、集聚经济提升本地区金融企业的整体竞争力。

4. 信息的外部性和不对称性。金融业发展离不开信息，信息可以使得金融业获利，信息外部性使金融机构的集聚能够在信息量中获得收益，产生信息套利的空间。同时，金融业集聚能够减轻信息不对称，为金融业创造了更大的方便，从而可以减少逆向选择和道德风险，如银行通过集聚与借贷者距离和关系上临近，致使有关非标准化贷款风险的降低。因此，在地理因素成为巨大束缚的情况下，各金融机构为了更好地了解信息、共享信息，从而形成了金融集聚。

（三）追逐集聚效益

企业的目标就是追求利益的最大化，金融业也不例外。金融业集群在某一特定区域，可以发挥外部规模经济效应，可以降低交易成本、形成区域品牌效应，共享基础设施，产生协同效应，实现资源的优化配置。金融市场的规模越大，金融工具的流动性就越强，会大大降低了融资成本和投资、融资的风险，吸引周边地区甚至更大范围内的投资者，形成了强大的辐射效应。同时，金融业集聚大大简化了金融机构间的合作途径，增强它们之间合作的深度和广度，有利于金融产品的创新和衍生，例如银行的银团贷款业务、金融机构间的清算和结算的联合服务等。金融机构之间可以通过频繁的跨行业的业务合作，发展出众多的合作项目和业务，发现新的客户群，开拓新的市场，发现新的盈利增长点。例如投资银行和商业银行之间、保险公司与商业银行之间，保险公司与证券公司之间，并最终产生一些为金融机构服务的辅助性产业、社会中介服务业的发展和集群。

根据以上分析，金融业集聚的引力因子可以表述为图 9-3：

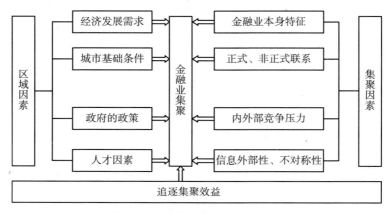

图 9-3　金融业集聚的引力因子

三、金融业形成集聚的机制：阻力因子

随着集聚程度的不断增加，集聚效益出现边际效用递减的趋势，成本开始迅速上升。产业集聚的平均成本是沿着 U 形曲线移动的，因而集聚的发展是一个动态演变的过程，需要分析金融业集聚的阻力。金融业在特定的区域内集聚，会面临成本约束的问题，就是随着集聚规模的扩大，出现"拥挤成本"。考察国际金融中心金融业集聚的空间分布的演变，可以发现，影响金融业集聚的这些因素包括企业聚集程度、专业服务业发达与聚集程度、人才因素、商务成本、交通及通讯设施、商务设施等这些影响因子不是单项作用，而是双向作用。金融业集聚的阻力：

（一）互联网技术突破集聚的天然优势

互联网技术的发展对金融业的空间分布产生了巨大的影响。万事达国际组织指出："互联网的技术快速发展，改变了金融服务的提供方式，使得传统金融业务从固定销售网点方式转变为随时随地方式，突破了时空的界限"。也就是说，当一切金融交易、服务都能够通过互联网完成时，金融中心的概念必将逐渐淡化。资金的流动、交易不再局限于某个地理坐标，而是更便捷地在无形的网络中流动、交易，在网络信息传递中完成循环。

互联网技术的发展对金融业的空间演变的影响主要表现在两个方面：一方面，传统意义上的金融机构集聚是因为需要方便快捷、廉价地获得充分的信息，而信息技术革命可以使分布在各地信息互通有无，在时空分离的情况下，比如金融机构同客户相分离、金融机构之间分离，依然可以保持信息的可得性和快捷性。这导致一些城市内部 CBD 出现了多中心趋势，相应的，金融机构的分布也出现了多中心化，比如东京在传统的中央三区外规划的新宿 CBD；同时，互联网技术革命也导致某些大城市为缓解核心地段的压力，在郊区规划建立了核心商务区，即中央商务区的外围化，最有代表性的是巴黎的拉得芳斯和伦敦的道克兰。当然，核心商务区向外围转移也是中心城区商务成本过高、交通拥堵、生活质量恶化等因素共同作用的结果。另一方面，互联网技术把金融业中不同部门不同功能在空间上天然集聚的内在属性打破了，这使得金融产业中的一些低级功能和低端部门（比如，后台办公活动）同高级功能、战略部门在空间上的分离成为可能。前者的集聚效应是非常低的，转移出去可以更充分地利用郊区的级差

地租，降低运营成本。因此发达国家许多大城市的金融业在 20 世纪七八十年代以后都出现了向郊区和城市周边区域转移的趋势，较为典型的是英国的伦敦和其他一些大城市。

（二）不断增加的商务成本

随着集聚区域内金融机构的增加，导致商务楼租金上涨，交通不便、停车困难、噪音和环境污染，使得商务成本不断提高，一方面，这使得金融业的核心部门（如战略部门）在核心商务区的集聚；另一方面，会产生金融业集聚的去集聚化，它使得金融业非核心部门向商务成本较低的外围区域转移。例如，伦敦地区高昂的租金、不断上涨的工资促使一些金融公司迁出伦敦，纷纷定位中小城市。

（三）过剩的市场供给

金融业集聚不断扩大，市场供给出现过剩，金融业的过度竞争和平均利润率的下降，从而使得一些金融企业向集聚区域外寻找盈利机会。

（四）政府严格的金融管制

由于政府严格的金融管制，使得金融自由化程度不高，也能成为金融产业集聚的阻力。20 世纪 80 年代以前，英国金融业是实行严格分业经营和分业管制的，所以，企业进入金融业存在制度壁垒、经济壁垒、技术壁垒，使得金融业的企业数目较少，产业内部的竞争程度相对较低。80 年代以后，政府放松了金融管制，金融中心的产业集聚程度才进一步增强。根据以上分析，金融业集聚的阻力因子可以表述为图 9-4：

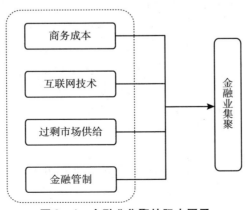

图 9-4　金融业集聚的阻力因子

总之，金融业集聚演变是引力和阻力综合作用的结果，随着影响因素的变化，会出现变化，见图 9 - 5。

图 9 - 5　金融业集群引力与阻力因子示意图

四、北京市金融业集聚影响因素的实证分析

（一）北京金融业集聚演变路径的形成机制

通过以上分析，可以发现，北京市金融机构表现出较为明显的集聚态势，在整体空间以及核心区域内都表现出明显集聚的趋势，原有的核心区域金融业集聚在增强，新的金融集聚区域在形成与发展，区域功能的专业分工开始出现，这种倾向存在持续增强的态势，这是北京市金融业集聚的演变路径。那么，这种演变路径背后的推动力量及其作用机制是什么呢？

金融业集聚是一个动态的过程，与实体产业发展、区位因素、市场竞争、政府政策、人才等多种因素有关。根据前面分析的金融业集聚的动力机制、引力因子和阻力因子，可以将北京金融业集聚演变路径的形成机制总结如下：

1. 实体产业发展需求。根据经济学的供求定理，实体产业发展过程中投资、生产、流通等环节对金融服务需求的要求衍生了金融机构在某区域的布局，这样，金融机构与企业间很方便联系，降低信息的搜寻成本、方便业务的谈判，可以大幅度降低交易成本，提高金融服务实体经济的效率。具体来看，金融街地区是大型央企、国企总部的所在地，大型总部企业集团这些高端客户，成为金融企业集聚于此的重要力量；北京 CBD 区域内由于大量商业中资企业、跨国企业不断入驻，其相关支撑机构在 CBD 区内的集聚，这种实体产业企业产生的需求使得北京地区 80% 以上的外资银行类机构汇集于此；东二环交通商务区也是由于具备自身地理位置和交通、经济、文化等多重优势，一些总部企业聚集于此，同时较好地吸引了其上游、下游企业及生产性服务企业来到商务区，大量的金融机构总部和营业性机构在企业需求的引导下聚集于此；中关村作为信息技术产业园区，目前有 2 万多家科技类的企业，每年有 3000 多家科技企业不断诞生，这些企业绝大多数是中小企业，处于不断发展壮大中的中小企业对金融服务的需求越来越大，所以，客观上强劲需求使得中关村科技园区内金融机构、创业投资机构、风险投资基金、股权投资基金等机构不断入驻，中关村科技金融集聚区渐成气候。

2. 政府大力规划与政策支持。金融集聚区形成与发展离不开政府强有力的规划，政府进行合理引导，实现合理利用空间、优化资源配置；在软件方面，政府要出台有利于集聚的相关政策法规，包括税收、监管等方面；在硬件方面，完善基础设施建设、提供良好的基础设施建设。具体来看，金融街集聚区的形成与发展可以说是政府规划主导的结果，西城区政府采用国际顶级设计公司的方案，总体规划、统筹布局、建设高级的办公楼宇、建设通讯信息平台，为金融机构集聚区形成与发展创造了一个优质的空间载体；朝阳区 CBD、二环交通商务区集聚区一定程度上也是政府规划的结果；在中关村科技金融集聚区内，政府为鼓励金融企业开展科技金融创新试点，给予这些企业风险补偿、为企业提供贴息等多项优惠政策。

3. 良好的区域基础设施建设。金融业属于高级生产性服务业，需要便捷的交通、现代化的通讯手段、优质的商务环境，这是金融市场运行的基础。具体来说，金融街集聚区地处交通枢纽地带、建设高质的办公楼宇，建设了专业的信息通讯、金融资产报价、保管等各类系统及为金融业配套的律师事务所、会计师事务所、资信评级等机构，同时配套建设商业、餐饮服务业、文化娱乐等设施，大大的吸引大批中资、外资银行、保险、证券、基金、信托、资产管理公司入驻；CBD 集聚区内按照国际化标准进行建设，凭借其交通、通讯、各种商业及配套设施，吸引了众多国际金融财团汇聚于此；东二环商务区凭借其交通优势：东二环是其南北轴线，北面连接东直门交通枢纽、首都机场，南面连接北京南站，以及深厚的文化底蕴优势，同样吸引大批金融机构汇聚于此。

4. 地缘政治优势。金融街集聚区内之所以吸引众多银行、保险、证券、基金、信托等金融机构入驻，原因在于金融街是中国最高金融监管机构——中国人民银行、"三会"——中国银监会、中国证监会、中国保监会等金融决策监管机构所在地，接近政府监管部门，降低监管成本，同时金融街也是全国金融行业协会、全国金融标准化技术委员会等机构的所在地，凭借地缘上优势，最先接触到最近的金融管理模式、金融产品的监管标准。

5. 追逐集群效益。北京市金融业集聚区域十年演变过程中，原先的集聚区域在不断扩张，且集聚区域之间逐渐联系起来，这说明金融企业倾向于集聚存在，集聚可以发挥了资源共享优势，如共享信息网络、公共交通设施、公共服务设施、客户征信信息系统，形成"区域品牌效应"，让每个企业都能从中获益，能使区域内企业的成长并吸引新进入者不断进入。由于地理位置上临近，可以面对面接触、方便合作，还能增加合作广度和深度，比如说金融机构之间跨行业的合作可以扩展新业务、发现新的市场，寻找到新的客户群体，促进金融产品的创新；通过集聚区内各金融企业通力合作，降低了每个企业的运营成本，提高了金融服务的效率。

集聚是一个动态变化的过程。当集聚达到一定规模时，就会出现一些负面问题，集聚的边际效益会下降。比如说集聚区域商务成本的提高，因为集聚区域内办公场所是一定的，越来越多的金融机构不断聚集在这，促使集聚核心区写字楼的租金不断上升，提高了金融机构集聚成本；集聚区域内会出现交通拥阻，阻碍了效率；集聚区域内供求失衡，过多的金融机构追逐一定的客户，促使金融市场混乱，产生不公平竞争。以及现在信息技术、云技术的快速发展，各地信息可以互通有无，在时空分离的情况下，金融机构可以客户相分离，金融机构之间也可以分离，依然可以保持信息的可得性和快捷性，完成金融交易。

纵观北京金融业机构集聚十年的演变特征，原有的集聚区域还在发展，新的集聚区域还在不断形成，说明促进金融业集聚因素：产业支撑、政府规划和政策、完善基础设施条件、集聚的规模经济等还在起正向的推动作用，超过了增加商务成本、过度竞争、信息技术等因素发挥的阻碍作用。

（二）实证研究

1. 模型选择、数据及变量说明。本部分建立面板数据模型对北京金融业集聚的形成机制进行计量分析。面板数据分析方法是最近几十年来发展起来的新的统计方法，可以克服时间序列分析受多重共线性的困扰，以及横截面数据分析的缺陷，能够提供更多的信息、更多的变化、更少的共线性、更多的自由度和更高的估计效率。面板数据分析有三种常用方法：随机影响模型、固定影响模型和混合数据普通最小二乘法。其中，前两者都考虑到了不同地区之间的差异，而混合数据普通最小二乘法假定所有地区都是同质的。而众所周知，中国地域辽阔，不同省区之间存在很大的差异性，因此我们排除混合数据普通最小二乘法。随机效应模型对数据性质的要求更高，需要假定这种地区之间的差异服从某一随机分布，而固定效应模型则不存在这样的问题。因此，出于稳健性考虑，拟采用固定效应模型方法来对数据进行分析。

根据上面理论分析，将北京市金融业集聚的影响因素确定为产业发展需求、政府的规划和政策、基础设施条件、通讯信息网络技术等因素，设定如下：

$$y_{it} = \beta_1 cy_{it} + \beta_2 gc_{it} + \beta_3 jc_{it} + \beta_4 xx_{it} + \theta_{it} + \varepsilon_{it} \qquad (9.10)$$

其中，因变量表示金融产业集聚度，自变量有四个，其中，cy 代表产业发展需求，gc 代表政府的规划和政策，jc 代表基础设施条件，xx 代表通讯信息网络技术，ε 为随机变量。

2. 数据及变量说明。采用数据区间是 2003 年到 2012 年北京市相关数据，由于 2010 之后崇文区并入东城区，宣武区并入西城区，所以本书区域选择上以东城区、西城区、朝阳区、海淀区、丰台区、石景山区为单位，全部数据均来自《北京市区域统计年鉴》。表 9-9 为变量说明：

表 9-9 　　　　　　　　　　　　　　变量说明

	符号	公式	经济含义
因变量	y	金融业产值占总的金融业产值	衡量金融业集聚水平
自变量	cy	每个的区域 GDP 占总的 GDP 比重	衡量产业发展的需求
	gc	每个区域的财政支出占总的财政支出	衡量政府规划和政策支持
	jc	用每个区域的固定资产投资占总的固定资产投资	衡量基础设施条件
	xx	用每个区域的信息、计算机、软件产值占总的产值	衡量信息网络技术

3. 实证结果及分析。通过使用 Eviews6.0 软件，对北京市东城区、西城区、朝阳区、海淀区、丰台区、石景山区的面板数据进行实证检验，通过建立个体固定效应回归模型，结果如下：

$$y_{it} = 0.009737 + 1.595181 cy_{it} + 0.217094 gc_{it} + 0.276167 jc_{it}$$
$$- 0.010340 xx_{it} + 0.012086 D_1 + 0.245039 D_2 + 0.171176 D_3$$
$$+ 0.066759 D_4 - 0.032093 D_5 + 0.012903 D$$

$(-0.179041) \quad (4.017600) \quad (1.977626) \quad (4.605163) \quad (-0.142461)$

P 值（F 检验）= 0.000000

从可以看出，此模型中自变量对因变量具有较高的解释力。实证结果表明，产业发展需求、政府的规划和政策、基础设施条件对金融业集聚具有显著正影响，他们每增长一个单位，分别拉动金融业集聚分别提高1.595181、0.217094、0.276167个单位，而通讯信息网络技术对金融业集聚具有负影响。

所以，可以得出结论，在北京市金融产业集聚的过程中，产业发展需求、政府政策、基础设施条件对该地区金融产业集聚有较大的影响；而信息通讯技术是北京金融产业集聚的不利影响因素。

第四节 北京市生产性服务业与制造业的融合互动研究①

一、引言

随着国民经济的软化、制造业服务化趋势的不断发展，生产性服务业与制造业的融合互动一直都是学者们热议的焦点，生产性服务业贯穿于制造业生产的整个过程，在制造业升级、制造业技术创新、产品创新方面发挥着独特的作用，也正是由于制造业对生产性服务业的不断需求，使得生产性服务业的自身结构也在不断优化，内容也在不断衍生。北京在进入服务经济、形成以生产性服务业为主导的产业结构之后，产业升级的主要动力便来自于各个产业之间的融合，尤其是生产性服务业和制造业。生产性服务业具有高科技含量、高附加值、高开放度、低资源消耗、低环境污染等特点，这为北京市四大重点高技术含量制造业产业——电子类、医药类、交通类、机电类制造业实现高速发展提供了可能，从生产性服务业与制造业互动的高度来推进北京市制造业产业结构的优化和全面升级具有重要的现实意义。

二、文献回顾

针对生产性服务业与制造业的关系，主要有四种观点：其一是"需求

---

① 本节观点与主要内容已经整理为本课题的阶段性成果《论生产性服务业与制造业的融合互动发展》一文，发表于《广东社会科学》2013年第10期。

论"，即制造业是服务业（包括生产性服务业）的前提和基础，代表学者为科恩和齐斯曼、罗欧森和克洛特、圭列里和梅丽莎等；其二是"供给论"，即服务业尤其是生产性服务业是制造业生产率得以提升的前提和基础，代表学者有帕帕斯和希恩、伊思万和克特威、卡尔莫里奥古露和卡尔森等；其三是"互动论"，帕克和陈、舒甘、贝斯拉等为代表；其四是"融合论"，德威尔和博拉斯为代表。而从目前来看，生产性服务业与制造业两者的融合发展格局，已得到国内外学者的广泛认同，即随着信息通讯技术的蓬勃发展和广泛应用，传统意义上的生产性服务业与制造业之间的界限越来越模糊，生产性服务业逐渐向制造业产业价值链渗透，在这个过程中，生产性服务业功能的延伸和拓展伴随着制造业产业的升级。

姚晓霞（2008）分析了江苏生产性服务业与现代制造业融合发展的特点以及制约二者融合发展的因素和瓶颈；田华、安玉兴（2010）采用归纳分析的方法，分析了辽宁生产性服务业与制造业之间的演进关系和融合趋势，提出生产性服务业和制造业的互动与融合，主要是基于分工专业化、价值链以及产业集群三种方式来实现的；刘卓聪、刘蕲冈（2012）则阐述了先进制造业与现代服务业的关系以及融合发展的必然性，以湖北省为例，理论分析了湖北先进制造业与现代服务业融合发展的现状和问题；陈晓峰（2012）以1997～2007年间南通的三张投入产出表为基础，运用直接消耗系数、影响力系数和感应度系数等投入产出测度指标实证分析了南通生产性服务业与制造业之间的互动融合程度。更多的实证研究集中于北京市生产性服务业与制造业的互动融合，胡丹、宋玉婧等（2009）计算了1997年和2002年制造业、服务业对生产性服务业内部各行业的中间需求比重，结果显示，1997年北京制造业生产过程以传统服务业的中间投入为主，而2002年，制造业对租赁和商务服务业，综合技术服务业，金融保险业等行业的中间需求迅速增大，这表明制造业对中间投入服务的消耗层次明显提高，产业结构不断优化升级；沈蕾、朱培培（2012）利用服务投入率、服务需求率等指标，对北京市生产性服务业和现代制造业的关联关系进行分析，认为在制造业内部来看，现代制造业构成了生产性服务业的重要需求因素，现代服务业能够为生产性服务业提供有效的支持，但是北京整体的制造业发展水平还较低，无法支持生产性服务业的高速发展，同时从生产性服务业内部来看，医药制造业对生产性服务业的利用程度偏低，而生产性服务业对电子制造业的支撑作用较为明显；而邓丽姝（2013）依据服务业投入率、北京分类产业之间的直接融合度及完全融合度等指标同样对生产性服务业主导的北京产业融合和产业关联进行了实证分析，认为制造业通过投入产出关联于服务业具有一定的融合互动程度，但是层次有待提高。

从以上分析可以看出，对各城市尤其北京市生产性服务业与制造业互动融合状态的考察主要基于理论分析或者投入产出表下的各行业的中间产品投入率，本书则从单纯的计量角度来对北京市生产性服务业和制造业融合互动进行实证检验，考察 1994～2010 年北京市生产性服务业与制造业互动状态的动态变化。

三、北京市生产性服务业与制造业发展现状

改革开放以来，随着北京经济实力的不断加强，北京市的生产性服务业与制造业的都实现了长足发展，2011 年北京市实现地区生产总值 16251.9 亿元，其中第二产业（制造业为主）生产总值为 3752.5 亿元，第二产业中的工业对地区生产总值的贡献率为 23.1%，第三产业（生产性服务业为主）实现产值 12363.1 亿元，其对地区生产总值的贡献率为 76.1%。

（一）制造业的现状分析——对生产性服务业的需求

制造业在北京经济发展中的战略地位是北京经济发展进程中需要正视的重要问题之一，自改革开放以来，一系列有关制造业政策的出台，为北京市适度发展制造业战略的实现提供了强大的引擎，北京市工业经济发展成效显著。

表 9 - 10　　　　北京市 2001～2011 年规模以上工业企业主要经济指标

年份	企业数（个）	从业人数（万人）	资产（万元）	总利润（万元）
2001	4356	108.02	44482243	1369794
2002	4551	107.56	47429487	1655153
2003	4019	100.81	51779832	2352909
2004	6872	113.60	120495094	3974076
2005	6301	117.06	128298350	4134988
2006	6400	117.36	142444009	5311453
2007	6398	119.25	162155043	6956067

续表

年份	企业数（个）	从业人数（万人）	资产（万元）	总利润（万元）
2008	7206	123.38	168024206	5569968
2009	6891	120.41	195407033	7429216
2010	6885	124.15	227505774	10283360
2011	3740	117.87	253217462	11294991

数据来源：《北京市 2012 年统计年鉴》。

　　而就制造业的产业结构来讲，从 20 世纪 80 年代初到 90 年代末，北京的工业结构并没有摆脱对自然资源的严重依赖，直到 2010 年市政府在《北京市"十五"时期工业发展规划》中提出的力争在五年时间基本实现工业结构的优化升级、2002 年《关于振兴北京现代制造业的意见》提出的要壮大汽车、微电子、光机电一体化、生物工程与新医药四大产业、2004 年《北京城市总体规划》中对加快发展高新技术产业及现代制造业的定位等，使北京市制造业的产业结构有了明显的改善。2009 年，北京市通信设备、计算机及其他电子设备制造业行业位于制造业支柱行业首位，交通运输设备制造业位居其次，足以见得高附加值的制造行业在北京市发展强劲，支柱地位明显。同时两个产业均在北京市制造业综合竞争力排名前三，同样意味着，在制造业中科技含量相对较高的机械电子制造业在北京制造业发展中占有着主要地位。

　　根据 OECD《OECD 科学技术和工业记分牌（2003）》以制造业的 R&D 密集度来划分制造业的方法和口径，将北京市制造业的 30 个大类划分为高技术制造业、中高技术制造业、中低技术制造业及低技术制造业四类。我们比较 2008 年、2009 年、2010 年三年北京市各类制造业所占的比重如图 9-6。

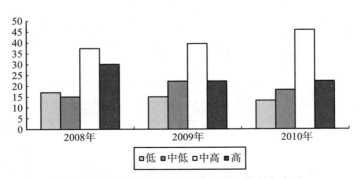

图 9-6　北京市各类型制造业增加值所占比重

数据来源：根据各年在《北京工业年鉴》统计数据绘制。

由图 9 - 6 可以看出，北京市制造业的产值很大，制造业仍然是北京市的支柱产业，而且制造业主要是技术、知识密集型，即中高、高技术制造业比重一直保持最高且不断上升，制造业附加值较高，这一方面说明北京市制造业对生产性服务业的需求很大，另一方面也显示了生产性服务业对制造业的支撑作用明显，进而有效地提升了北京市制造业的附加值。

（二）生产性服务业的现状分析——对制造业的供给

北京经济以服务经济为特征，北京作为国际性大都市之一，生产性服务业正成为推动其经济增长的重要力量和体现城市经济职能的主要方面。从总体指标来看，如表 9 - 11。

表 9 - 11　　　　北京市 2008 ～ 2011 年生产性服务业主要指标

年份	增加值（亿元）	占地区 GDP 比重（%）	占服务业比重（%）
2008	5333. 8	47. 98	63. 68
2009	5915. 7	46. 67	64. 44
2010	6690. 5	47. 40	63. 11
2011	7890. 3	48. 56	63. 82

数据来源：由《北京统计年鉴 2012》计算而得。

由表 9 - 11 可以看出，北京市生产性服务业产值占 GDP 的比重在 47% 左右，且大体呈上升趋势，占服务业比重为 63% 左右，生产性服务业增加值不断增长。

从生产性服务业的内部结构来看，见图 9 - 7。

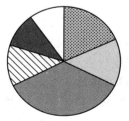
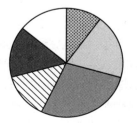

■ 交通运输、仓储和邮政业
□ 信息传输、计算机服务及软件业
▨ 金融业
▨ 房地产业
■ 租赁与商务服务业
□ 科学研究、技术服务与地质勘探业

2000年生产性服务业结构　　2011年生产性服务业结构

图 9 - 7　2000 年、2011 年生产性服务业构成

数据来源：根据《2011 年北京统计年鉴》数据绘制。

信息传输、计算机服务业及软件业，租赁与商务服务业，科学研究、技术服务业与地质勘探这三类行业在生产性服务业所占比重明显增加，说明北京市服务业已经逐渐形成多种现代型服务业齐头并进的格局，是制造业企业高度重视信息化、咨询服务及创新研究的结果，也为制造业企业进一步重视信息化、咨询服务及创新研究提供支持和保障。

生产性服务业与制造业的互动融合表现为不同行业通过相互支持、相互交叉、相互渗透，逐渐形成新型产业形态的动态发展过程，就以上分析而言，北京市生产性服务业和制造业都处于快速发展的阶段，生产性服务业为制造业的信息化、现代化、创新化升级提供保障，而高技术含量的制造业又为生产性服务业的自我升级和更新以及新型生产性服务业的衍生创造条件。目前，北京以电子产品制造业、汽车、医药等高技术制造业为重点产业，电子产品制造业与软件服务、通信服务、网络服务，汽车制造与研发、测试、销售、金融及物流服务，医药制造业与研发、物流等服务业的协调发展，都充分表明了北京市生产性服务业与制造业之间已经形成良好的互动和融合状态。

四、北京市生产性服务业与制造业融合互动的实证检验①

（一）研究方法和数据说明

本部分选取 1994～2010 年北京市制造业增加值（ms）和生产性服务业增加值（ps）为相应指标，采用注重动态分析的马尔科夫区制转移向量自回归模型（MSVAR）进行研究，将生产性服务业与制造业相互关系背后的诸多经济因素考虑在内，利用样本信息自动划分样本为"低相关"和"高相关"两个区制，通过这种区制的动态转换来挖掘生产性服务业与制造业的内在联系。两者数据根据历年《北京统计年鉴》整理、计算而得。根据研究需要和统计资料的获取情况，以我国第三产业行业分类为基础，将生产性服务业分为：交通、运输、仓储和邮政业；信息传输、计算机服务和软件业；金融服务业；房地产业；租赁和商务服务业；科学技术、技术服务和地质勘查业六大类。但由于 2003 年前后年鉴对于分行业数据统

---

① 本部分观点与主要内容已经整理为本课题的阶段性成果《生产性服务业与制造业的互动关系研究——基于 MS - VAR 模型的动态分析》一文，发表于《吉林大学社会科学学报》2012 年第 5 期。

计分类存在很大的区别（如表 9 - 12 所示），因此我们取前后统计口径一致的三个行业——交通、运输、仓储和邮政业；金融服务业；房地产业增加值加总来代表生产性服务业的增加值。对于制造业数据，我们采取从中国工业行业中剔除煤炭采选业；黑色、有色金属矿采选业；非金属矿采选业；电力、蒸汽、热水的生产和供应业；煤气、自来水生产和供应业的全部行业加总的方法获得，并将 2003 年前后的食品加工业与农副食品加工业、其他制造业与工艺品及其他制造业的类似项目视为一类。

表 9 - 12　　　　　　　　生产性服务业 2003 年前后分类

1994 ~ 2002 年	2003 ~ 2010 年
交通运输、仓储及邮电业	交通运输、仓储和邮政业
金融保险业	金融业
房地产业	房地产业
—	信息运输、计算机服务和软件业
—	租赁和商务服务业
科学研究和综合技术服务业	科学研究、技术服务和地质勘探业
地质勘探业、水利管理业	水利、环境和公共设施

（二）实证结果及分析

1. 模型建立。我们考虑 $y_t = (ms, ps)$ 为时间序列观测数据向量，将 ms 和 ps 的相关性分为"低相关"和"高相关"两种状态，并根据 AIC 和 HQ 准则选择最优滞后阶数为 2，最终建立以下形式的 MSIH（2）—VAR（2）模型：

$$y_t = \nu(s_t) + A_1(s_t)y_{t-1} + A_2(s_t)y_{t-2} + \mu_t \qquad (9.19)$$

其中 $\mu_t \sim NID[0, \sum(s_t)]$，$s_t = 1$，2 分别表示"低相关"和"高相关"。对上述的 MSIH（2）—VAR（2）模型进行极大似然估计（张晓涛、李芳芳，2012），参数的显著性检验结果 $H_0: p_{12} = 0$　$p_{21} = 0$，$H_1: p_{12} \neq 0$　$p_{21} \neq 0$，Chi(5) = [0.0000]**，Chi(7) = [0.0000]** 均可以显著拒绝转换概率参数为零的假设，这表明该模型将 1994 ~ 2010 年我国生产性服务业与制造业的相关关系分为了两个区制。

2. 状态性质。表 9 - 13 列出了该模型两种状态下的样本数、频数及相应的时段划分，我们通过该表可以观测出两种状态的性质。

表 9 - 13　　　　　　　　　　　　　　　状态的性质

	样本数	频数	时段划分
Regime 1	8.8	0.6177	1996 年 1 ~ 2004 年 1
Regime 2	6.2	0.3823	2005 年 1 ~ 2010 年 1

　　图 9 - 8 的状态时间区分图用图表的形式刻画了生产性服务业与制造业关联的特质，状态 1 代表的低相关占据了整个时间段的约 60%，状态 2 代表的高相关占据了整个时间段的约 40%，从样本区间来看，生产性服务业与制造业低相关的时间要高于高相关的时间段，分界点在 2005 年。2005 年以来，两者高相关一直持续。这与我国生产性服务业与制造业的互动融合发展阶段呈现出了一致的状态。

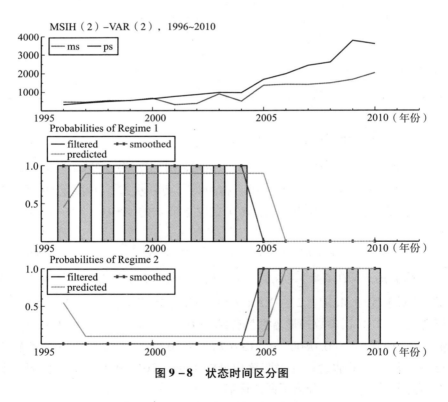

图 9 - 8　状态时间区分图

　　3. 状态转换。两个区制相应的状态转换概率矩阵见表 9 - 14：

表9-14　　　　　　　　　状态转换概率矩阵

	Regime 1	Regime 2
Regime 1	0.9000	0.1000
Regime 2	1.673e-014	1.000

表9-4中，转换概率矩阵反映了我国生产性服务业与制造业关联性转换的可能。当两者关联性处于状态1即低相关时，继续保持状态1的概率为0.9000，从状态1转换为状态2的概率仅为0.1000；当两者关联性处于状态2即高相关状态时，转为低相关的概率非常低，而继续保持高相关状态的概率接近1。这反映出，北京市生产性服务业与制造业一旦进入高相关状态，则继续保持这种高相关性的概率非常大。

另外，从两种状态下两者的相关系数来考虑，与我国生产性服务业与制造业的互动融合关系不同的是：区制1中北京市生产性服务业与制造业的关系非常不稳定，甚至一度出现负相关的情况，这可能与2005年以前北京市的生产性服务业较为薄弱且存在不合理、发展不完善的情况有关；在区制2内的相关系数则接近于1，这说明2005年之后北京市的生产性服务业的发展与完善、为制造业提供服务质量的提高以及生产性服务业集群的发展使得其与制造业之间的互动关系日渐紧密，甚至越来越出现融合趋势。

2005年左右出现生产性服务业与制造业高低相关度的变化，可以从制造业与服务业两个方面进行分析。首先，制造业方面，2005年作为入世后的第四年，大部分行业结束了过渡期，进入了全球化产业分工与竞争的新环境，制造业也在进行体制改革的同时逐步嵌入到了国际产业链条中，培养起竞争、开放的环境和氛围，且越来越多的制造业在入世后的压力与挑战下进行产业的升级与改造，加大科研投入、进行技术升级，以期提高自身在价值链中的地位、提高产品的质量和竞争力。因此，从制造业角度来讲，其对生产性服务业的投入需求和质量需求都有了极大提高，因此在带动生产性服务业发展的同时，也增强了两者的相关性。从生产性服务业的角度，2005年，北京各类生产性服务业发展迅速，高新技术产业水平明显提高，实现工业现价总产值和工业增加值均同比增长20%以上，其中电子信息产业的增加值占据高新技术产业增加值的70%以上，涌现出一大批处于国内外领先水平、具有自主知识产权的产品、技术和国际品牌，国际化发展呈现突破态势。中国印度软件产业高峰会和企业家圆桌会议在北京的陆续召开，推动了北京软件产业国际化的快速发展；此外，金融街、商务中心区、中关村科技园区、奥林匹克中心区等重点产业功能区发展势头良好、服务业外商投资创造新高、现代制造业与服务业融合发展研讨会的召开等等，都推动了 2005 年北京生产性服务业的快速发展，从而也即增强了与制造业的互动以至融合势头的增强。

4. 脉冲影响分析。以上分析只说明了两个变量之间存在的相关性，但并没有表现出一个变量的变动对整个系统的扰动，以及各变量对这些扰动的综合反应。而脉冲响应函数分析就是在扰动项上加上一个标准差大小的冲击后，研究其对内生变量的当前和未来值所带来的影响。因此为了进一步探究两者的互动表现，我们利用脉冲影响函数进一步分析以上结果：

图 9 - 9 中左图显示给制造业一个正的冲击所引起的生产性服务业的变动趋势，右图为给生产性服务业一个正的冲击所引起的制造业的变动趋势。可以看出，给制造业增加值一个正的冲击，对生产性服务业带来的影响是正负波动的，但总体正效益大于负效应。而给生产性服务业以正的冲击，会带来制造业的正的反应且这种正效应会随时间延长而相应增强。但总体来说，生产性服务业对制造业的影响要大于制造业对生产性服务业的影响，其主要原因是生产性服务业是制造业的中间投入品，因此，其发展会直接导致制造业水平的提高，而制造业的发展对生产性服务业的影响属于一种间接的和后续的反馈效应，而且在影响生产性服务业的过程中存在很多其他因素的干扰（如生产性服务业的水平和能力、从业人员的素质、制度的完善程度等），因此对生产性服务业的影响相对是不稳定也不明显的。

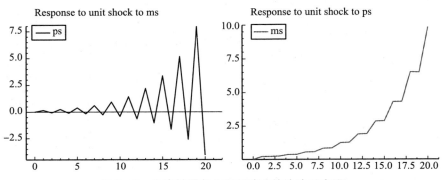

图 9 - 9　生产性服务业和制造业的脉冲反应图

五、结论

本书从北京市生产性服务业与制造业发展现状入手，利用注重动态分析的 MSVAR 模型对两者融合互动状态进行了实证检验，研究结果表明，（1）中高及高技术含量的制造业在北京市制造业中占据主要地位，为生产性服务业提供了良好的需求；（2）北京生产中信息传输、计算机服务业及软件业，租赁与商务服务业，科学研究、技术服务业与地质勘探这三类行业在生产性服务业所占比重较以前明显增加，高附加值的生产性服务业保障了制造业升级的供给；（3）2005 年之后北京市的生产性服务业的发展与完善、为制造业提供服务的质量的提高以及生产性服务业集群的发展使得其与制造业之间的互动关系日渐紧密，越来越出现融合趋势；（4）北京市生产性服务业对制造业的影响要大于制造业对生产性服务业的影响，体现出北京市需要通过进一步加强生产性服务业的发展、完善各类制度法规、提高生产性服务业从业人员素质等措施以提高接收制造业正向影响的能力。

参 考 文 献

［1］毕秀晶、汪明峰、李健、宁越敏：《上海大都市区软件产业空间集聚与郊区化》，载《地理学报》2011年第12期。

［2］曹卫东：《城市物流企业区位分布的空间格局及其演化——以苏州市为例》，载《地理研究》2011年第11期。

［3］吴林海、陈继海：《聚集效应、外商直接投资与经济增长》，载《管理世界》2003年第8期。

［4］陈菊、何美玲、牟能冶：《物流节点最优选址与规模的双层规划模型》，载《物流科技》2006年第5期。

［5］陈文锋、平瑛：《上海金融产业集聚与经济增长的关系》，载《统计与决策》2008年第10期。

［6］陈祝平、黄艳麟：《创意产业集聚区的形成机理》，载《国际商务研究》2006年第4期。

［7］程大中：《中国生产者服务业的增长、结构变化及其影响——基于投入—产出法的分析》，载《财贸经济》2006年第10期。

［8］程大中、陈福炯：《中国服务业相对密集度及对其劳动生产率的影响》，载《管理世界》2005年第2期。

［9］褚劲风、高峰：《上海苏州河沿岸创意活动的地理空间及其集聚研究》，载《经济地理》2011年第10期。

［10］方向阳、陈忠暖：《城市地铁站口零售商业集聚类型划分的探讨——以广州为例》，载《经济地理》2005年第4期。

［11］邓丽姝：《生产性服务业主导的产业融合——基于北京市投入产出表的实证分析》，载《技术经济与管理研究》2013年第3期。

［12］邓敏：《我国广告产业集群现状分析》，载《当代传播》2008年第1期。

［13］丁艺、李静霞、李林：《金融集聚与区域经济增长——基于省级数据的实证分析》，载《保险研究》2010年第2期。

［14］贺天龙、伍检古：《珠三角生产性服务业集聚的实证研究》，载《中国市场》2010 年第 41 期。

［15］何琼、刘宇、周飞跃：《北京地区软件产业郊区化的趋势、机遇及对策研究》，载《工业技术经济》2010 年第 3 期。

［16］胡丹、宋玉婧：《北京市生产性服务业的增长及其空间结构》，载《地理科学进展》2009 年第 2 期。

［17］胡晓鹏、李庆科：《生产性服务业的空间集聚与形成模式：长三角例证》，载《改革》2008 年第 9 期。

［18］胡晓鹏、李庆科：《生产性服务业与制造业共生关系研究——对苏、浙、沪投入产出表的动态比较》，载《数量经济技术经济研究》2009 年第 2 期。

［19］黄雯、程大中：《我国六省市服务业的区位分布与地区专业化》，载《中国软科学》2006 年第 11 期。

［20］霍景东、夏杰长：《制造业与生产性服务业：分化、互动和融合的实证分析》，载《经济研究参考》2007 年第 41 期。

［21］［英］彼得·霍尔、考蒂·佩因：《从大都市到多中心都市》，罗震东、陈烨、阮梦乔译，载《国际城市规划》2008 年第 1 期。

［22］姜冉：《泛珠三角地区金融集聚与经济增长——基于 1982～2007 年的数据分析》，载《经济研究导刊》2010 年第 20 期。

［23］蒋三庚：《文化创意产业研究》，首都经济贸易大学出版社 2006 年版。

［24］蒋文菊、王承云：《大连软件产业的空间集聚研究》，载《上海师范大学学报》（自然科学版）2011 年第 4 期。

［25］［法］雷内·托姆：《结构稳定性与形态发生学》，四川教育出版社 1992 年版。

［26］李斌、陈长彬：《区域物流产业集群形成和发展的动力机制分析》，载《商业经济与管理》2010 年第 7 期。

［27］李国平、孙铁山、卢明华：《北京高科技产业集聚过程及其影响因素》，载《地理学报》2003 年第 6 期。

［28］李晶：《国内咨询服务业集聚发展政策研究》，载《江苏科技信息》2011 年第 12 期。

［29］李蕾蕾、张晓东、胡灵玲：《城市广告业集群分布模式——以深圳为例》，载《地理学报》2005 年第 2 期。

［30］李文秀：《服务业集聚的形成机理》，载《研究企业家天地》2007 年第 11 期。

［31］李伊松、熊华姝、张文杰：《物流产业集聚影响因素分析》，载《生产力研究》2008 年第 7 期。

［32］李玉敏：《创意产业集群的生成机理与政策支持》，载《集团经济研究》2007 年第 8 期。

［33］梁琦、詹亦军：《产业集聚、技术进步和产业升级：来自长三角的证据》，载《产业经济评论》2005 年第 2 期。

［34］林江鹏、黄永明：《金融产业集聚与区域经济发展——兼论金融中心建设》，载《金融理论与实践》2008 年第 6 期。

［35］刘红：《金融集聚对区域经济的增长效应和辐射效应研究》，载《上海金融》2008 年第 5 期。

［36］刘辉煌、雷艳：《中部城市生产性服务业集聚及其影响因素研究》，载《统计与决策》2012 年第 8 期。

［37］刘建一：《北京 CBD 及周边地区发展广告产业分析研究》，载《首都经济贸易大学学报》2006 年第 2 期。

［38］刘建一：《北京 CBD 内广告业发展研究》，载《北京工商大学学报（社会科学版）》2009 年第 6 期。

［39］刘军、黄解宇、曹利军：《金融集聚影响实体经济机制研究》，载《管理世界》2007 年第 4 期。

［40］刘卓聪、刘蕲冈：《先进制造业与现代服务业融合发展研究——以湖北为例》，载《科技进步与对策》2012 年第 10 期。

［41］马凤华、刘俊：《我国服务业地区性集聚程度实证研究》，载《经济管理》2006 年第 23 期。

［42］马丽：《物流产业集群发展的模式研究》，武汉理工大学硕士论文，2008 年。

［43］［美］曼纽尔·卡斯泰尔：《信息化城市》，江苏人民出版社 2001 年版。

［44］聂鸣、梅丽霞、鲁莹：《班加罗尔软件产业集群的社会资本研究》，载《研究与发展管理》2004 年第 2 期。

［45］牛慧恩：《关于物流园区规划几个基本问题的再认识》，载《城市规划学刊》2009 年第 6 期。

［46］牛维麟、彭翊：《北京市文化创意产业集聚区发展研究报告》，

中国人民大学出版社 2009 年版。

[47] 欧阳中海：《第三产业的空间集聚与效率增长》，载《经营管理者》2009 年第 13 期。

[48] 潘辉、冉光和、张冰、李军：《金融集聚与实体经济增长关系的区域差异研究》，载《经济问题探索》2013 年第 5 期。

[49] 千庆兰、陈颖彪、李雁、莫星：《广州市物流企业空间布局特征及其影响因素》，载《地理研究》2011 年第 7 期。

[50] 秦键、王承云：《印度软件业的空间集聚与扩散分析》，载《世界地理研究》2010 年第 3 期。

[51] 任晶、袁树人：《东北区高新技术产业及其区位优化研究》，载《东北亚论坛》2004 年第 2 期。

[52] 阮仪三：《论文化创意产业的城市基础》，载《同济大学学报》（社会科学版）2005 年第 1 期。

[53] 邵军辉、董伟：《我国咨询业现状与对策分析》，载《图书馆学研究》2011 年第 11 期。

[54] 沈玉芳、王能洲、马仁锋、张婧、刘曙华：《长三角区域物流空间布局及演化特征研究》，载《经济地理》2011 年第 4 期。

[55] 申玉铭、吴康、任旺兵：《国内外生产性服务业空间集聚的研究进展》，载《地理研究》2009 年第 6 期。

[56] 覃成林：《高新技术产业布局特征分析》，载《人文地理》2003 年第 5 期。

[57] 陶纪明：《上海生产者服务业的空间集聚》，格致出版社 2009 年版。

[58] 陶经辉：《物流园区数量确定和选址规划研究》，载《软科学》2006 年第 2 期。

[59] 唐强荣、徐学军、何自力：《生产性服务业与制造业共生发展模型及实证研究》，载《南开管理评论》2009 年第 3 期。

[60] 田家林、黄涛珍：《DEA 和 TOBIT 模型的生产性服务业效率研究》，载《求索》2010 年第 11 期。

[61] 王非、冯耕中：《我国物流集聚区内涵与形成机理研究》，载《统计与决策》2010 年第 24 期。

[62] 王雪瑞、葛斌华：《我国生产性服务业空间效应研究——基于 SLM、SEM 模型的实证》，载《中央财经大学学报》2012 年第 4 期。

［63］魏江：《产业集群——创新系统与技术学习》，科学出版社2003年版。

［64］吴晓云：《我国各省区生产性服务业效率测度——基于DEA模型的实证分析》，载《山西财经大学学报》2010年第6期。

［65］吴艳、陈秋玲：《基于共生理论的上海创意产业集群价值取向探究》，载《经济论坛》2006年第10期。

［66］连建辉、孙焕民、钟惠波：《金融企业集群：经济性质、效率边界与竞争优势》，载《金融研究》2005年第6期。

［67］阎小培：《信息产业的区位因素分析》，载《经济地理》1996年第1期。

［68］阎小培：《信息产业与城市发展》，科学出版社1999年版。

［69］杨仁发、刘纯彬：《生产性服务业与制造业融合背景下的产业升级》，载《改革》2011年第1期。

［70］元利兴：《发达国家咨询业发展的特点及其对我国咨询业的启示》，载《中国会议》2011年第1期。

［71］占英华、易虹：《现代城市物流中心及其规划建设研究——以深圳平湖物流中心规划建设为例》，载《经济地理》2000年第2期。

［72］张金海、廖秉宜：《中国广告产业集群化发展的战略选择与制度审视》，载《广告大观理论版》2009年第1期。

［73］张映红：《现代商务中心区的产业集群效应——基于北京CBD的研究》，载《经济纵横》2005年第3期。

［74］张晓涛、李芳芳：《生产性服务业与制造业的互动关系研究——基于MSVAR模型的动态分析》，载《吉林大学社会科学学报》2012年第3期。

［75］钟祖昌：《空间经济学视角下的物流业集聚及影响因素——中国31个省市的经验证据》，载《山西财经大学学报》2011年第11期。

［76］周蕾：《生产性服务业集聚水平的测度分析——以浙江为例》，载《对外经贸实务》2009年第1期。

［77］郑存杰、沈沁、唐根年：《基于突变理论的制造业空间集聚适度预警模型研究》，载《消费导刊》2009年第12期。

［78］郑健翔：《刍议滨海新区生产性服务业——物流业之集聚效应》，载《现代财经》2009年第7期。

［79］朱华晟：《基于FDI的产业集群发展模式与动力机制——以浙

江嘉善木业集群为例》，载《中国工业经济》2004 年第 3 期。

[80] 朱英明:《中国产业集群分析》，科学出版社 2006 年版。

[81] A. Airoldi, G. B. Janetti, A. Gambardella, et al. The Impact of Urban Structure on the Location of Producer Services. *Service Industries Journal*, Vol. 17, No. 1, 1997, pp. 91 – 114.

[82] R. J. Bennet, D. J. Graham, W. Bratton, The Location and Concentration of Business in Britain: Business Clusters, Business Services, Market Coverage and Local Economic Development. *Transactions of the Institute of British Geographers*, *New Series*, Vol. 24, 1999, pp. 393 – 420.

[83] Beyers, W. B. , Producer Services. *Progress in Human Geography*, Vol. 17, No. 2, 1993.

[84] Bianchini, F. , Parkinson, M. , Cultural Policy and Urban Regeneration: The West European Experience. New York: Martin's Press, 1993.

[85] C. Boiteux – Orain, R. Guillain, Changes in the Intrametropolian Location of Producer Services in lie-d – France (1978 ~ 1997): Do Information Technologies Promote a More Dispersed Spatial Pattern? *Urban Geography*, Vol. 25, No. 6, 2004, pp. 550 – 578.

[86] Brülhart, M. , Trading Places: Industrial Specialization in the European Union. *Journal of the Common Market Studies*, Vol. 36, No. 3, 1988, pp. 319 – 346.

[87] Brülhart, M. , Economic Geography Industry Location and Trade: The Evidence. *World Economy*, Vol. 21, No. 6, 1998, pp. 775 – 801.

[88] C. C. Fan, A. G. Scott, Industrial Agglomeration and Development: A Survey of Spatial Economic Issues in East Asia and a Statistical Analysis of Chinese Regions. *Econominc Geography*, Vol. 79, No. 3, 2003, pp. 295 – 319.

[89] Coffey, W. J. , The Geographies of Producer Services. *Urban Geography*, Vol. 21, No. 2, 2000, pp. 170 – 183.

[90] Coffey, W. J. , Drolet, R. , The Intrametropolitan Location of High Order Servicrs: Patterns, Factors and Mobility in Montreal. *Papers in Regional Science*, Vol. 75, No. 6, 1996, pp. 293 – 323.

[91] Coffey, W. J. , Shearmur, R. G. , Agglomeration and Diapersion of High – Order Service Employment in the Montreal Metropolitan Region, 1981 – 96. *Urban Studies*, Vol. 39, No. 3, 2002, pp. 359 – 378.

［92］Cuadrado – Roura, J. R. , Gomez, C. D. R. , Services and Metropolitan Centers: The Expansion and Location of Business Services. *The Services Industries Journal* , Vol. 12, No. 1, 1992, pp. 97 – 115.

［93］Davis, D. , Weinstein, D. , Market access, Economic Geography and Comparative Advantage: An Empirical Test. *Journal of International Economics*, Vol. 59, No. 1, 2003, pp. 1 – 23.

［94］D. Woodward, Beyond the Silicon Valley: University R&D and High-technology Location. *Journal of Urban Economics*, Vol. 60, No. 1, 2006, pp. 15 – 32.

［95］Ellison, G. , E. L. Glaeser, Geographic Concentration in U. S. Manufacturing Industries: A Dartboard Approach, *Journal of Political Economy*, Vol. 105, No. 5, 1997, pp. 889 – 927.

［96］Enright, M. , Organization and Coordination in Geographically Concentrated Industries. NBER Working Paper, No. 8751, 1995

［97］M. Fujita, Monopolistic competition and urban system. *European Economic Review*, Vol. 37, No. 2 – 3, 1993, pp. 308 – 315.

［98］M. Fujita, The Role of Ports in The Making of Major Cities: Self-agglomeration and Hub-effect. *Journal of Development Economics*, Vol. 49, No. 1, 1996, pp. 93 – 120.

［99］Gaspar, J. , Glaeser, E. L. , Information Technology and the Future of Cities. *Journal of Urban Economics*, Vol. 41, No. 1, 1998, pp. 136 – 156.

［100］T. Gehrig, *Cities and Geography of Financial Centers*. Cambridge University Press, 2000.

［101］Searle, G. H. , Changes in Producer Services Location, Sydney: Globalisation, Technology and Labour. *Aisa Pacific Viewpoint*, Vol. 39, No. 2, 1998, pp. 237 – 255.

［102］Grabher, C. , Ecologies of Creativity: The Village, the Group, and The Hierarchic Organization of the Brutish Advertising Industry. Environment and Planning A, Vol. 33, No. 2, 2001, pp. 351 – 374.

［103］Grabher, C. , Cool Projects, Boring Institutes: Temporary Collaboration in Social Context. Regional Studies, Vol. 36, No. 3, 2002, pp. 205 – 214.

[104] Hutton, T. A., Reconstruction Production Landscapes in the Post-modern City: Applied Design and Creative Service in the Metropolitan Core. Urban Geography, Vol. 21, No. 4, 2000, pp. 285 – 317.

[105] Hutton, T. A., Services Industries, Globalization, and Urban Restructuring with the Asia – Pacific: New Development Trajectories and Planning Respones, Progress in Planning, Vol. 61, No. 1, 2003, pp. 1 – 74.

[106] Hutton, T., Ley, D., Location, Linkages and Labor: The Downtown Complex of Corporate Activities in a Medium Size City, Vancouver, British Columbia. Economic Geography, Vol. 63, No. 2, 1987, pp. 126 – 141.

[107] Illeris S., The Nordic Countries High Quality Services in a Low Density Environment. Progress in Planning, Vol. 43, No. 3, 1995, pp. 205 – 221.

[108] Isaksen, A., Knowledge-based Clusters and Urban Location: The Clustering of Software Consultancy in Oslo. Urban Studies, Vol. 41, No. 5 – 6, 2004, pp. 1157 – 1174.

[109] Keeble, D., Nachum, L., Why do business service firms cluster? Small consultancies, clustering and decentralization in London and Southern England. Transactions of the Institute of British Geographer, Vol. 27, No. 1, 2002, pp. 67 – 90.

[110] Kindleberger, Charles. P., The Formation of Financial Centers: A Study in Comparative Economic History. Princeton University Press, 1974.

[111] Krugman P., Geography and trade. Cambridge: Mass, MIT Press, 1991.

[112] Krugman, P., Increasing Returns and Economic Geography. Journal of Political Economy, Vol. 99, No. 3, 1990, pp. 483 – 499.

[113] Krugman, P., History and Industry Location: The Case of the Manufacturing Belt. American Economic Review, Vol. 81, No. 81, 1991, pp. 80 – 83.

[114] K. Annen, Inclusive and Exclusive Social Capital in the Small – Firm Sector in Developing Countries. Journal of Institutional and Theoretical Economics, Vol. 157, No. 2, 2001, P. 319.

[115] Levine, R., Zervos, S., Stock Market, Banks and Economic Growth. American Economic Review, Vol. 88, No. 3, 1998, pp. 537 – 558.

[116] Markusen, A. , Sticky places in Slippery Space: A Typology of Industrial Districts. *Economic Geography*, Vol. 72, No. 3, 1996, pp. 293 – 313.

[117] Morshidi, S. , Globalising Kuala Lumpur and the Strategic Role of the Producer Services Sector. *Urban Studies*, Vol. 37, No. 12, 2000, pp. 2217 – 2240.

[118] Moulaer, F. , Gallouj, C. , Advanced Producer Services in the French Space Economy: Decentralisation at the Highest Level. *Progress in Planning*, Vol. 43, No. 2, 1995, pp. 139 – 154.

[119] Muller, E. , Zenker, A. , Business Services as Actirs of Knowledge Tranformation: The Role of KIBS in Regional and National Innovation Systems. *Research Policy*, Vol. 30, No. 9, 2001, pp. 1501 – 1516.

[120] O'Connor, K. , Hutton, T. A. , Producer Service in the Asia Pacific Region: An Overview of Research Issues. *Asia Pacific Viewpoint*, Vol. 39, No. 39, 1998, pp. 139 – 143.

[121] Pitelis, C. , Transnationals, International Organization and Deindustrialization. *Measurement*, Vol. 14, No. 4, 1993, pp. 527 – 548.

[122] Porteous, D. J. , The Geography of Finance: Spatial Dimensions of Intermediary Behaviour. Tijdschrift Voor Economische En Sociale Geografie, Vol. 88, No. 5, 1997, pp. 501 – 502.

[123] Puga, D. 1998. Urbanization Patterns: European Versus Less Developed Countries, *Journal of Regional Science*, 38 (2).

[124] R. Stein, Producer Services, Transaction activities, and cities: Rethinking Occupational Categories in Economic Geography. *European Planning Studies*, Vol. 10, No. 6, 2002, pp. 723 – 743.

[125] Rosenthal, S. , Strange, C. , Geography, Industrial Organization and Agglomeration. *Review of Economics and Statistics*, Vol. 85, No. 2, 2006, pp. 377 – 393.

[126] Sassen, S. , Cities in a World Economy. Thousand Oaks: Pine Forge Press, 1994.

[127] Sassen, S. , *The Global City: New York, London, Tokyo*, Princetion University Press, 2001.

[128] Sternberg, R. , Reasons for the Genesis of High-tech Regions – Theoretical Explanation and Empirical Evidence. *Geofurom*, Vol. 27, No. 2,

1996, pp. 205 – 223.

[129] Taniguchi, E. , Optimal Size and Location Planning of Public Logistics Terminals. Transportation Research, Vol. 35, No. 3, 1999, pp. 207 – 222.

[130] Taylor, P. J. , Specification of the World City Network. *Geographical Analysis*, Vol. 33, No. 2, 2010, pp. 181 – 194.

[131] Taylor, A. J. , Beaverstock, J. V. , Cook G, et al. , Financial Service Clustering and its Significance for London. *Corporation of London*, 2003.

[132] Tichy G. , *Clusters*, *less dispensable and more risky than ever*. In M. Steuner (ed), Clusters and Regional Specialization, Ltd, 1998.

后　　记

　　本书是在我完成的 2011 年北京市社科基金重点研究项目"北京生产性服务业集聚发展资源禀赋、模式选择与空间布局研究"（项目编号：11JGA014）研究报告基础上进一步修改、完善而成。本书最终出版得到了 2015 年中央财经大学学术著作出版专项资金的资助，在此表示最诚挚的感谢。

　　2010 年我有机会为 CCTV2 策划财经主持人培训项目，并担任"产业结构调整"专题主讲教师，在备课过程我对生产性服务业国内外发展进行系统的整理与研究，对于北京作为国际化大都市的生产性服务业集聚与演化问题萌生了深入研究的想法。在课题申请中，中央财经大学互联网经济研究院院长孙宝文教授（时任校科研处处长）给予我极大的鼓励、支持与指导，提出了非常宝贵的意见和建议，课题最终获得北京市社科基金的资助离不开他无私的帮助。课题历时 3 年完成，研究过程艰辛且曲折，研究框架几经调整，数据反复核对。2013 年 6 月到 8 月我在台湾访学，高雄炎热的夏天点燃了我研究的激情、激发了我的灵感，除了正常的学术交流以外，有时间沉下心思考，对课题研究的主旨、原则以及原创性工作进行了重新梳理与确定，终于有豁然开朗的感觉。由于我所带领团队刻苦工作以及坚持高标准的原则，本书的部分内容以公开成果形式发表论文六篇，其中 CSSCI 期刊（《吉林大学社科学报》、《城市发展研究》、《城市问题》、《广东社会科学》）发表论文四篇，感谢这些期刊对该选题的重视与认可。在本书酝酿与编写过程中，中央财经大学国际经济与贸易学院的李瑞琴副教授给予我极大的支持与鼓励，在此深表谢意。

　　在课题研究中，中央财经大学经济学院的金哲松教授给予极大的指导与支持，2011 年我与金教授赴韩国全北大学商学院进行与课题相关的交流与访问，收获颇丰。我已经毕业的硕士研究生李芳芳是我得力的科研助手，在课题研究工作中投入极大的精力，现在她在社科院工业经济所做博士后研究，已经成长为一个青年学者。我已经毕业的硕士研究生张萌、冯

240

程、封江淮、刘畅、王瑞、吴桐、孙铭泽、苏鹏、唐小婷、岳云嵩在课题初期做了许多文献收集整理的基础性工作，每次组会大家积极交流，所获得的收获和提升远远超过课题研究本身。

在课题成果的攻坚阶段，我的硕士研究生张福心同学勇挑重担，承担了"广告业"、"咨询服务业"两个专题的全部研究工作以及其他专题的修改工作，他将我的思路与想法以精致的示意图形式表现出来，近一个月夜以继日工作是课题最终能够高质量完成的关键。我的硕士研究生陈叶婷同学，承担着求职和完成毕业论文的压力，但是毅然承担起课题报告的校对工作，以极大的耐心与细心完成了课题的全部校对，本科保研同学王淳参与到课题修改与校对过程中，投入极大的精力，并且提出许多好的意见与建议。在课题最后数据补充与核对中还有我的研究生关婷元、李航、张琪、吴文军、杜伯钊、陈少伟、李心远、杜芸、杨翠、赖颂怡参与其中。在书稿最后完成阶段，已经被录取为2016级研究生新生陈国媚、李京航、王若凡同学对书稿进行了认真仔细的校对，她们以这种承前继后方式完成本科学业，并开启新的研究生学习生活。非常感谢这些青年才俊，书籍付梓之时，他们其中大部分都已经走上新的工作岗位，以一个社会人在各自岗位奋斗，一起走过的日子将是我们年轻时代最美好的回忆，还有部分同学继续在校园学习，我们将不断地有勇气去探索社会经济发展的热点问题、难点领域。

在本书定稿过程中，经济科学出版社财经分社的王娟编辑对本书的出版给予极大的支持与帮助，她的专业素养和职业精神保证令人敬佩，深表感谢。当然，全书文责由作者自负。

书稿完成之际，遗憾颇多，限于作者的水平，本书中一定有许多不足之处，衷心希望读者提出宝贵意见与建议。位卑不敢忘国忧，掩卷长思，变革的大时代，一定是经济科学大发展的时代，经济领域的新问题层出不穷，如何做到"立足中国、借鉴国外、挖掘历史、把握当代"，是每个有责任感的学者应该深入思考的问题。

京津冀协同发展战略、天津自贸试验区的建设将对北京经济和生产性服务发展产生深刻影响，对这些问题的持续关注和探究将是我未来一个时期的研究重点。

张晓涛

2016 年 5 月 30 日